Glaube, der uns leben hilft
Lesejahr B

Bernhard Grom

Glaube,
der uns leben hilft

Predigten für die Sonn-
und Feiertage im Lesejahr B

Matthias-Grünewald-Verlag · Mainz

Der Matthias-Grünewald-Verlag ist Mitglied
der Verlagsgruppe engagement

Bibliografische Information Der Deutschen Bibliothek
Die Deutsche Bibliothek verzeichnet diese Publikation in der Deutschen
Nationalbibliografie; detaillierte bibliografische Daten sind im Internet über
http://dnb.ddb.de abrufbar.

© 2005 Matthias-Grünewald-Verlag, Mainz
Das Werk einschließlich aller seiner Teile ist urheberrechtlich geschützt. Jede Verwertung außerhalb der engen Grenzen des Urheberrechtsgesetzes ist ohne Zustimmung des Verlags unzulässig und strafbar. Das gilt insbesondere für Vervielfältigungen, Übersetzungen, Mikroverfilmungen und die Einspeicherung und Verarbeitung in elektronischen Systemen.

Umschlag: Kirsch Kommunikationsdesign, Walluf
Satz: Kirsch Kommunikationsdesign, Walluf
Druck und Bindung: PbTisk s.r.o., Pribram, Tschechien

ISBN 3-7867-2574-8

INHALT

Vorwort 9

ADVENTS- UND WEIHNACHTSZEIT

1. ADVENTSSONNTAG: Kommt Christus wieder zu uns,
   oder kommen wir zu ihm? 11
2. ADVENTSSONNTAG: Gottes Traum mitträumen 15
3. ADVENTSSONNTAG: Unsere Beziehung zu Jesus vertiefen? 18
4. ADVENTSSONNTAG: Sich äußerlich und innerlich auf
   Weihnachten vorbereiten 22
WEIHNACHTEN: Weihnachten – Unterbrechung durch Jesu
   Kontrastprogramm 25
FEST DER HEILIGEN FAMILIE: Die Familie – ein liebenswertes
   und wichtiges Chaos 29
HOCHFEST DER GOTTESMUTTER MARIA / NEUJAHR: „O nein, ich hab
   mein Leben nicht im Griff" 33
2. SONNTAG NACH WEIHNACHTEN: „Söhne Gottes" – „Kinder Gottes"? .. 36
ERSCHEINUNG DES HERRN: Unser Glaube und die Andersdenkenden 39
TAUFE DES HERRN: Taufe als Neugeburt 42

FASTEN- UND OSTERZEIT

1. FASTENSONNTAG: Wüste oder: Die nötigen Momente
   der Stille und Sammlung 47
2. FASTENSONNTAG: Jesus sehen „in strahlendem Licht" 51
3. FASTENSONNTAG: Die Zehn Gebote – Grundwerte für
   heute und morgen? 54
4. FASTENSONNTAG: Warum spricht Jesus von „Gericht"? 58
5. FASTENSONNTAG: Gott will die Erniedrigten erhöhen 62
PALMSONNTAG: Jesu Leidensgeschichte von der Auferstehung
   her verstehen 65
GRÜNDONNERSTAG: Zwei Zeichen – Fußwaschung und Brotbrechen ... 66
KARFREITAG: „Du Bruder aller Leidenden" 69
OSTERSONNTAG: Gespräch über das Leben nach dem Tod 72
2. SONNTAG DER OSTERZEIT: Unsere Thomas-Fragen an die
   Erscheinungsberichte 76
3. SONNTAG DER OSTERZEIT: Der Auferstandene – gegenwärtig
   in den Sakramenten 79

4. SONNTAG DER OSTERZEIT: Der eine Hirt und die Spaltung
der Christen 82
5. SONNTAG DER OSTERZEIT: „Lebt dieser Jesus noch?" 86
6. SONNTAG DER OSTERZEIT: Gebot und Freude – ein Gegensatz? 89
CHRISTI HIMMELFAHRT: Sehnsucht oder „... vom Hauch Deiner
Ewigkeit berührt sein" 93
7. SONNTAG DER OSTERZEIT: „In ihm bleiben" – christlich und
buddhistisch 96
PFINGSTEN: Was wären wir ohne den Heiligen Geist –
und was mit ihm? 100

SONNTAGE IM JAHRESKREIS

DREIFALTIGKEITSSONNTAG: Gott – immer größer als aus einem
der drei Blickwinkel 105
2. SONNTAG: Jesus: Messias, Herr, Befreier, Punkt Omega,
Weiser oder ...? 108
3. SONNTAG: Reich Gottes – weder Moralsystem noch
Einzelgängertum 112
4. SONNTAG: Jesus und die Dämonenfurcht 115
5. SONNTAG: Ijob oder: Im Leid an Gott glauben? 118
6. SONNTAG: In Jesus will uns Gott berühren 122
7. SONNTAG: Eine Gewissensbesinnung soll uns aufrichten 126
8. SONNTAG: Fasten oder: Wie gelingt ein Beten mit
Leib und Seele? 129
11. SONNTAG: Reich Gottes und zweitausend Jahre Christentum 132
12. SONNTAG: Angst und „Schützengrabenreligion" 136
13. SONNTAG: Spenden – wofür und wie viel? 139
14. SONNTAG: Gottes Gegenwart – verborgen in Jesus,
verborgen in uns 143
15. SONNTAG: Was heißt missionarisch sein? 146
16. SONNTAG: Bewusst in der Weltkirche leben 150
17. SONNTAG: Die zweckfreie Freundschaft mit Gott als Manna 154
18. SONNTAG: Jesus – Hauptnahrungsmittel für uns? 157
19. SONNTAG: „Ist das nicht Jesus, dessen Vater und Mutter
wir kennen?" 160
20. SONNTAG: Die Eucharistie – eine spürbare Geste 163
21. SONNTAG: Die Ehe – eine Lebensaufgabe und
„ein tiefes Geheimnis" 166
22. SONNTAG: Traditionalismus, Gewissensängstlichkeit
und gesundes Gewissen 169

23. SONNTAG: Neue Menschen durch geistig-geistliche Hörfähigkeit ... 173
24. SONNTAG: Kreuz tragen – weder Leidverherrlichung noch
    Leidverdrängung 176
25. SONNTAG: Größe durch Dienen statt „Egoismus-Falle" 180
26. SONNTAG: Für eine kraftvolle Toleranz 183
27. SONNTAG / ERNTEDANK: Danke – das schwerste Wort? 187
28. SONNTAG: Wie finden wir unser Profil als Mensch und Christ? 190
29. SONNTAG / KIRCHWEIH: Kirchen stimmen uns ein 193
30. SONNTAG / SONNTAG DER WELTKIRCHE: Für eine
    Globalisierung der Frohbotschaft 196
31. SONNTAG: Das Hauptgebot der Gottes-, Selbst- und
    Nächstenliebe 200
32. SONNTAG: Sage mir, wen du bewunderst, und ich sage dir,
    wie du denkst 203
33. SONNTAG: Zugang zu Gott durch das „Opfer" Jesu? 206
CHRISTKÖNIGSFEST: Das ohnmächtige Königtum Christi
    macht uns frei 210

FASTNACHT / FASCHING / KARNEVAL: „Selig, die über sich selbst
    lachen können" 213
ALLERHEILIGEN: Zum Beispiel: Robert Schuman (1886–1963) 218

Bibelstellenregister 222

VORWORT

„Insgesamt sind die Erwartungen an die Predigt sehr hoch." Zu diesem Schluss kommen die Autoren einer Studie, die GottesdienstteilnehmerInnen von drei Wiener Pfarreien nach ihren Erwartungen und Erfahrungen bezüglich Gottesdiensten befragt haben (Paul M. Zulehner u.a., Gottvoll und erlebnisstark. Für eine Kultur und Qualität unserer Gottesdienste, Ostfildern 2004). Ihre Beobachtungen gelten sicher auch für andere Gemeinden. Von den zur Bewertung vorgelegten Erwartungen bestätigten die Befragten vor allem folgende:

> Glaubhafte Darstellung,
> Kopf und Herz sollen angesprochen werden,
> spirituelle Ermutigung im Glauben,
> Bezug zum heutigen Leben,
> Konzentration auf das Wesentliche,
> eine geist- und humorvolle Art zu predigen,
> einsichtige Gliederung,
> natürliche Aussprache.

Die Zufriedenheit mit der Predigt, so stellen die Verfasser fest, entscheidet weitgehend auch über die Zufriedenheit mit dem Gottesdienst. Und: „Für die meisten Christen und Christinnen stellt die Predigt die regelmäßigste Form dar, einen Impuls für den eigenen Glauben zu erhalten."

Die anspruchsvollen Erwartungen der GottesdienstteilnehmerInnen sind für alle, die zu predigen haben, eine große Chance und Verpflichtung. Mögen die folgenden Vorschläge dazu beitragen, ihnen einigermaßen gerecht zu werden.

Bernhard Grom SJ

ADVENTS- UND WEIHNACHTSZEIT

1. Adventssonntag
Kommt Christus wieder zu uns, oder kommen wir zu ihm?

Zu Mk 13,33–37

Die Adventszeit, die wir mit diesem Sonntag beginnen, ist uns vor allem vertraut als Vorbereitung auf Weihnachten, auf die Feier des ersten Kommens Gottes. Doch zum Advent gehört auch der Blick auf die *Wiederkunft Jesu Christi* am Ende unserer Tage. Wenn nun das heutige Evangelium mahnt: „Seid wachsam, denn ihr wisst nicht, wann der Herr kommt", kündigt es zuvor an, dass eine schreckliche Not über die Menschen hereinbrechen wird, ja dass die Sterne vom Himmel fallen werden – bis „der Menschensohn mit großer Macht und Herrlichkeit" kommt und die von ihm Erwählten zusammenführt.

Was empfinden Sie, wenn Sie an die so geschilderte Wiederkunft Christi denken? Manche Bibelstellen sprechen so drastisch von einem möglichen Weltuntergang, dass keinerlei weihnachtliche Gefühle aufkommen, sondern eher Schauder und Angst. Solche Aussagen der Bibel gehören denn auch nicht zu unseren Lieblingstexten, und auch der Satz unseres Glaubensbekenntnisses: „Von dort wird er kommen zu richten die Lebenden und die Toten" ist selbst bei überzeugten Christen nicht sehr beliebt – auch nicht bei uns Predigern.

Doch da müssen sich einige *Missverständnisse* eingeschlichen haben. Denn bei den ersten Christen war der Hinweis auf die Wiederkunft Jesu, die sie ja bald erwarteten, durchaus beliebt. Dieser Gedanke gab ihnen Trost und Hoffnung. Er half den jungen Gemeinden, die oft verfolgt wurden und sich vom heidnischen Römerreich bedroht fühlten, die Angst zu überwinden und Kraft zum Durchhalten zu finden. Das Lukasevangelium spricht diese Ermutigung deutlich aus, indem es mit Jesus sagt: „Wenn all das beginnt, dann richtet euch auf, und erhebt eure Häupter; denn eure Erlösung ist nahe" (Lk 21,28).

Was bedeutet „Reich Gottes" und „Wiederkunft Christi"?

Das ist wohl das erste und größte Missverständnis, das wir ausräumen sollten: Die Botschaft von der Wiederkunft Christi spricht zwar von den Katastrophen, die unserem Leben und der ganzen Erde eine Ende bereiten können, doch will sie in erster Linie sagen, was wir noch *erwarten dürfen*, welche Sehnsüchte und Zukunftsträume wir berechtigterweise hegen dürfen.

Es ist ja menschlich, dass wir danach fragen. So hoffte *Israel* auf ein besseres Zeitalter, das Gott durch einen Heilbringer, einen Messias herbeiführen würde. Diese messianischen Erwartungen waren schon zur Zeit Jesu sehr verschieden und sind es auch noch im heutigen Judentum. Manche erwarteten und erwarten einen Messias, der den Tempel wieder aufbaut, die verstreuten Juden zusammenführt, ihnen materiellen Wohlstand bringt und sogar die Natur in ein Paradies verwandelt. So erzählt eine jüdische Geschichte, einem Rabbi hätten einmal seine Schüler die Nachricht verkündet: „Der Messias ist gekommen." Da sei der Rabbi aufgestanden, ans Fenster gegangen, habe auf die Straße geschaut, sich aber gleich wieder hingesetzt und gesagt: „Wie kann der Messias gekommen sein, wenn sich nichts in der Welt verändert hat?" Andere Juden hofften und hoffen jedoch auf ein mehr spirituelles Reich des Friedens und der Gerechtigkeit für alle, das Gott selbst herbeiführt, allerdings hier auf Erden.

Wir Christen rechnen hingegen nüchtern damit, dass es – bei allem Fortschritt technischer, medizinischer und sozialer Art, den wir erstreben sollen und erreichen können – in diesem Leben immer wieder Ungerechtigkeit, Unfrieden und Krankheit geben wird, sogar Katastrophen. Aber wir vertrauen auch darauf, dass der Gott, der uns in Jesus sein „Reich", seine Gemeinschaft angeboten hat, im Leid und im Tod nicht untergehen lassen, sondern *vollenden* wird. Das „Reich Gottes", das uns Jesus gebracht hat, mag uns sehr unscheinbar vorkommen. Er hat ja keinen Aufstand gegen mächtige Unterdrücker angeführt, sondern ist am Kreuz gestorben. Doch hat er sich auch als Auferstandener offenbart. Er hat uns eine Gemeinschaft mit Gott geschenkt, in der sein Geist schon jetzt wirkt. So schafft er in allen, die sich ihm öffnen, einen Be-reich, in dem bereits etwas von Gottes Reich beginnt. Diese Gemeinschaft, diesen Be-reich will Gott nach unserem Tod vollenden, so wie er Jesus durch die Katastrophe des Todes hindurch bei sich vollendet hat. Wenn wir nach unserem Tod ganz bei ihm sind, erleben wir für uns den „Jüngsten", das heißt Letzten Tag. Dann gibt es für uns keine Zeit mehr, vielmehr haben wir Anteil an Gottes Ewigkeit. Dabei sagt uns der Glaube nicht, wann alle Menschen diesen Zustand erreicht haben werden, wann die Menschheit aufhört zu existieren, und wie es mit dem Kosmos weitergeht.

Das Endziel, das wir erhoffen dürfen, nennt das Neue Testament den *„neuen Himmel und die neue Erde"*. Auch diese Ausdrucksweise sollten wir nicht missverstehen. Das Reich des vollendeten Lebens kann kein irdisches Paradies sein, denn in einer körperlichen Welt wäre unser Leben weiterhin der Verletzung, Erkrankung und Alterung ausgesetzt, und in ihr könnten Menschen auch immer wieder ihre Freiheit missbrauchen und andere unterdrücken. Nein, der neue Himmel und die neue Erde müssen übermateriell sein: ähnlich wie Gott, unser Ursprung, ähnlich wie der auferstandene Jesus. Wäre das ewige Leben des neuen Himmels sichtbar und könnten wir es uns ausmalen, so wäre es ja irdisch und dem Tod geweiht.

Die Hoffnung auf ein übermaterielles, ewiges Leben dürfen wir guten Gewissens hegen. Sie ist kein Erzeugnis unserer Sehnsüchte und Träume, vielmehr hat Gott uns eine solche Zukunft versprochen. Dies möchte uns die biblische Botschaft von der *„Wiederkunft Christi"* versichern. Das deutsche Wort „Wiederkunft" verleitet freilich zu einem weiteren Missverständnis, das wir klären sollten: Jesus wird nicht noch einmal in diese Welt kommen, wie er bei seiner Geburt und seinem Wirken in Palästina erschien. Nein, er wird sich als „gegenwärtig" erweisen – das griechische Wort für Wiederkunft (Parusie) bedeutet ja Gegenwart. Er will gegenwärtig werden, indem er uns in sein Auferstehungsleben bei Gott hineinnimmt. Es geht eher darum, dass wir bei ihm „ankommen", als dass er zu uns kommt – dass unsere Gemeinschaft mit ihm, die wir jetzt schon pflegen, vollendet wird. Wenn nun das Evangelium davon spricht, dass Christus, der Menschensohn, „auf den Wolken des Himmels" kommen und dabei lauter Posaunenschall ertönen wird (Mt 24,30f), kann damit nicht der sichtbare Himmel mit den uns bekannten Wolken gemeint sein, vielmehr sind diese Aussagen Sinnbilder, die das Staunenswerte an der Vollendung in der unsichtbaren Welt Gottes andeuten wollen.

Alles Gegenwärtige ist vorläufig

Was will uns dieser adventliche Blick auf die Wiederkunft Christi bzw. auf unsere Ankunft bei ihm sagen? Er kann uns deutlich machen, dass für den Glauben alles, was wir in unserer Gegenwart erleben, vorläufig ist: Das Bedrückende wie auch das Positive ist kein Endzustand, sondern „Vorlauf" zu einem Leben, wie es Gott mit uns gestalten will und im auferstandenen Jesus bereits gestaltet hat.

Das Bedrückende, Negative ist vorläufig: Ungerechtigkeit, Verleumdung und Ausbeutung sowie die Beeinträchtigung durch Krankheit und Behinderung sind nicht das letzte Wort der Geschichte. Im „himmlischen Jerusalem" – ein weiteres Sinnbild für die Vollendung – werden weder Haustyrannen noch Staatstyrannen „ankommen" und Heimatrecht genießen, sondern nur wer bereit ist, andere als Schwestern oder Brüder Jesu zu achten. Dort wird auch niemand mehr an Schmerzen, Krebserkrankungen oder Querschnittlähmungen leiden.

Aber auch das Positive, das wir erleben und schaffen, ist vorläufig: Gott hält für uns noch *mehr* bereit, als selbst das glücklichste irdische Leben bieten kann. Weil es übermateriell ist, kann man es nicht beschreiben – aber versprochen ist es. Auch das Bruchstückhafte, bloß Halbgeratene, Enttäuschende in unseren Bemühungen wird nicht vernichtet, sondern zu Ende geführt werden. Nichts Gutes, das wir tun oder empfangen, ist also umsonst oder verloren. Wer spürt nicht manchmal die Neigung, andere Menschen oder sich selbst und all unsere weniger erfolgreichen Anstrengungen mit beißenden, sarkastischen Bemerkungen abzutun. Wenn sich unsere Kinder nicht so entwickeln, wie wir es wünschen; wenn wir in der Verwandtschaft oder am Arbeitsplatz an schwierigen Menschen leiden, dann reden wir leicht mit wegwerfender Handbewegung von „hoffnungslosen Fällen". Und wenn wir ernsthafte Fehler nicht überwinden können oder durch Misserfolge zermürbt werden, zählen wir uns selbst zu diesen hoffnungslosen Fällen und Versagern. Da erinnert uns der Adventsglaube, der ja den Osterglauben zu Ende denkt, daran, dass Gott nichts Gutes wegwirft. Er will – wie die Bibel sagt – den glimmenden Docht nicht löschen und geknicktes Rohr nicht brechen, sondern alle gut gemeinten Bemühungen um unser Wohl und das Wohl der Mitmenschen unterstützen, mittragen und zu einem guten Ende führen. Auch ein mühseliges, durchkreuztes und anscheinend verpfuschtes Leben will er vollenden, wenn der Betroffene sich ihm öffnet und versucht, bei ihm anzukommen. Denn wenn wir die Gemeinschaft, die er uns anbietet, annehmen, wird diese alles andere ausgleichen, und so wird am Ende seine Güte siegen. Darum heißt Advent auch: Wir dürfen alles, was in den Augen Gottes gut ist, kostbar finden, und sei es noch so klein. Denn Gott hält es für vollendungswürdig. Der Adventsglaube verspricht uns kein Schlaraffenland auf Erden, aber er vermittelt uns eine Zukunftsperspektive, die jede Verbitterung überwinden kann.

2. Adventssonntag
Gottes Traum mitträumen
Zu Mk 1,1–8

Die Adventszeit will uns zu *hoffenden Menschen* machen. Für das heutige Evangelium ist Johannes der Täufer der Bote, der nach einer alten Prophetenverheißung das Kommen und Wirken Gottes ankündigte. Johannes selbst sah dieses Wirken Gottes in Jesus, der die Menschen mit jenem Geist erfüllen und taufen wollte, den Gott – einer weiteren Prophetenvision zufolge – in der Endzeit über alle Menschen ausgießen möchte. Aber geschieht das nicht bereits jeden Tag, wenn wir versuchen, aus dem Geist Jesu zu leben? Worauf sollen wir darüber hinaus noch hoffen? Nun, für den Adventsglauben sind die Kirche, wir Christen und all die Menschen, die sich in anderen Religionen und Gruppen um das Gute bemühen, noch nicht das „Reich", die große Gemeinschaft, die Gott durch seinen Geist formen will. Da wir alle fehlbare Menschen bleiben, ist auch das Beste, was wir zu Wege bringen, erst ein Anfang, und selbst wenn wir das Glück hätten, eine Gruppe von Menschen kennen zu lernen, die alle den Friedensnobelpreis oder die Heiligsprechung verdienen, wäre auch dies nur eine Vorstufe dazu. Wir dürfen und sollen *mehr* erhoffen als das Beste, was uns in diesem Leben gelingen mag. Zu solchem Zukunftsoptimismus will uns die Adventszeit ermutigen.

Doch ist das nicht eine Anstiftung zum Träumen, zur Flucht aus der oft unbefriedigenden Gegenwart hinein in Zukunftsvisionen, die sich nie verwirklichen lassen? Die öffentliche Meinung, die heute vorherrscht, hegt doch den Verdacht, wer an eine Zukunft jenseits des Todes denke, wolle nur aufs Jenseits vertrösten und von den Aufgaben hier und heute ablenken. Schärft man uns nicht von der Schule über die Berufsausbildung bis zu den Gesprächen an Arbeitsplatz und Stammtisch ein, dass wir uns auf die Auskünfte und Sachzwänge von Naturwissenschaft, Arbeitswelt, Medizin und Wirtschaft beschränken sollen und dass alles andere Phantastereien sind – außer den Bedürfnissen, die wir in Freizeit, Konsum und Beziehungen befriedigen? Mit der Bibel an einen „neuen Himmel" denken? – um Himmels willen nur das nicht! Denn anscheinend ist es nur realistisch, mit dem Diesseits zu rechnen.

Werbung, Sport, Unterhaltung, Technik und die Sehnsucht nach mehr
Doch sieht man genauer hin, so ist unser modernes Leben auch wieder nicht so frei von der Sehnsucht nach Höherem und Jenseitigem, wie viele

meinen. Ein Großteil der Werbung rühmt an ihren Produkten nicht nur deren praktischen Nutzen, sondern macht sie zu Sinnbildern von *mehr*. Manchmal spricht es ein Werbetext direkt aus: Dies ist „mehr als ein Auto", „mehr als eine Zeitschrift" usw. Zunächst bedeutet dieses Mehr: Ansehen, weltläufige Lebensart (Lifestyle), Glück. Wir kaufen dann halt nicht einfach ein Jackett, sondern eines mit einem eindrucksvollen Markennamen. Wir erwerben nicht nur eine Armbanduhr, sondern ein Glanzstück, wie ein berühmter Filmstar es trägt, und eine Zigarettenmarke verspricht uns nicht nur den Genuss von Tabak, sondern den „Geschmack von Freiheit und Abenteuer". Wir sollen uns aufgewertet fühlen. Auch der Einkauf im Geschäft soll mehr sein als ein Sichbesorgen von Waren, nämlich ein großes Kauferlebnis.

Darüber hinaus verspricht die Werbung aber auch oft ein Mehr, das an Religiöses und Überirdisches denken lässt. Den Gang zum Geschäft stellt sie u.U. wie eine Wallfahrt zu einem beseligenden Gottesdienst dar und präsentiert das Geschäft als Kauftempel, als Ort des Lichts und als Stätte der Erhebung. Ein Werbefachmann sagte einmal etwas überspitzt, das Publikum wolle keine Lebensmittel kaufen, sondern einen Traum, den Traum von einem restlos glücklichen Leben, vom Paradies. Die angebotenen Waren – zumal auf dem Luxusmarkt – wollen uns verzaubern, selig machen und eine geheimnisvolle Welt ahnen lassen. So hat eine Firma einmal ein gewöhnliches Parfüm mit den Worten angepriesen: „Die frische Transparenz des Duftes reflektiert die Unendlichkeit des Universums, seine würzig-holzige Tiefe vermittelt eine Welt von geheimnisvoller Mystik." Unendlichkeit und Mystik? Das geht doch entschieden über das Diesseitige und Vordergründige hinaus oder versucht es wenigstens.

Ähnlich in Sport und Unterhaltung: Fußballspiele wünschen sich viele Fans als gemeinsam erlebte, gottesdienstähnliche Erhebung, in der man allen niederdrückenden Alltagskram vergessen kann. Und der Auftritt von Unterhaltungsstars wie Michael Jackson wird wie die Erscheinung eines göttlichen Wesens und Heilbringers inszeniert: Das Flutlicht im Stadion erlischt, die Bühne ist dunkel, die Spannung steigt. Dann scheint vorne gleißendes Licht auf, in dessen Mitte quillt Nebel hoch. Plötzlich steht der Star in diesem Licht, unbeweglich – unter und vor ihm die jubelnde Menge. Aber auch die anscheinend so nüchterne Technik wird gern verklärt zu „mehr als Technik". Die großen Firmen präsentieren ihre Autos in Glasbauten wie in Kathedralen. Über eine Ferrari-Ausstellung schrieb eine angesehene deutsche Zeitung: „Diese Autos sind virtuelle Existenzen, deren Reich nicht mehr von dieser Welt ist." Als das elektrische Licht aufkam, warb die Firma „Helios" dafür mit einem Plakat, das den griechischen Sonnengott Helios triumphierend auf einem antiken Streitwagen zeigte, dessen

Fahrwerk ein Generator bildete; vor ihm fielen die überwundenen Götter des Gaslichts wie finstere Gesellen zu Boden. Ähnlich gaben die Amerikaner den meisten ihrer Weltraumraketen Götternamen wie Juno, Titan, Thor, Mercury, Saturn. Ihr Mondlandeprogramm nannten sie nach dem griechischen Gott Apollo – als ob wir uns dank Weltraumfahrt aus unserer Endlichkeit befreien und in die Welt von Göttern erheben könnten.

Man kann diese Überhöhung von Konsum, Sport, Unterhaltung und Technik ins Religiöse kritisieren und ihr vorwerfen, dass sie Vorstellungen und Begriffe des Glaubens für ihre Geschäftsinteressen missbraucht. Man kann darin aber auch einen Hinweis darauf sehen, dass selbst in unserer scheinbar glaubenslosen Zeit die *Sehnsucht nach mehr, nach einem Paradies und Himmel* lebendig ist. Auch für Menschen, die den Kirchen und dem christlichen Glauben fern stehen, ist Wohlstand, technischer Fortschritt und Unterhaltung offensichtlich nicht genug. Sie suchen mehr und träumen von einer Art Himmel, auch wenn sie sich diesen vielleicht nur wie ein gesteigertes Wohlfühl-Angebot ohne Gott vorstellen. Diese Sehnsucht gehört zum Menschen, sonst könnten Werbung, Sport und Unterhaltungsindustrie sie nicht ansprechen.

Hat Gott einen Traum?
Wie satt, anspruchslos und antriebsarm wären wir, wenn wir nie eine Sehnsucht nach mehr spüren würden! Doch welche Sehnsüchte nach mehr sind sinnvoll und berechtigt? Ist nicht ein Unterschied zwischen Träumereien, mit denen wir uns selbst einlullen, und Träumen, die uns eine langfristige Aufgabe und Zukunft bewusst machen – so wie Pastor Martin Luther King im Amerika der 60er Jahre von seinem Kampf um die Gleichberechtigung der Schwarzen sagte: „Ich habe einen Traum." Gibt es vielleicht einen Traum und eine Zukunftsvision Gottes, und was sagt uns der Adventsglaube dazu?

Er könnte uns dies antworten: Ihr braucht die Überhöhung von Waren, Technik, Sport und Unterhaltung nicht zu bekämpfen. Nutzt diese Angebote vernünftig – nur werdet ihr ihnen nicht glauben, dass sie euch den Himmel auf Erden bringen. Ihr braucht eure Sehnsüchte auch nicht zu unterdrücken – sie gehören zu einem lebendigen Menschen. Aber *eine* Sehnsucht solltet ihr besonders ernst nehmen und pflegen: das Verlangen nach mehr Frieden, Gerechtigkeit, Hilfsbereitschaft, Wohlwollen – kurz: nach Liebe. Dies ist die wertvollste, zukunftsträchtigste, „himmelartigste" Form von Sehnsucht, weil sie so ganz dem Traum Gottes mit der Menschheit entspricht.

So hat es der Theologe und Dichter Kurt Marti einmal ausgedrückt: „Der Himmel, der kommt, / grüßt schon die Erde, die ist, / wenn die Liebe das

Leben verändert." Wirklich himmlisch und für ewig wertvoll ist alles, was wir im Sinne Jesu tun. Was wir beispielsweise unternehmen, um sozusagen wie Jesus zu heilen, das heißt, Menschen zu helfen, die körperlich oder seelisch leiden. Oder um Personen, die sich ausgestoßen und verachtet vorkommen, in die Gemeinschaft einzubeziehen, wie es Jesus tat. Dieses Stück Himmel, das Jesus auf Erden begonnen hat, sollen wir mit ihm in unserer Zeit weiterführen. Oder um es mit einem bekannten Bild der Bibel auszudrücken: Ewig wertvoll und eine Vorschule für die Teilnahme am himmlischen Hochzeitsmahl ist alles, was wir lernen an Fairness im Umgang mit den Mitmenschen, an Bereitschaft, miteinander zu teilen, und an jener Güte Gottes, die unser Leben nach dem Tod zur Seligkeit machen will. Oder um mit einem Bild aus der Offenbarung des Johannes zu sprechen: Um im himmlischen Jerusalem glücklich sein zu können, müssen wir hier auf Erden lernen, ohne Herrschsucht und Egoismus mit anderen zusammenzuleben. Diese Sehnsucht hat Zukunft, dieser Traum wird Wirklichkeit werden. Es ist eben so: „Der Himmel, der kommt, / grüßt schon die Erde, die ist, / wenn die Liebe das Leben verändert."

In diesem Sinn will uns die Adventszeit zu hoffenden und sehnsüchtigen Menschen machen, die den Angeboten an Menschenträumen wählerisch, gelassen und fröhlich begegnen, weil sie vom Traum Gottes gehört haben. Ihn wollen sie mitträumen: einen Traum, der trotz aller Rückschläge verwirklicht werden wird und der uns zur Tat ermutigt. So wie Bischof Helder Camara, dieser Vorkämpfer für Frieden und soziale Gerechtigkeit in der Dritten Welt, sagte: „Wenn viele zusammen träumen, dann ist das der Beginn einer neuen Wirklichkeit."

3. Adventssonntag
Unsere Beziehung zu Jesus vertiefen?
Zu Joh 1,6–8.19–28

Im heutigen Evangelium stellt Johannes der Täufer klar, dass er das Kommen eines Größeren vorzubereiten hat – eines Größeren, der im Volk allerdings noch kaum bekannt ist. Deshalb sagt er zu den Abgesandten des Hohen Rates: „Mitten unter euch steht er, den ihr nicht kennt." Wir, die wir diesen Bericht hören oder lesen, wissen sehr wohl, dass es sich um Jesus handelt. Aber kennen wir Jesus gut genug – und wie können wir ihn besser kennen lernen, so dass wir Weihnachten nicht nur als schönes Familienfest, sondern auch als Tag seiner Geburt feiern können?

Wann kennen wir Jesus gut genug? Als der Theologe Karl Rahner einmal mit einem Kollegen über Jesus sprach, hatte er den Eindruck, dass Jesus für seinen Gesprächspartner nur eine schöne Idee und ein gelehrtes Gedankengebäude sein könnte. Um diese Befürchtung auszudrücken, sagte er sinngemäß zu ihm: Die richtige Auffassung von Jesus hat man doch nur, „wenn man ihm um den Hals fällt", wenn man in seinem Innersten begreift, dass so etwas auch heute möglich ist. Wenn wir nicht nur wissen, dass Jesus vor 2000 Jahren gelebt hat, fern in der Geschichte des Vorderen Orients, sondern wenn wir ihn so gegenwärtig erleben wie Gott, bei dem er seit der Auferstehung als Gottmensch lebt, und wir ihn dabei so nah erfahren, dass wir ihm um den Hals fallen möchten.

Vielleicht finden wir diese Vorstellung, dass wir Jesus um den Hals fallen könnten, sehr anspruchsvoll und nur sozusagen für religiös Fortgeschrittene erreichbar. Möglicherweise würden wir das alles auch anders ausdrücken. Aber das Neue Testament lädt uns sehr wohl ein, Jesus immer wieder neu zu entdecken, ihn nicht nur zu kennen, wie man um einen Denker, Staatsmann oder Vorfahren weiß, von dem man halt mal gehört hat, sondern ihm so nahe zu kommen, dass er uns so viel bedeutet wie ein Vertrauter, den wir nicht mehr missen möchten, ja vielleicht noch mehr. Eine solche lebendige Beziehung entwickelt sich gewiss nicht von heute auf morgen. Sie kommt auch nicht einfach dadurch zustande, dass wir mit dem Apostolischen Glaubensbekenntnis sprechen: „Ich glaube an Jesus Christus, Gottes eingeborenen Sohn, unsern Herrn" oder mit dem Großen Glaubensbekenntnis ausführlicher: (Er ist) „aus dem Vater geboren vor aller Zeit: Gott von Gott, Licht vom Lichte, wahrer Gott vom wahren Gott." Nein, die Beziehung zu Jesus Christus muss ähnlich wachsen wie unsere Beziehungen zu Mitmenschen, die uns nahe stehen. Wie könnte dies geschehen?

Für die meisten von uns war Jesus zunächst nur einer, von dem unsere Eltern erzählten oder von dem wir bei der Erstkommunionvorbereitung, im Religionsunterricht oder im Gottesdienst hörten: irgendwie sympathisch, aber nur vom Hörensagen bekannt. Vielleicht war dieses Hörensagen, so wie wir es erlebten, auch etwas einseitig: Jesus nur als Vorbild kindlichen Bravseins oder als märchenhafter Wundertäter – eine Gestalt, die uns für das Erwachsenenleben nicht mehr viel zu sagen hatte. Viele Christen wachsen nie über diese erste, etwas oberflächliche Bekanntschaft mit Jesus hinaus. Bei manchen aber entwickelt sie sich weiter, wie es einmal ein 68-jähriger Priester im Rückblick auf seine Glaubensgeschichte geschildert hat: „Wie mir scheint, hatte man mich in meiner Jugend gelehrt, den Blick auf einen Christus außer mir, im Himmel oder im Tabernakel zu richten – während der Herr, zu dem ich jetzt bete, der ist, der mich von innen her leitet und mir innerlich näher steht als ich mir selbst."

Wie kann uns Jesus nahe kommen?

Wie kann uns Jesus Christus so viel bedeuten und uns so nahe kommen, dass er zu dem gehört, was uns am wichtigsten ist, ja – so wie das Gewissen – zu einem Bestandteil unserer selbst und unseres Innersten wird? Wie kommen wir ihm so nahe, und wie kommt er uns so nahe? Es mag Menschen geben, die Jesus in einer Krise oder Bekehrung plötzlich so entdecken und ihm – wie sie sagen – „ihr Leben übergeben" und von da an den Eindruck haben, dass er ihr Ein und Alles sei. Manche Christen in den Erweckungsbewegungen oder evangelikalen Gruppen bekennen dies mit einem Eifer, der „Normalchristen" oft etwas befremdet.

Bei den meisten Christen aber entwickelt sich die Beziehung zu Jesus Christus unauffälliger mitten im Alltag. Sie wird dann persönlicher und tiefer, wenn wir versuchen, zu unseren Fragen seine Antworten und zu seinen Fragen an uns unsere Antworten zu suchen. So können wir allmählich unser Leben mit ihm leben und uns mit ihm entwickeln. Wir müssen nur, wenn wir am Abend einige Minuten auf den vergangenen Tag zurückblicken oder über ein Problem, das uns beschäftigt, nachdenken, überlegen, was Jesus dazu sagen würde – mit seinen Worten, die wir aus den Evangelien kennen, oder mit seinem Beispiel, seinen Taten.

Wenn wir beispielsweise über unser Verhältnis zu anderen Familienmitgliedern nachdenken, wenn wir etwa als Jugendliche das richtige Maß an Freiheit suchen oder als Eltern die richtige Art, wie wir für unsere Kinder und Jugendlichen Verantwortung übernehmen können, ohne sie einzuengen, oder wie wir für pflegebedürftige Eltern Sorge tragen wollen. In all diesen Fragen bietet uns der Jesus der Bibel keine fertige Antwort an, wohl aber den Anstoß und das Beispiel für menschliche Lösungen. Auch das Verhältnis zu unserem Lebenspartner können wir mit ihm besprechen: Worauf wollen wir bei der Partnerwahl Wert legen, wofür dankbar sein, wenn wir in einer Beziehung glücklich sind? Wie viel Wert legen wir auf die Entwicklung einer Beziehung – wenn nötig mit Hilfe einer Eheberatung? Auch bei diesen Problemen ersetzt der Blick auf Jesus keinen Ratgeber in Form eines Buches oder einer Fachkraft, wohl aber ermutigt er uns, Rat zu suchen und Beziehungen nicht zu vernachlässigen.

Ebenso, wenn wir über unsere Berufsarbeit nachdenken. Viele Berufe, die wir heute ausüben, hat es zur Zeit Jesu noch gar nicht gegeben, und die Bibel sagt uns auch nicht, für welchen Beruf wir geeignet sind oder welcher wirtschaftlich eine Zukunft hat. All dies müssen wir – beraten durch Fachleute und Vertraute – selbst überlegen. Aber Jesus kann uns, sozusagen als besonderer Vertrauter, durch sein Beispiel und seine Botschaft sagen, worauf wir praktisch in jedem Beruf Wert legen können, was uns wichtig werden kann und wie wir in unserer Arbeit von Gottes Schöpfung leben. Und dass eine Arbeit und ein Ergebnis nicht nur am Geldwert, sondern auch am Nutzen für die Menschen gemessen werden sollte. Und wenn wir wegen Krankheit, Behinderung oder erreichter Altersgrenze aus der Erwerbsarbeit ausscheiden, kann uns das Gespräch mit ihm auch auf mögliche Ziele danach hinweisen und so die Umstellung begleiten.

Unser Freund, unser Vertrauter – und noch mehr
Wenn wir Jesus von Tag zu Tag so fragen, was ihm wichtig war und ist, wie er Glück und Sinn gefunden und Angst und Enttäuschung überwunden hat, dann kann er uns nahe kommen – zunächst wie ein Freund und Vertrauter, aber bald auch noch mehr. Wir können immer besser verstehen, dass er ein besonderer Freund und Vertrauter ist: Einer, der uns – wie nur Gott selbst es kann – versichert, dass Gott uns unbedingt liebt, selbst über den Tod hinaus. Er ist einer, der uns zum Mitwirken in seinem Reich beruft und uns im Guten bestärkt. Und wir können nicht nur beten wie er, sondern auch beten zu ihm. Wenn wir so mit Jesus sprechen, haben wir nicht nur mit dem Kopf, sondern auch mit dem Herzen begriffen, dass er Gottmensch, der Mensch gewordene Gott ist.

Eine solche Beziehung kann uns mit der Zeit auch prägen. Vielleicht können wir ohne Übertreibung nach einigen Jahren sagen, was man von einer gelingenden Partnerschaft in der Ehe oder einer tiefen Freundschaft sagt: „Ohne dich, Jesus, wäre ich nicht die Person geworden, die ich bin; und ohne dich hätte ich vieles nicht so gut gemeistert." Ein engagierter Christ hat diese Erfahrung einmal so ausgesprochen: „Das Leben mit Jesus war wie das Leben mit einem Freund, der mich bestätigte, wenn ich mich aufgeben wollte; der mich in Frage stellte, wenn ich meiner zu sicher wurde; der mir Augen und Herz öffnete für Menschen, die mir zuwider waren; der Widerwillen eingab, wo Menschen mir schmeichelten." Wenn sich die Beziehung zu Jesus so tief entwickelt, ist er nicht nur „mitten unter uns", wie das heutige Evangelium sagt, sondern „mitten in uns", und das ist bei jeder und jedem möglich.

4. Adventssonntag
Sich äußerlich und innerlich auf Weihnachten vorbereiten

Zu Lk 1,26–38

Bald feiern wir Weihnachten, und das heutige Evangelium will uns einladen, uns nicht nur äußerlich, durch Einkäufe, das Schmücken eines Christbaums und das Aufstellen einer Krippe, auf dieses Fest vorzubereiten, sondern auch innerlich. Es stellt uns Maria vor Augen, die Gott durch den Engel Gabriel beauftragt, die Mutter Jesu zu werden. Volksfrömmigkeit und Kunst haben diese Szene oft dargestellt, und wir haben sicher schon einmal in einer Kirche, einem Museum oder einem Kunstband solche Bilder gesehen: Maria, die der Botschaft Gottes aufmerksam lauscht und über ihre Berufung nachdenkt – um schließlich zu erklären: „Ich bin bereit; mir geschehe, wie du gesagt hast." Diese Szene hat Generationen von Christen an ihre eigene Berufung erinnert und will dies auch bei uns bewirken. Jedes Marienbild, jedes „Gegrüßet seist du, Maria" und jedes Marienfest will uns ja bewusst machen, dass wir ähnlich wie Maria, jedoch an unserem Platz und mit unseren Aufgaben und Kräften, dazu beitragen dürfen, dass Gott uns und anderen Menschen nahe kommt, so wie er es in Jesus ein für alle Male getan hat.

Natürlich haben wir nicht die Aufgabe, im buchstäblichen Sinn dem Sohn Gottes das menschliche Leben zu schenken, ihn zu ernähren und aufzuziehen wie Maria. Doch in einem sinnbildlichen und auf heute übertragenen Sinn sollen wir sehr wohl zum Kommen und Wachsen Jesu und seines Geistes in unserem Leben und in unserer Umgebung mithelfen. Der Mystiker und Dichter Angelus Silesius hat darum anschaulich und kühn von einer Gottesgeburt in uns gesprochen, die sich immer wieder neu ereignen soll:

> Wird Christus tausendmal zu Bethlehem geboren
> Und nicht in dir, du bleibst noch ewiglich verloren.

Darum sollen wir uns zwar das ganze Jahr über bemühen, doch die Advents- und Weihnachtszeit gibt uns einen besonderen Anstoß dazu. Nun wird aber oft geklagt, dass die Vorweihnachtszeit mit einem Stress verbunden sei, der uns kaum zur Besinnung kommen lässt. Tatsächlich ist Weihnachten unabhängig von seinem religiösen Inhalt bei Gläubigen und Ungläubigen zum bedeutendsten Familienfest im Jahr geworden. An diesen Tagen wollen wir sozusagen im Heiligtum unseres Privatlebens intensiv die

Harmonie unserer Familie erleben und unsere Beziehungen mit Angehörigen und Freunden erneuern. Dies erfordert aber vielerlei Vorbereitungen – vom Schmücken der Wohnung bis zum besonderen Essen und den Geschenken. *Ja, die Geschenke!* Als man acht- bis vierzehnjährige Kinder befragte, was wichtig sei, um Weihnachten für sie erfreulich zu machen, antworteten die meisten: „Geschenke"; nach dieser Umfrage sind sie für die Jüngsten noch wichtiger als „Schnee". Die Erwachsenen machen den Kindern und Jugendlichen mehr Geschenke, als sie von ihnen erhalten, und die teuersten Geschenke tauscht man innerhalb der Familie aus – nicht mit Mitarbeitern oder Freunden: Weihnachten – ein Fest der Familie.

Sinnvoll schenken, Notleidende unterstützen, Frieden suchen
Konsumkritiker warnen vor dem „Geschenkterror" der Werbung, und es ist sicher wichtig, zu überlegen, welchen Sinn unsere Geschenke haben. Hier kann sich aber auch zeigen, wie wir uns auf unsere persönliche, überlegte Art äußerlich und innerlich auf Weihnachten vorbereiten wollen. Wenn wir überlegen, ob, was und wie wir schenken möchten, was denn unsere Kinder oder andere Angehörige freuen könnte, versuchen wir uns in andere hineinzudenken, wollen ihnen etwas Gutes tun und ihnen dieses Wohlwollen auch zeigen. Die Wahl der Geschenke kann anstrengend sein, doch wenn es uns gelingt, mit einem Geschenk oder einer Geste eine Zuneigung und Beziehung auszudrücken, auf die sich die Beschenkten auch im Alltag verlassen können, dann hat sich die Mühe gelohnt. Dann ist das Geschenk mehr als ein Päckchen in Weihnachtspapier, mehr als man im Geschäft kaufen kann. Und dann hat es auch mit dem Weihnachtsfest zu tun, mit der Freude darüber, dass Gott uns mit seiner Güte beschenkt hat. Weil uns ein solches Wohlwollen gegenüber schwierigen Familienmitgliedern nicht immer leicht fällt, beten wir vielleicht manchmal spontan um die richtige Einstellung zum Schenken und zum Beschenkten. Wenn die Beziehung belastet ist, lautet die Bitte u.U. auch so: „Herr, hilf mir, dass ich von Herzen schenken kann und nicht nur, weil es erwartet wird und Brauch ist." Und wenn man die Beziehung zu jemandem auch ohne Geschenk erneuern kann und der andere dies sogar lieber hat, kann man auch auf Geschenke verzichten.

Zur persönlichen und christlichen Art, sich auf Weihnachten vorzubereiten, kann auch gehören, dass wir überlegen, welche *Notleidenden* wir durch unser Gespräch und unseren Rat oder durch eine Spende an bestimmte Hilfswerke unterstützen können. Die Spendenbereitschaft der Bevölkerung ist ja – wenn man von schweren Katastrophen, über die die Medien berichten, einmal absieht – nie so groß wie in der Advents- und Weihnachtszeit. Auch diese Hilfsbereitschaft – gleich, ob für nahe oder ferne Notleidende – hat mit dem Weihnachtsfest des Glaubens und nicht dem des Handels zu tun.

Zur Vorbereitung auf Weihnachten gehört für viele überzeugte Christen auch die Überlegung, ob in ihrem Familien- und Bekanntenkreis der *Friede* gestört ist und wie sie ihn wiederherstellen können. Dass man wieder freundlich miteinander spricht, nachdem es einen Zwist gegeben hat – das lässt sich zwar nicht erzwingen. Es muss auch nicht immer zu einer ausdrücklichen, großen Versöhnung mit Entschuldigungen und Beteuerungen kommen. Doch vielleicht können wir vorsichtige Signale aussenden, die zeigen, dass wir wieder gesprächsbereit sind, und so herausfinden, ob eine Wiederannäherung möglich ist. Wir müssen auch nicht gleich alle bestehenden Konflikte lösen, denn dazu gehört ja von beiden Seiten viel Verständnis. Aber wenn wir verhindern können, dass sich die Gräben, die uns trennen, weiter vertiefen, oder wenn wir sie sogar etwas einebnen können, hat das ebenfalls viel mit Weihnachten zu tun: mit dem Frieden, den Gott durch seine Menschwerdung stiften will – Frieden unter den Menschen, Frieden zwischen Gott und uns.

Eine weitere Art, sich innerlich auf Weihnachten vorzubereiten, könnte darin bestehen, dass wir an einer *Bußfeier* teilnehmen oder gegebenenfalls beichten. Doch selbst wenn wir das nicht schaffen, könnten wir eine letzte, einfache Art der Weihnachtsvorbereitung pflegen: Überlegen wir in den Gottesdiensten oder auch in einer stillen Minute daheim, was uns dieses Jahr, in unserer derzeitigen Lage und Entwicklung an der Weihnachtsbotschaft ganz persönlich ansprechen will. Diese Botschaft kann uns ja vielerlei Anstöße vermitteln, die wir nie auf einmal aufnehmen können, sondern nur nach und nach verstehen – entsprechend den Hoffnungen oder Aufgaben, die uns gerade bewegen. Fragen wir uns also zuerst, was uns derzeit besonders bewegt – und dann: was uns die Menschwerdung Gottes dazu sagen will.

Ob wir Angehörige beschenken, Notleidende unterstützen, gestörte Beziehungen verbessern, an einer Bußfeier teilnehmen oder uns einfach auf die Botschaft von Weihnachten besinnen – wenn wir diese Wege gehen, kann das Fest der Geburt Christi für uns *mehr* werden als eine schöne Gewohnheit und geschäftige Routine. Dann hören wir – wie Maria – die Botschaft vom Kommen Gottes in unser Leben neu und können überzeugt antworten: „Ich bin bereit; mir geschehe, wie du es gesagt hast." Dann wurde Christus nicht nur in Betlehem geboren, sondern wird es ein wenig auch in uns.

WEIHNACHTEN
Weihnachten – Unterbrechung durch Jesu Kontrastprogramm
Thematisch

Wir alle kennen das Kinderlied: „Alle Jahre wieder kommt das Christuskind." Der Liedanfang „Alle Jahre wieder" ist längst zum geflügelten Wort für Anlässe geworden, die jährlich wiederkehren, und auch für die skeptische Frage, ob wir sie jedes Jahr mit Herz und Verstand feiern können oder ob manches nicht zur leeren Gewohnheit wird.

Weihnachten – alle Jahre wieder? Man kann sich bei diesem Fest auch gerade umgekehrt fragen, ob uns nicht etwas Wichtiges fehlen würde, wenn wir es nicht feiern würden. Nicht, dass wir da jene Verzauberung wieder herstellen könnten, die wir als Kinder meistens erlebt haben. Das geht nicht, denn als Erwachsene glauben wir eben nicht mehr an ein Christkind, das uns – nachdem wir die ganze Adventszeit sehnlichst gewartet haben – ein wunderbares Geschenk bringt. Das nicht. Wohl aber kann uns das Weihnachtsfest eine Freude „bescheren", die aus überlegtem Glauben kommt und nicht nur aus unseren Kindheitserinnerungen. Der evangelische Theologe Friedrich Schleiermacher hat die christlichen Gottesdienste einmal „Unterbrechungen des übrigen Lebens" genannt, und dies dürfte in besonderer Weise vom Weihnachtsfest gelten: Die Begegnung mit Jesus am Fest seiner Geburt will eine „Unterbrechung" bewirken, die wir „alle Jahre wieder" erfahren können und auch nötig haben, damit sich unser Denken und Empfinden erneuert. Wie könnte diese Unterbrechung in unserer Zeit aussehen?

Unsere gewöhnliche Arbeit und Freizeit kann unser Denken und Empfinden recht einseitig beeinflussen und prägen – auch wenn wir uns jeden Tag um ein menschenwürdiges Leben und Zusammenleben bemühen. Solche Einseitigkeiten sind etwa gemeint, wenn wir davon reden, dass wir in einer *„Leistungs- und Konsumgesellschaft"* leben. Fragen wir uns doch, was das Wahre und Berechtigte an diesen beiden Schlagworten ist und wie sich der Weihnachtsglaube dazu verhält.

Wahr ist sicher nicht, dass Leistung und Konsum pauschal schlecht wären: Sie schaffen schließlich die Grundlage für ein Leben mit hinreichender Ernährung, medizinischer Versorgung und Bildung. Man sollte unserer Zeit auch nicht vorwerfen, sie kenne keine anderen Werte als Leistung und Wohlstand. Nein, es gibt gottlob auch in breiten Kreisen der Bevölkerung den Zusammenhalt in der Familie, das Bemühen um Gleichberechtigung

der Geschlechter, Hilfsbereitschaft gegenüber Notleidenden und anderes mehr. Das ist unbestritten; nur haben viele den Eindruck, dass solche Mitmenschlichkeit gefährdet ist. Als man in einer Umfrage (im Jahr 2003) bei Deutschen über 14 Jahren ermittelte, welche Werte sich ihrer Meinung nach in den vergangenen Jahren negativ entwickelt hätten, nannten die meisten: Hilfsbereitschaft, soziale Gerechtigkeit, soziale Verantwortung und menschliche Wärme. Bei einer Befragung von 16- bis 19-Jährigen, die wissen wollte, welches ihr wichtigstes Lebensziel sei, nannten die meisten Durchsetzungsfähigkeit und nicht Gerechtigkeit.

Hilfsbereitschaft und Glaube – bloße „Kann-Werte"?

Noch ist ein Bestand an Mitmenschlichkeit vorhanden; aber diese ist heute völlig in das Belieben des Einzelnen gestellt: Wir können hilfsbereit sein oder auch nicht. Solange wir nicht gegen ein Gesetz verstoßen – etwa durch unterlassene Hilfeleistung –, steht es uns frei, ob wir mitfühlend oder egoistisch handeln wollen. Gerade zu den höchsten Werten – Interesse an Familie, sozialem Engagement und Glauben – drängt uns weder eine allseits anerkannte Tradition noch die öffentliche Meinung, wie sie am Arbeitsplatz, im Verein oder in den Medien ausgesprochen wird. Wir können in vielerlei Hinsicht wirklich tun, was wir wollen. Wir sind freier von Zwängen als unsere Vorfahren. Dadurch gewinnen die genannten Werte an Freiwilligkeit – aber sie verlieren auch an Unterstützung und Bestärkung durch die Gemeinschaft. Gerade die menschlichsten Ziele, Hilfsbereitschaft und lebendige Verbundenheit mit Gott, sind ganz auf unsere freie Entscheidung und unseren guten Willen angewiesen; in der öffentlichen Meinung erscheinen sie als bloße „*Kann-Werte*" (Ulrich Hemel); da haben sie nur noch den Rang von Hobbys.

Hingegen drängt das moderne Leben, wie wir es praktisch alle führen, und mit ihm die öffentliche Meinung zu etwas anderem: Zu einkommensstarker Leistung, ausgiebigem Konsum und gesellschaftlichem Ansehen. Ob wir es aussprechen oder nicht – diese Ziele gelten als *„Muss-Werte"*. Erwachsene, die sie nicht anstreben, werden als Sonderlinge oder Versager angesehen, und Schüler, die sich nicht auf sie vorbereiten, sind für uns Sorgenkinder. Bei aller Toleranz beurteilen wir uns und andere ziemlich einhellig nach dem Maßstab: „Kannste was, haste was – haste was, biste was." Diese Werte gelten ganz selbstverständlich, ohne dass wir viel darüber nachdenken. Sie sind in unseren Köpfen und bestimmen unser Denken und Handeln: unser Normalprogramm.

Wie gut, wie menschlich ist es da, dass dieses Programm immer wieder eine *Unterbrechung* erfährt, durch die etwas anderes in unsere Köpfe und Herzen eindringen kann. Blicken wir heute von der Geburt Jesu in Betlehem auf den *ganzen Jesus*, wie er durch seine Art, Gott als Vater anzusprechen und auf die Mitmenschen als Schwestern und Brüder zuzugehen, einen anderen Geist in seine Zeit brachte – eine Unterbrechung. Und blicken wir auch auf den Jesus, der heute den Menschen aller Länder und sozialen Schichten diese Nähe zu Gott und den Mitmenschen vermitteln will und somit Werte, die sonst leicht ersticken würden, bewahren und zum Leben erwecken möchte. Der Theologe und Schriftsteller Martin Gutl hat die Botschaft, die Jesus gelebt und verkündet hat, einmal dadurch umrissen, dass er Kernsätze Jesu Schlagworten unserer Zeit entgegensetzte, nämlich:

>Endlich einer, der sagt: „Selig die Armen!"
>und nicht:
>Wer Geld hat, ist glücklich!
>
>Endlich einer, der sagt: „Der Erste soll der Diener aller sein!"
>und nicht:
>Zeige, wer du bist!
>
>Endlich einer, der sagt: „Liebe deine Feinde!"
>und nicht:
>Nieder mit den Konkurrenten!
>
>Endlich einer, der sagt: „Selig, wenn man euch verfolgt!"
>und nicht:
>Passt euch jeder Lage an!
>
>Endlich einer, der sagt: „Wer an mich glaubt, wird leben in Ewigkeit!"
>und nicht:
>Was tot ist, ist tot![1]

Jesus will unser Normalprogramm vermenschlichen

Was für ein befreiendes Kontrastprogramm! Das ist eine Unterbrechung, die uns nicht zum Schwärmen und Abheben verleiten, sondern die nötige Wärme und Kraft geben will, um unser Normalprogramm zu vermenschlichen. Denn die Weisungen Jesu: den Reichtum nicht überschätzen, das Recht des Schwachen achten, Notleidende unterstützen und unser aller ewiges Leben erhoffen – das sind keine kalten Moralgrundsätze, vielmehr ergeben sie sich aus der einen Kernbotschaft von Weihnachten: Gott liebt uns so sehr, dass er Mensch wurde; dass er uns mit den Worten, Taten und

---

[1] Aus: Martin Gutl, In vielen Herzen verankert. Styria Verlag, Graz – Wien 2004.

 Weihnachten

Blicken Jesu zeigen wollte, wie nahe er uns ist – uns allen gleichermaßen. Das ist etwas anderes, als sich rücksichtslos nach vorn zu boxen; etwas anderes auch als ein Paragraph, der unterlassene Hilfeleistung bestraft; etwas anderes auch als sozialstaatliche Regelungen – so notwendig diese sind: Es ist, wie wenn wir einem Kind, einem Partner oder einem Kranken die *Hand halten*. Jesus hat die Kranken mit seiner Hand berührt, damit sie seine Zuwendung hautnah spüren konnten: Solche Nähe und Wärme will uns Gott an Weihnachten spüren lassen, und sie soll uns hoffnungs- und liebesfähig machen. Vielleicht zeigt sich etwas von diesem Wärmeschub und dieser Umwandlung unseres Normalprogramms,
- wenn junge Menschen ein oder zwei Jahre als freiwillige Helfer in einem Entwicklungsland arbeiten;
- wenn sich in Deutschland Katholiken in gut 10 000 Dritte-Welt-Gruppen über Armut und Ungerechtigkeit in anderen Ländern Gedanken machen;
- wenn sich Menschen für die Begleitung Schwerkranker und Sterbender ausbilden lassen und zur Verfügung stellen;
- aber auch, wenn in Familie, Nachbarschaft und Gemeinde viel stille Hilfe geleistet wird.

Wir dürfen uns auch freuen, dass in Deutschland in den beiden großen Kirchen zusammen schätzungsweise viereinhalb bis fünf Millionen Menschen ehrenamtlich tätig sind.

Glauben wir's also: Die Begegnung mit Jesus kann uns liebesfähiger und hoffnungsfähiger machen. Obwohl wir es meistens ganz gut verstehen, unsere Empfindlichkeiten, unser Geltungsbedürfnis und unser Besitzstanddenken möglichst unverändert beizubehalten, färbt doch immer wieder etwas von diesem Jesus auf uns ab, wann immer wir an sein Beispiel, seine Botschaft und seine Nähe denken. Und das gibt unseren Bemühungen um Mitmenschlichkeit Sinn und Seele. Räumen wir ihm darum eine regelmäßige Sendezeit ein für sein Kontrastprogramm, über die Weihnachtszeit hinaus: in einem ganz persönlichen kurzen Abendgebet und im Gottesdienst – eine Unterbrechung durch Jesus.

Als ein Student, der in einer christlichen Dritte-Welt-Gruppe mitarbeitet, gefragt wurde, was da anders sei als in dem nichtkirchlichen Kreis, in dem er früher war, antwortete er, das sei „schon eine andere Dynamik", wenn man auch mal gemeinsam eine Messe feiern könne. Lassen wir uns jetzt und immer wieder neu von dieser Dynamik, dieser Kraft unterbrechen und beleben: von der Wärme Gottes, die uns mit der Hand und der Hostie Jesu berühren will.

Fest der Heiligen Familie
Die Familie – ein liebenswertes und wichtiges Chaos

Thematisch

Wir feiern an diesem ersten Sonntag nach Weihnachten das Fest der Heiligen Familie. Über deren Leben erzählt uns das heutige Evangelium fast nichts; es berichtet nur, dass Maria und Josef ihr Kind beschneiden ließen und Gott weihten, wie es das Gesetz vorschrieb. Sonst: Kein Wort darüber, ob dieses Kind oft die Nachtruhe der Eltern störte, welche Spiele es am liebsten spielte, ob es ihnen durch häufiges Kranksein Sorgen machte, wie es sich in der Pubertät zu ihnen verhielt oder ob es als Jugendlicher das Schreinerhandwerk gern oder widerstrebend erlernt hat. Wir können uns dies alles nach unseren eigenen Vorstellungen ausmalen. Je harmonischer und strahlender wir uns aber dabei das Zusammenleben von Maria, Josef und Jesus denken – so wie es manche Bilder in alten Schulbibeln dargestellt haben –, desto mehr scheuen wir uns wohl, dieses Ideal auf die Familie zu übertragen, in der wir groß geworden sind oder jetzt leben bzw. denen wir bei Verwandten, Bekannten oder Nachbarn begegnen. Wahrscheinlich würden auch engagierte Mütter diesen Gedanken abwehren und einwenden: „Ich gebe mir zwar Mühe – aber ich bin nicht Unsere Liebe Frau von der Hauptstraße soundsoviel." Und ähnlich würden wohl auch pflichtbewusste und begeisterte Väter erwidern: „Ich setze mich zwar für meine Familie ein – aber ich bin kein heiliger Josef."

So sollten wir dieses Fest auch nicht auffassen. Es will uns nicht mit einem unerreichbaren Idealbild von Gemeinschaft entmutigen, sondern den unersetzlichen Wert der Familie vor Augen stellen – gleich ob es eine vollständige Familie ist oder eine von Alleinerziehenden, eine Familie mit Stiefkindern oder eine Pflegefamilie. Dabei gehen wir am besten von der Tatsache aus, dass die Normalfamilie selten in der Ordnung, Eintracht und Hochstimmung lebt, um die wir uns gerade am Weihnachtsfest bemühen, sondern eher ein *liebenswertes Chaos* darstellt, allerdings ein wichtiges Chaos. Weshalb Chaos, warum liebenswert und weshalb wichtig?

Einem *Chaos* gleicht die Familie oft, weil hier so Verschiedenartiges und Unplanbares zusammen lebt: Menschen weiblichen und männlichen Geschlechts, Menschen verschiedenen Alters, Menschen mit unterschiedlichen Bedürfnissen, Temperamenten, Aufgaben, Interessen, Außenkontakten und Außenverpflichtungen. Wollte man ein solches Zusammenleben nach den Maßstäben eines Betriebs, einer Verwaltung oder einer Schule organisieren, so würde jeder Fachmann abwinken: „Ganz unmöglich. Das führt nur zu einem Chaos." Und doch – dieses Chaos funktioniert, zwar nicht in allen, aber in erstaunlich vielen Fällen. Die Beteiligten – Mütter, Väter und Kinder – müssen wohl über ein besonderes Organisationstalent verfügen und auch ein tiefes Verlangen nach diesem Zusammenleben haben. Denn, so sehr sie vorsorgen müssen – ihr Miteinander ist nie so planbar wie andere Arten des Zusammenlebens und -wirkens: Für den Kindergarten gibt es Betreuungszeiten und Spieleinheiten, für die Schule Stundenpläne, Lehrpläne und Lernziele, für die Berufsarbeit Arbeitszeiten, eine möglichst klare Aufgabenverteilung und Leistungserwartungen, und unsere Sport- und anderen Vereine sind ebenfalls auf bestimmte Ziele und zeitlich beschränkte Veranstaltungen ausgerichtet. Was in diese außerfamiliären Einrichtungen und Aktivitäten nicht hineinpasst, würde sie überfordern, würde zum Chaos führen und muss darum ausgeschlossen werden. Die Familie ist jedoch sozusagen für alles zuständig, was andere Einrichtungen nicht leisten.

Was die Familie menschlich und liebenswert macht
Gewiss unterstützen Kindergarten, Schule, Berufsausbildung, Arbeitswelt, Vereine und Freundschaftsbeziehungen Eltern und Kinder. Ja, ohne diese anderen Einrichtungen und Bereiche der modernen Gesellschaft wäre ein Leben mit einem Mindestmaß an Wohlstand gar nicht möglich. Aber wo können sich Eltern und Heranwachsende aufhalten, wenn sie nicht in Schule, Arbeit oder Freizeitgruppe sein können oder wollen? Wo sich regelmäßig ernähren, durch Schlaf erholen, sich mit Menschen aussprechen, denen sie vertrauen, wo eine Enttäuschung oder Freude ausdrücken, für die sich weder in der Schule noch am Arbeitsplatz oder im Freizeitclub jemand interessiert? Wer betreut das junge Kind in den langen Zeiten, wo es nicht in Kinderkrippe, Kindergarten, Grundschule oder Hort versorgt wird? Wer setzt sich mit seinen ganz persönlichen Bedürfnissen, Wünschen und Unmutsäußerungen auseinander und überzeugt es auch dann vom Sinn des Kindergarten- oder Schulbesuchs, wenn es dazu keine Lust hat? Wer kümmert sich um das Kind oder den Partner, wenn diese wegen Krankheit oder eines Unfalls nicht zur Schule, Arbeit oder Freizeitbeschäftigung gehen können? Wer unternimmt etwas, wenn ein Kind an Aufmerksamkeitsstörungen leidet, wenn eine Zahnkorrektur fällig ist, wer, wenn die Großeltern Pflege brauchen? Wer interessiert sich überhaupt für uns als Person – und nicht nur für bestimmte Leistungen, die man als Schüler, Mitarbeiter oder Vereinskollege erbringt? Im Normalfall ist das immer die Familie, und viele dieser Aufgaben lassen sich nicht planen und geben dem Leben etwas Chaotisches.

Das Spezielle der Familie liegt gerade darin, dass sie nicht auf bestimmte Aufgaben, Leistungen oder Interessen spezialisiert und eingeschränkt ist, sondern für fast alles verantwortlich und offen ist. Diese All-Zuständigkeit kann die Beteiligten, zumal die Eltern, überfordern; sie macht das Chaos Familie aber auch so menschlich und liebenswert. Warum? Nun, obwohl Familienmitglieder auch ihre Pflichten haben, stehen sie in ihrem Zuhause doch nicht unmittelbar unter dem Leistungsdruck von Schule und Betrieb und auch nicht unter dem Erwartungsdruck einer Interessengruppe. Wenn Mutter und Vater sich und ihre Kinder nicht gerade auf übertriebene Weise überfordern, können sie in der Familie ohne Masken und Zwänge über ihre Freuden und Enttäuschungen sprechen und mit ihren Stärken und Schwächen, ihren Wertüberzeugungen und ihren Zweifeln Mensch sein. Hier droht uns normalerweise kein Ausschluss, vielmehr werden wir um unserer selbst willen, nicht um einer bestimmten Leistung und Eigenschaft willen akzeptiert. Gerade deshalb hat vermutlich die Hochschätzung der Familie in den letzten Jahren wieder etwas zugenommen: Mit dem gewachsenen Leistungsdruck im Berufsleben scheinen viele ein stärkeres Bedürfnis nach einem beziehungsfreundlicheren Lebensbereich zu spüren. Vermutlich erwarten heute viele Ehepaare und Jugendliche in der Familie sogar mehr wechselseitige Zuwendung und emotionale Geborgenheit als in früheren Generationen. Es ist, als ob sowohl die Partnerschaft als auch die Familie als Schutzwall gegen all die Zwänge und Kälte gesucht würden, die viele im modernen Leben erfahren.

Trotz hoher Anforderungen „viel Freude"
So haben wir heute die Chance, den Wert der Familie neu zu entdecken. Allerdings sollten wir sie nicht überfordern, indem wir in überzogener Romantik eine nie getrübte, paradiesische Harmonie von ihr erwarten. Die gewöhnlichen Anforderungen an die Eltern sind schon hoch genug. Denken wir nur einmal an Eltern mit Kindern in der Pubertät und danach. Zu welchen Zeiten soll man gemeinsam essen? Welche Arbeiten im Haushalt sollen die einzelnen Familienmitglieder übernehmen? Wie viel Taschengeld ist angemessen? Wie hält man es mit den Ferien? Wie mit dem Ausgang am Abend? Wie mit der Lautstärke der Musik, der Benutzung von Auto und Telefon – und was sagt man zum Thema Gottesdienstteilnahme am Wochenende oder zur Pille? Wahrhaftig, es herrscht kein Mangel an Konfliktmöglichkeiten. Fachleute betonen, dass man lernen sollte, Streitfragen in Gesprächen mit Lösungsvorschlägen so zu bearbeiten, dass sich kein Familienmitglied unterdrückt fühlt, sondern dass die Lösung für alle annehmbar ist. Doch wie viel Geduld und Geschick erfordert dieses Ziel: Die Eltern als Verhandlungs- und Kommunikationsexperten! Und welche Grundsätze in

Bezug auf Freundschaft, Nachbarschaft, Konsum und Umwelt gelten denn noch? Die Eltern als Erziehungs- und Moralexperten? Zu alldem schafft schon das vielstündige Zusammenleben in einer Wohnung Reibungsflächen und zeigt einem auch immer wieder die Unzulänglichkeiten der anderen. Die Eltern als Ausgleichs- und Versöhnungsexperten!

Für all diese Aufgaben werden Eltern nicht in der Art einer Berufsausbildung vorbereitet. Und doch versagt nur eine Minderheit in einem schwerwiegenden Ausmaß. Die Mehrheit der Eltern meistert die genannten Aufgaben recht gut, auch wenn sie keine Experten sein können, die alles immer nur bestens machen. Die Mehrheit erlebt dabei auch – trotz aller Schwierigkeiten und Entbehrungen – überwiegend Sinnerfüllung und Freude. Als Personen über 16 Jahren – also Eltern, Nicht-Eltern und Jugendliche – gefragt wurden, was für sie die Familie bedeute, antworteten zwar 34 Prozent der Frauen und 28 Prozent der Männer: „Streit und Auseinandersetzungen", aber zweieinhalbmal so viel: „Lieben und geliebt werden" (83 bzw. 73 Prozent), und wenn die Familie für ungefähr ein Viertel der Befragten „Stress" bedeutete, so besagte sie für fast drei Viertel von ihnen „viel Freude".

Als Christen haben wir allen Grund, den Wert der Familie in der öffentlichen Meinung hochzuhalten und dafür einzutreten, dass Eltern, die Kinder erziehen, von der öffentlichen Hand unterstützt werden. In der Sicht des Glaubens gilt für die Familie sogar etwas Ähnliches wie für das Sakrament der Ehe: In keinem anderen Beziehungsfeld können und müssen wir so unausweichlich lernen, um die Zuneigung anderer zu werben und sie ihnen zu gewähren, uns in sie einzufühlen und ihre Freude mitzuerleben, aber auch auf sie Rücksicht zu nehmen, Konflikte fair zu lösen, das richtige Verhältnis von Nähe und Distanz zu finden, eigenständig zu denken, aber auch gemeinsam zu planen, Selbstvertrauen aufzubauen und zur Versöhnung bereit zu sein. Diese immer wieder versuchte Verbundenheit miteinander lässt uns in ihren Freuden und in ihren treu bewältigten Schwierigkeiten etwas von Gottes Schwierigkeiten und Freuden mit uns verstehen und seine Treue zu uns, seinen Bund nachahmen.

Hochfest der Gottesmutter Maria / Neujahr
„O nein, ich hab mein Leben nicht im Griff"

Thematisch

Die Dichterin Rose Ausländer hat zum Thema Neujahr einmal einige Zeilen geschrieben, in denen sie zunächst verschiedene Gruppen von Menschen grüßt: Sie grüßt ihre nahen und fremden Freunde, die „geliebten Toten", die Einsamen, aber auch die Künstler, die sie durch ihre Werke immer wieder beglücken. Zuletzt grüßt sie die schwer zu erkennenden, „verschollenen" Engel und schließt mit den Worten: (Ich) „grüße mich selber / mit dem Zuruf / Mut."

Wer kennt das nicht, dass wir uns vor einer schweren Aufgabe oder am Beginn eines schwierigen Tages Mut machen? Erst recht haben wir am Anfang eines neuen Jahres allen Grund, uns dies zu sagen: Mut! Auch wenn wir noch so optimistisch ins neue Jahr gehen, uns gute Chancen ausrechnen und Erfolge erwarten, wissen wir doch alle, dass uns Risiken bedrohen. Gewiss, wir können für vieles Vorkehrungen treffen und sollen dies auch. Die Liebe zum Leben und die Verantwortung, die wir für uns und andere Menschen tragen, gebieten uns, vorzubauen, wo immer es möglich ist. Und Wissenschaft, Technik, Wirtschaft und Sozialstaat haben uns Möglichkeiten der Vorsorge an die Hand gegeben, die frühere Generationen nicht kannten.

- Unsere Lebenserwartung ist höher als die unserer Großeltern war.
- Das durchschnittliche Einkommen und die Altersversorgung sind, trotz mancher Einschnitte, bedeutend besser als noch vor 50 Jahren.
- Die Möglichkeiten, vor Gericht seine Rechte einzuklagen – beispielsweise auch als Verbraucher –, wurden in den letzten Jahrzehnten verbessert.
- Von der Vorsorgeuntersuchung in der Medizin über die Haftpflichtversicherung fürs Auto bis zur Rente oder Pension können wir ein Gefüge von Stützen um uns errichten, die uns absichern, und wir können vieles in den Griff bekommen, was uns gefährden könnte. Freuen wir uns, dass wir unsere Gestaltungs- und Kontrollmöglichkeiten erweitern konnten und manchem Risiko vorbeugen können, denen Menschen in ärmeren Ländern auch heute noch weitgehend wehrlos ausgeliefert sind.

Aber wir wissen auch, dass wir nie alles in den Griff bekommen. Veränderungen der Wirtschaftslage oder der Sozialgesetzgebung können unseren Arbeitsplatz und unser Einkommen in der Arbeitsphase und danach unsicher machen. Ein Unfall, Hirnschlag oder eine Krebserkrankung kann eine wichtige Grundlage unserer Leistungsfähigkeit und unseres Wohlbefindens:

die Gesundheit erschüttern, und eine Beziehungskrise in Ehe, Freundschaft und Familie kann eine der wichtigsten Quellen unseres Glücks verschütten.

Gegen solche Verunsicherungen helfen wir uns geschickt dadurch, dass wir nicht immer daran denken. Es entlastet uns, zu meinen, wir lebten in einer normalerweise sicheren Welt. Darum sind wir beunruhigt, wenn diese Ansicht erschüttert wird: Wenn ein hochmoderner Zug wie der ICE verunglückt und über hundert Menschen in den Tod reißt, wenn ein bestens gewartetes Flugzeug abstürzt, eine Bergbahn Feuer fängt, eine Fähre im Meer versinkt oder die Gefahr droht, dass wir uns durch den Genuss von verseuchtem Fleisch mit dem so genannten Rinderwahnsinn BSE anstecken *(aktuelles Beispiel ergänzen!)*. Dann schrecken wir auf und wittern vielleicht plötzlich überall Gefahren: zu Wasser, zu Land und in der Luft.

Wie können wir Mut fassen?
Wie sollen wir mit dem Nichtkontrollierbaren umgehen? Wie können wir jenen „Mut" fassen, den die erwähnte Dichterin sich und ihren Freunden wünscht? Sollen wir vor den Risiken die Augen verschließen und einfach nicht daran denken? Damit würden wir unsere Angst nicht verarbeiten, sondern nur verdrängen und vor ihr davonlaufen. Sollen wir in Angst versinken? Damit würden wir unsere Kräfte nur schwächen. Sollen wir uns einen Glücksbringer besorgen, einen Talisman, dem wir die Macht zuschreiben, uns Gesundheit, Liebe oder Reichtum zu garantieren? Oder Kristalle, denen man diese Kraft nachsagt? Mit solchen magischen Vorstellungen würden wir uns aufs reine Wünschen verlassen, nicht aber auf bewährte Hilfen, hätten also wieder keine Sicherheit. Sollen wir uns – wenn wir schon spüren, dass all dies keine Vorsorge bewirkt – nicht wenigstens eine Vorhersage verschaffen, sei es bei einem Wahrsager oder durch Handlesen, Bleigießen, Horoskop-Lesen oder etwas Ähnliches? Nun, auf diese Weise mag man immer wieder einmal einen Volltreffer erzielen, aber man konnte nie beweisen, dass auf diesen Wegen gesicherte Auskünfte möglich sind. Gewiss, wir sollten Menschen, die sich mit Glücksbringern, Vorhersagen und ähnlichen Verfahren behelfen wollen, nie lächerlich machen. Denn sensible Personen können ja unter Zukunftsängsten schwer leiden und auf solche Weise wenigstens vorübergehend das Gefühl bekommen, dass sie noch etwas gegen das Unkontrollierbare tun können. Wenigstens gestehen sie sich – wenn sie bereit sind, über sich nachzudenken – durch diese Praktiken ein, dass sie besorgt sind.

Es muss aber doch noch hilfreichere Formen geben, mit unserer Besorgnis umzugehen. Eines der auch heute noch meistgelesenen Bücher, die sich damit befassen, wurde 1948 von dem Amerikaner Dale Carnegie geschrieben und trägt den Titel: „Sorge dich nicht, lebe". Hilfreich und vernünftig ist darin sein Rat, sich wirkliche Sorgen, die einen bedrängen, aufzuschreiben, die Sache klar zu überdenken und Lösungsvorschläge zu überlegen. Nützlich ist darin auch die Empfehlung, unnötige Sorgen, die uns nur in fruchtlose Grübeleien verwickeln, aus unseren Gedanken zu verscheuchen. Realistisch ist schließlich auch sein Hinweis, wir sollen das, was unvermeidlich ist, was wir nicht ändern können, akzeptieren. Und zu alldem empfiehlt der fromme Autor auch noch das Gebet.

Wie aber sollen wir das Gebet angesichts unserer Ungewissheiten verstehen und praktizieren? Sollen wir es so auffassen, als könnten wir uns durch Beten mit Energien des Weltalls aufladen, die manche Vertreter des Positiven Denkens schlicht „Gott" nennen? Oder sollen wir das Gebet verstehen als Gespräch mit dem Schöpfer, dem sich alle Welt und alle Energie verdankt – dem Schöpfer, der uns innerlich ermutigen und stützen will? Die Art, wie Jesus vor großen Entscheidungen, beispielsweise vor der Wahl der Zwölf oder vor seinem Leiden am Ölberg gebetet hat, entspricht sicher der zweiten Art, dem Gespräch. Jesus hat sich immer wieder in die Stille zurückgezogen und mit dem gesprochen, den er seinen Vater nannte. Und aus diesem Gebet kam er bestärkt zurück.

Wie können wir mit dem Nichtkontrollierbaren umgehen, das uns die kommenden Monate bringen könnten? Vertrauen wir doch einerseits den Kräften, mit denen wir bisher unser Leben bewältigen konnten. Stützen wir uns auch auf wohlwollende und sachkundige Menschen, die uns beraten und helfen können. Aber schöpfen wir andererseits auch immer wieder Mut im Gespräch mit dem Gott Jesu, der uns Vater und Freund sein will. Dies kann uns eine Zuversicht geben, die selbst der Gedanke an das Äußerste, den Tod, nicht zu erschüttern braucht. Solche Zuversicht, solchen Mut hat der reformierte Pfarrer und Dichter Kurt Marti einmal in einem Kurzgedicht ausgesprochen, dem er die Überschrift „Hoffnung" gab und das sich am Ende mit dem großgeschriebenen Wort DU an Gott wendet[2]:

Hoffnung

O nein, o nein,
ich hab' mein Leben
nicht im Griff,
überhaupt nicht.
Eher umgekehrt:
ES hat MICH.

---

[2] Kurt Marti, Ungrund Liebe. Klagen, Wünsche, Lieder. (c) by Radius-Verlag, Alexanderstr. 162, 70180 Stuttgart.

 Hochfest der Gottesmutter Maria/Neujahr

ES:
das Leben jetzt,
das Sterben einst,
doch darin, hoff ich,
DU.

2. Sonntag nach Weihnachten
„Söhne Gottes" – „Kinder Gottes"?
Zu Eph 1,3–6.15–18

Die heutige Lesung ist ein einziger Lobpreis. Gepriesen wird „der Gott und Vater unseres Herrn Jesus Christus", weil er uns erwählt hat, „seine Söhne zu werden durch Jesus Christus". Der Briefschreiber wünscht schließlich, dass dieser „Vater der Herrlichkeit" bei den Gemeindemitgliedern die „Augen der Herzen erleuchte", damit sie begreifen, zu welcher Hoffnung und Herrlichkeit sie berufen sind.

Offensichtlich will der Schreiber dieser Zeilen die Beziehung beschreiben, die uns Gott durch Jesus anbietet und die er als großes Geschenk betrachtet. Die Jünger Jesu und die Christen der zweiten Generation haben ja in verschiedenen Ausdrücken und Sprachbildern versucht, die erstaunliche Nähe auszudrücken, die sie in ihrer Beziehung zu Gott spürten und die sie vor ihrer Bekehrung nicht erlebt hatten. Einen treffenden Vergleich fanden sie unter anderem in der Vorstellung, dass wir durch Christus zu Söhnen Gottes geworden sind. Hatte nicht Jesus Gott seinen Vater genannt und seine Jünger im Vaterunser gelehrt, ihn auch als Vater anzusprechen? Also – so konnten sie sich sagen – sind wir doch Söhne Gottes. Nicht dass Gott uns als Kinder, die auch Gott sind, zeugen würde – das ist unmöglich. Aber – so dachte man – *adoptiert* hat er uns gewissermaßen, indem er sich uns mit der gleichen Liebe und dem gleichen Geist zuwandte, der Jesus, seinen menschgewordenen Sohn, erfüllt hat. Wenn ein elternloses Kind, das damals weitgehend auch schutzlos war und wenig Zukunftschancen hatte, von einem angesehenen, gütigen Bürger adoptiert wurde, dann hat sich seine Lage, sein Selbstvertrauen und seine Zukunftsperspektive völlig verändert. Dann war dieses Kind nicht mehr verlassen und ein Niemand, sondern Sohn oder Tochter auf gleicher Stufe wie andere und jedem Sklaven weit überlegen. Es durfte in Haus und Familie seines Adoptivvaters wohnen und ihn später sogar beerben.

Ähnlich fühlten sich die ersten Christen durch die Beziehung, die Gott ihnen durch Jesus und seinen Geist eröffnet hatte, innerlich in eine ganz neue Lage versetzt. Sie sagten sich sinngemäß: Hat uns nicht der Angesehenste und Gütigste, den man sich denken kann, in seine Hausgemeinschaft eingeladen? Hat er uns nicht mit dem Geist Jesu erfüllt, so dass wir uns immer wieder von Angst, Egoismus und Hass, die uns zu versklaven drohen, befreien können? Und haben wir nicht Aussicht auf ein unbeschreibliches Erbe, da wir nach unserem Tod mit dem auferstandenen Christus in der Herrlichkeit Gottes leben dürfen? Welche Zukunftsperspektive! Getragen von diesem Lebensgefühl konnte Paulus schreiben: „Weil ihr aber Söhne seid, sandte Gott den Geist seines Sohnes in unser Herz, den Geist, der ruft: Abba, Vater. Daher bist du nicht mehr Sklave, sondern Sohn; bist du aber Sohn, dann auch Erbe, Erbe durch Gott" (Gal 4,6f). Von dieser Vorstellung aus ist es folgerichtig, wenn uns das Neue Testament an vielen Stellen „Kinder Gottes" nennt – und Gott eben als unseren „Vater" bezeichnet.

Vier Klarstellungen

Nun haben alle Vergleiche, Gleichnisse und Sprachbilder ihre Stärken und auch ihre Grenzen; und wenn sie aus alten Zeiten stammen und ein „biblisches Alter" erreicht haben, wirken sie manchmal auch missverständlich. Es wäre schade, wenn die Frohbotschaft, die uns die Rede von unserer Annahme an Sohnes oder Kindes Statt verkünden will, dadurch verzerrt würde. Überlegen wir uns darum folgende Fragen.

Eine erste Schwierigkeit entsteht für unser heutiges Sprachempfinden dadurch, dass man meinen könnte, *Frauen* seien ausgeschlossen, wenn von uns als *Söhnen* Gottes die Rede ist. So war das allerdings nie gemeint; das Neue Testament hat den Frauen immer die gleiche Würde als Kinder Gottes zugesprochen wie den Männern, aber es folgte dem damals üblichen Sprachgebrauch und nannte Männer wie Frauen einfach „Söhne". Um Missverständnisse zu vermeiden, sollten wir heute von Söhnen *und* Töchtern Gottes sprechen.

Eine zweite Frage wurde auch in den Medien gelegentlich diskutiert: der Einwand, dass das Wort „*Vater*" für Gott einseitig männliche Vorstellungen von Elternschaft weckt. Was will denn das Neue Testament von Gott sagen, wenn es ihn etwa 250-mal „Vater" nennt? Dieser Vater ist für die Bibel der Schöpfer *und* der Erhalter unseres Lebens, er ist unser Gebieter *und* der unendlich Barmherzige, er ist machtvoll *und* zärtlich. Alle diese Eigenschaften kommen ihm ähnlich zu wie uns Menschen, aber auch wieder ganz anders, und wenn man sie schon mit menschlichen Bildern andeuten muss, so gibt es keine Eigenschaft Gottes, die ausschließlich väterlich oder mütterlich wäre. Allerdings konnte das Neue Testament Gott nicht „Mutter" nennen, weil er sonst im Sinne der damaligen Mutter- und Fruchtbarkeitskulte als Quelle von biologischen und magischen Kräften aufgefasst worden wäre. Diese Gefahr besteht in unserer Zeit und unserem Land nicht mehr, und so können wir ihn beherzt „Vater *und* Mutter" nennen.

Ein drittes Problem haben manche mit dem Wort „Gotteskindschaft". Wenn uns das Neue Testament „Kinder Gottes" nennt, könnte der Eindruck entstehen – so der Einwand –, es betrachte uns als unselbständige Wesen, die noch nicht selbst entscheiden können und keine erwachsene Partner Gottes sind. Die ersten Christen waren aber überzeugt, dass Gott sie als mündige Partner ernst nimmt (siehe Gal 4,1–6). Bezeichnet es uns also zu Unrecht als „Kinder Gottes"? Nein, denn das Wort „Kind Gottes" drückt auch aus, dass wir alles – unser natürliches Leben und unsere neue Beziehung zu Gott – dem Vater Jesu verdanken, dass uns dies alles geschenkt wurde wie einem Kind, welches sich sein Leben nicht zuerst erarbeiten und verdienen muss, und dass wir ebenfalls wie ein Kind auf Gottes Zuneigung vertrauen dürfen. Darum ist die Aussage: „Wir sind Kinder Gottes" kaum zu ersetzen. Am besten behalten wir sie bei und verstehen sie so, dass alles Kindische und Unerwachsene ausgeschlossen bleibt. Schließlich sind wir auch dann noch die „Kinder" unserer Eltern, wenn wir 90 Jahre alt werden. Warum sollen wir dann nicht auch „Kinder Gottes" heißen?

Eine vierte Klarstellung gilt folgender Frage: Wenn die heutige Lesung von unserer Annahme an Kindes Statt spricht, blickt sie auch voll Freude auf unsere Hoffnung, auf „unsere Gemeinschaft mit Christus im Himmel" und auf unser einstiges Erbe. Bedeutet dies, dass Gott uns diese erfüllende Gemeinschaft erst nach unserem Tod in der ewigen Seligkeit schenken will? Darauf ist mit einem klaren Nein zu antworten. Für den Briefschreiber will uns Gott schon jetzt durch seine Liebe, durch seinen „Geist" nahe sein und in uns Güte, Zuversicht und Freude entfalten – vollenden kann er dieses Werk aber erst, wenn wir nach dem Tod ganz in die Gemeinschaft mit ihm eintreten: „Der Geist (den wir schon jetzt erfahren können) ist der erste Anteil des Erbes, das wir erhalten sollen" (Eph 1,14). Eine Tageszeitung hat einmal in einem langen Gespräch mit einer Ordensfrau, die in einem streng kontemplativen Kloster von Zisterzienserinnen lebt, nach deren Tagesablauf, ihren Ansichten und ihren Sehnsüchten gefragt. Am Ende wollte die Journalistin wissen, wie es denn wäre, wenn nach dem Tod nicht himmlischer Lohn, sondern einfach nichts folgen würde. Darauf antwortete die Schwester, dass dieser Gedanke für sie kein Thema sei, denn sie erwarte die Gemeinschaft mit Gott nicht erst nach ihrem Tod, sondern diese Gemeinschaft erfülle und trage sie ja schon jetzt. Gemeinschaft mit Gott schon jetzt und für immer – das ist Botschaft der heutigen Lesung.

ERSCHEINUNG DES HERRN
Unser Glaube und die Andersdenkenden
Thematisch

Das Weihnachtsfest wollte uns daran erinnern, dass Gott Mensch wurde, weil er uns liebt. Das Fest „Erscheinung des Herrn" ergänzt diese Botschaft. Das heutige Evangelium berichtet in einer sinnbildlichen Erzählung, „Magier aus dem Osten" seien zu Jesus gekommen und hätten ihn als den wahren Gott und König aller Menschen verehrt. „Aus dem Osten" – das bedeutet: aus den Ländern, in denen nach damaliger Meinung nicht-jüdische religiöse Weisheit, aber auch Magie und Sterndeuterei beheimatet waren. Die Erzählung will damit anschaulich machen, was im ersten Brief an Timotheus sinngemäß so ausgesprochen wird: „Gott will, dass (nicht nur Juden und Christen, sondern auch Andersdenkende, ja) *alle Menschen* gerettet werden und zur Erkenntnis der Wahrheit gelangen" (1 Tim 2,4f).

„Andersdenkende" – das sind für uns heute zunächst jene vier Milliarden und damit zwei Drittel der Menschheit, die sich nicht zum christlichen Glauben bekennen, darunter auch etwa 150 Millionen Atheisten. Aber Andersdenkende finden die meisten von uns nicht nur in der weiten Welt, sondern auch in der eigenen Familie. Es sind Verwandte, die der Kirche den Rücken gekehrt haben; die einer anderen Religion angehören; die einen eigenen, uns oft unbekannten Weg suchen; die Atheisten sind oder denen alles Religiöse gleichgültig ist. Wie stehen wir zu diesen Andersdenkenden? Sollen wir alles in bester Ordnung finden? Sie mit Feuereifer missionieren? Sie verachten und verloren geben?

Wenn wir die heutige Sinnbild-Geschichte zu Rate ziehen, gibt sie uns eine recht großzügige Antwort: Die Magier aus dem Osten lebten weiterhin in ihrem heidnischen Land; sie gehörten später nicht der Jüngergemeinde Jesu oder der Apostel an – und trotzdem gelten sie irgendwie als Freunde Jesu und Gottes, denn sie sind doch vor Jesus niedergefallen wie später die Jünger vor dem Auferstandenen (Mt 28,9.17). Wenn wir das Zweite Vatikanische Konzil befragen, antwortet es ebenso offen und optimistisch. Es lehrt: Auch denen, „die in Schatten und Bildern den unbekannten Gott suchen, ist Gott nicht fern ... Wer das Evangelium Christi und seine Kirche ohne Schuld nicht kennt, Gott aber aus ehrlichem Herzen sucht und seinen im Anruf des Gewissens erkannten Willen unter dem Einfluss der Gnade in der Tat zu erfüllen trachtet, kann das ewige Heil erlangen" – selbst wenn er schuldlos Atheist ist, aber „ein rechtes Leben führt. Was sich nämlich an Gutem und Wahrem bei ihnen findet, wird von der Kirche ... als Gabe dessen geschätzt, der jeden Menschen erleuchtet, damit er schließlich das Leben habe" (LG 16).

Damit bekennt das Konzil, dass alle Menschen guten Willens mit jener Liebe Gottes verbunden sein können, die wir Christen durch Jesus kennen gelernt haben. Sie können dies, auch wenn sie nie etwas vom Christentum gehört haben, ja selbst wenn sie sich für Atheisten halten.

Was alles eine Frucht des Geistes Jesu sein kann

Wie ist das möglich? Das Konzil antwortet: Durch die Treue zum Anruf Gottes im Gewissen. Vielleicht können wir uns das so vorstellen: Wenn ein Muslim das Gebot des Koran, die Armen zu unterstützen, ernst nimmt, wenn ein Buddhist das Ideal des Mitleids mit aller Kreatur, das seine Religion lehrt, beherzigt, oder wenn einer, der nicht an Gott glaubt, auf die Bedürfnisse und Nöte seiner Mitmenschen aufmerksam ist und sich für sie einsetzt – so kann dies doch auch eine Frucht des Geistes Jesu sein, der solche Menschen leitet. Blicken wir einmal auf die Gotteszweifler und Gottesleugner. Auch wenn wir sie nicht alle in Bausch und Bogen zu Helden der Mitmenschlichkeit erheben müssen, kennen wir wahrscheinlich doch manche, von denen wir mit Respekt sagen können: „Sie glauben zwar nicht viel, aber sie sind sehr sozial." Atheisten und erst recht Angehörige nichtchristlicher Religionen können vom Wert der Gerechtigkeit und Hilfsbereitschaft so überzeugt sein, als hätten sie Jesu Wort gehört: „Was ihr dem geringsten meiner Brüder getan habt, habt ihr mir getan."

Und ähnlich ist es mit anderen Früchten des Heiligen Geistes – beispielsweise: *Geduld*. Vielleicht erklärt ein Muslim, dem seine Kinder gestorben sind und der erblindet, dies sei ihm von Allah geschickt, und möglicherweise denkt ein Hindu in der gleichen Lage an das Karmagesetz, oder ein Atheist sagt einfach: „Pech gehabt." Doch widerstehen sie u.U. so entschieden der Versuchung zu verzweifeln, als hätten sie – über den natürlichen Lebenswillen hinaus – das Trostwort Gottes aus der Offenbarung des Johannes in sich aufgenommen: „Ich kenne deine Bedrängnis und deine Armut ... Sei treu bis in den Tod; dann werde ich dir den Kranz des Lebens geben" (Offb 2,10). So mag der Geist Jesu auch außerhalb der Kirche Menschen, die sich ihm in ihrem Gewissen öffnen, zu Mitmenschlichkeit, Geduld, Wahrhaftigkeit und Treue, oder biblisch: zu Glaube, Hoffnung und Liebe führen. Das heutige Fest will uns daran erinnern, dass Gott dazu stets bereit ist.

Das bedeutet ja nicht, dass es überflüssig wäre, den Menschen Jesu Frohbotschaft ausdrücklich zu verkünden und sie „missionarisch" zum Leben der Kirche in Nächstenliebe, Gebet und Sakramenten einzuladen. Denn das Kennen und Gehen dieses christlichen Weges erleichtert das Wirken des

Geistes Jesu; es vergrößert die Chancen einer lebendigen Beziehung zum Gott Jesu. Und wir, die wir ausdrücklich und bewusst versuchen, im Geist Jesu zu leben, sollen den anderen durch das gelebte und gesprochene Zeugnis zeigen, was sie in ihrem Inneren bereits ahnen.

Und jene, die aus der Kirche ausgetreten sind?
Der Gedanke, dass Gott allen Menschen guten Willens seinen Geist und seine Beziehung anbietet, dürfte uns kaum Schwierigkeiten bereiten. Denn wir, die wir heute gewohnt sind, weltweit zu denken, hören es gern, dass Gottes Güte nicht an den Grenzen unserer Kirche Halt macht. Doch wie ist es mit denen, die aus der Kirche ausgetreten sind oder sich darüber hinaus vom christlichen Glauben überhaupt abgewandt haben? Hier kann uns der Glaube das Schmerzliche, das wir oft in der Familie erleben, nicht abnehmen: dieses Gefühl einer Trennung und eines Grabens zwischen uns und den anders denkenden Familienangehörigen. Aber vielleicht bauen uns einige Gedanken, die der Theologe Karl Rahner einmal dazu geäußert hat, eine Brücke zu ihnen.

Unter der Überschrift: „Der Christ und seine ungläubigen Verwandten" riet Rahner, wir sollten nicht eifernd auf diese Ungläubigen einreden, sondern ihnen schweigend und freundlich ein Beispiel des Christseins geben und gelassen darauf hoffen, dass der Andersdenkende einen guten Weg gehen wird. Wir sollen also den anderen nicht bedrängen, aber seine religiöse Einstellung soll uns auch nicht gleichgültig sein. Warum aber sollen wir gelassen hoffen?

Deshalb, weil auch für diese so genannten „Abgefallenen" gilt, dass Gott allen Menschen guten Willens seinen Geist, seine Gemeinschaft anbietet. Außerdem wissen wir letztlich nicht, wie jemand in seinem Innersten zu diesem Gott steht. Die Kirche kann zwar, meint Rahner, vorbildliche Christen selig sprechen – aber sie kann keinen Menschen verloren sprechen; wir wissen nicht einmal von Judas mit letzter Sicherheit, ob er sich ohne Reue von Gott getrennt hat.

Dass sich Menschen von Kirche und Christentum abwenden, kann ja verschiedene Gründe haben, die auch unterschiedlich zu bewerten wären: Der eine will vielleicht einfach Kirchensteuer sparen und war bisher nur gewohnheitsmäßig, ohne persönliche Entscheidung, Kirchenmitglied und Christ. Ein anderer wurde möglicherweise einmal von einem Mitarbeiter der Kirche persönlich enttäuscht oder ließ sich von einer Hetzkampagne beeinflussen. Wieder ein anderer stellt allzu kindliche Glaubensvorstellungen in Frage.

Dass sich Menschen unserem Zureden und unserem Beispiel, und sei es noch so lauter, nicht öffnen, dürfte ebenfalls unterschiedliche Gründe haben. Doch wir können hoffen, dass sich bei denen, die ernsthaft suchen, eine Gottesbeziehung anbahnt, die trotz ihrer uns fremden Ausdrucksweise echt und lebendig ist. Da mag dann – wenigstens im Idealfall – geschehen, was Rahner so schildert: *Wir* klopfen wohl oft vergebens an verschlossene Herzenstüren, durch die der Herr selbst schon längst eingegangen ist. Wir wissen doch, dass sich solche Türen unserem Wort nur öffnen, weil uns Gott schon von innen aufmacht. Darum brauchen wir nicht zu meinen, „Er könne immer nur dann inwendig sein, wenn auch *genau der* Botschaft aufgetan wird, die *wir* bringen."[3] Man könnte dies auch so zusammenfassen: Es führen nicht nur viele Wege nach Rom, sondern auch zu dem, den die Magier aus dem Osten entdeckt und angebetet haben; freuen wir uns, wenn wir unseren Weg gefunden haben.

Taufe des Herrn
Taufe als Neugeburt
Zu Mk 1,7–11

Der Bericht von der Taufe Jesu, den wir gehört haben, betont, dass mit Jesus eine neue Zeit des Heiles und der Gemeinschaft mit Gott begann – eine Zeit, in der sich der „Himmel", das heißt Gott, „öffnete" und Jesus sowie alle, die ihm folgen, mit seinem „Geist" und seiner Liebe erfüllen will. Für uns wurde die Grundlage für diese Gemeinschaft mit Jesus und seinem Geist in der Taufe gelegt. Darüber wollen wir heute nachdenken.

Viele von uns finden in ihren Fotoalben oder in denen ihrer Eltern eine Aufnahme, die an ihre Taufe erinnert. Wenn wir sie betrachten, denken wir wahrscheinlich zuerst an die Eltern und Verwandten, die dabei waren; denn die Taufe eines Kindes ist ja immer auch eine Familienfeier. Die heutige Seelsorge schätzt die Familienfeier bei einer „Kindstaufe" keineswegs gering, will den Eltern aber auch ihren religiösen Sinn tiefer erschließen. Dies soll wenigstens beim vorbereitenden Taufgespräch versucht werden. Noch wirksamer kann es geschehen, wenn sich einige Elternpaare, die ein Kind zur Taufe angemeldet haben, mehrmals mit einem Mitglied des Seelsorgeteams treffen und über die Bedeutung von Glauben und Taufe reden.

---

[3] Karl Rahner, Der Christ und seine ungläubigen Verwandten, in: Schriften zur Theologie, Benziger Verlag, Einsiedeln 1956, Bd. III, 419–439 (Zitat: 437).

Weil jedoch unsere Taufe schon Jahre zurückliegt und weil wir ihren Sinn als Säuglinge auch nicht verstehen konnten, sondern unsere Eltern und Paten das Glaubensbekenntnis für uns sprachen, ist zu wünschen, ja ist es notwendig, dass wir diese Grundlegung unserer Gemeinschaft mit Gott immer wieder erneuern und vertiefen. Es ist nicht schlimm, wenn wir das Datum unserer Taufe nicht genau kennen – aber das Angebot, das uns mit der Taufe gemacht wurde, sollte uns klar sein. So will uns schon das Taufbecken, das in jeder Kirche stehen soll, an unsere Taufe erinnern. Auch in der Feier der Osternacht werden wir jedes Jahr eingeladen, unser Taufversprechen zu erneuern. Das Glaubensbekenntnis in den Sonn- und Feiertagsgottesdiensten – gesungen oder gesprochen – soll ebenfalls das Bekenntnis der Tauffeier erneuern. Und schließlich will uns auch das Weihwasser, mit dem wir uns beim Betreten und Verlassen unserer Kirchen bekreuzigen oder das wir auf den Sarg eines Verstorbenen sprengen, daran erinnern, dass wir, wie das Johannesevangelium sagt, in der Taufe „wiedergeboren wurden aus dem Wasser und dem Heiligen Geist" (Joh 3,5).

Unterschiedliche Schwerpunkte in unserem Taufverständnis
Der äußere Ablauf der Tauffeier hat sich seit den ersten christlichen Jahrhunderten stark verändert, zumal dadurch, dass die Taufe von Erwachsenen heute auf Konvertiten beschränkt und bei uns eher selten ist und die von Kindern zum Normalfall wurde. Um etwa 215 nach Christus mussten sich die Erwachsenen, die die Taufe empfangen wollten, durch ein dreijähriges Katechumenat vorbereiten. Dann wurden sie – zusammen mit ihren Kindern – am Ende einer Feier getauft, die die ganze Nacht dauerte. Vor einem Presbyter versprachen sie, dem Satan und allen Formen der Bosheit zu widersagen und sich dem Guten zuzuwenden. Dann stellten sie sich in ein Taufbecken mit Wasser und wurden gefragt, ob sie an Gott, den Vater, den Sohn und den Heiligen Geist glauben. Nachdem sie sich zum dreieinigen Gott bekannt hatten, wurden sie mit Wasser übergossen oder mit dem ganzen Körper ins Wasser getaucht. Schließlich salbte ein Presbyter den Körper der Getauften. Der Bischof legte ihnen die Hände auf und betete um den Heiligen Geist. Er goss etwas Öl über ihre Stirn und zeichnete ihnen ein Kreuz darauf, gab ihnen den Friedenskuss und feierte mit ihnen die Eucharistie. So war lange Zeit die Firmung mit der Taufe verbunden und wurde erst später als eigene Feier ausgegliedert. Aber auch das Eintauchen ins Wasser ist in der Kirche des Westens fast völlig dem Taufen durch Übergießen der Stirn gewichen, und gesalbt wird meistens nur noch die Stirn des Täuflings.

Hat sich auch die Art verändert, wie man die Taufe versteht? Letztlich nicht. In ihrem Kern hat die Kirche von der Zeit der Apostel bis heute in der

Taufe den gleichen Sinn gesehen; allerdings kann man innerhalb dieses Sinns verschiedene Schwerpunkte betonen. Man kann sowohl die *Neugeburt* durch den Geist Jesu als auch die *Vergebung* und Reinwaschung von unseren Sünden als auch die *Aufnahme in die Gemeinschaft* der Gläubigen hervorheben: Die Taufe enthält alle drei Ereignisse. Wenn man eines davon unterstreicht, schließt man die anderen nicht aus, wohl aber gewichtet man dann die Taufe anders. Bis zum Zweiten Vatikanischen Konzil (1962–1965) hat man vor allem die Vergebung und Reinwaschung der Sünden betont. Die Erwachsenen, die sich in die ersten Christengemeinden aufnehmen ließen, wussten, was das bedeuten konnte. An die Gemeinde in Korinth schrieb Paulus freimütig, dass sich in ihr ehemalige „Knabenschänder, Diebe, Habgierige, Lästerer und Räuber" befinden, also Menschen, die das Reich Gottes nicht erben. „Aber ihr seid reingewaschen, seid geheiligt, seid gerecht geworden im Namen Jesu Christi, des Herrn, und im Geist unseres Gottes" (1 Kor 6,10f). Wenn wir jedoch heute ein Kind taufen, ist es noch gar nicht schuldfähig, muss also nicht von persönlicher Sünde reingewaschen werden. Aber, so sagt man, von der „Erbsünde". Die Erbsünde ist keine persönliche Schuld, auch keine Schuld der Eltern. Sie ist jene Grundneigung zum Bösen, die die Wurzel von persönlichen Vergehen werden kann – eine Grundneigung, die sich überall bemerkbar macht, wo Menschen sind. Ihr „widersagen" wir in der Tauffeier. Von ihr versuchen wir uns zu distanzieren und in der Gemeinschaft der Kirche, des Gottesvolkes, einer besseren Grundneigung zu folgen, die vom Geist Christi eingegeben und bestärkt wird.

Diesen Vorgang, dieses Angebot verstehen wir wohl besser, wenn wir – wie in den letzten Jahrzehnten üblich – bei der Taufe die *Neugeburt aus dem Geist Jesu* betonen, die freilich die Abkehr vom Bösen und die Aufnahme in die Gemeinschaft der Kirche einschließt. Das Neue Testament sagt, wer sich auf Jesus taufen lasse, werde „*wiedergeboren* aus dem Wasser und dem Heiligen Geist" (Joh 3,5), während Johannes der Täufer nur mit Wasser getauft habe zur Umkehr und Vergebung. Der Brief an Titus spricht kurz und bündig vom „Bad der Wiedergeburt und der Erneuerung im Heiligen Geist" (Tit 2,5).

So dürfen wir auch die wichtigste Zeichenhandlung der Taufe verstehen, das Übergießen der Stirn mit Wasser im Namen des dreieinigen Gottes. Das Taufwasser (und früher das Taufbad) ist nicht nur ein Sinnbild der erbetenen Reinigung von aller Neigung zum Bösen, sondern ebenso ein Symbol für die *Neubelebung und Stärkung* durch den Geist des auferstandenen Jesus, den bei der Taufe die Osterkerze versinnbildlicht. Nach einem Bad oder einer Dusche fühlen wir uns ja nicht nur gereinigt, sondern u.U. auch wie neugeboren. Auch in der Tauffeier ist davon die Rede: Wenn der Priester oder Diakon das Taufwasser weiht, kann er beten: „Allmächtiger, ewiger Gott, von Anbeginn der Welt hast du das Wasser zu einem Sinnbild des Lebens gemacht. Wir bitten dich: Segne dieses Wasser, das für die Taufe bestimmt ist, und schenke dem Kind, das damit getauft wird, das neue Leben in deiner Kirche durch Christus, unsern Herrn."

Neubelebung und Stärkung: ein Beispiel

Genau so fühlten sich die ersten Christen, die zum Glauben kamen: wie neu geboren und erfüllt von einer Hoffnung, die allen Pessimismus vertrieb, und einer Liebe, die den Egoismus überwand, der sie und ihre Umgebung oft beherrschte. Der Wandel, den sie erfuhren, war wohl ähnlich, wie ihn eine Frau beschreibt, die uns zeitlich näher steht: die russische Technikerin und Philosophiedozentin Tatjana Goritschewa, die mit 26 Jahren Christin wurde. Sie war in kommunistischer Zeit völlig areligiös aufgewachsen und kannte als Lebensinhalt nur den intellektuellen Ehrgeiz, aber – wie sie erzählt – keine Liebe, weder zu anderen Menschen noch zum eigenen Leben. Die westlichen Philosophen, die sie las, vermittelten ihr die Ansicht, dass das Leben sinnlos sei und dass man dies auszuhalten habe und stolz auf seiner Freiheit beharren müsse. Sie fühlte jedoch eine innere Leere, die sie weder durch Alkoholexzesse noch durch ein ausschweifendes sexuelles Leben mit vielen wechselnden Partnern überspielen konnte. Nun wollte sie durch östliche Weisheit und Yoga-Übungen Kräfte in sich entdecken, die ihr unbekannt geblieben waren. Zufällig wurde in einem ihrer Yoga-Bücher das christliche Vaterunser als Übungstext vorgeschlagen, den man mehrmals wiederholen sollte, um zur Sammlung zu kommen. Sie hatte bisher nie ein Gebet gesprochen und kannte auch keines. Als sie die Sätze des Vaterunsers mehrmals vor sich hinsagte, ging ihr plötzlich auf: Es gibt ja einen, der mich und alle Kreatur liebt. Der die Welt erschaffen hat und Mensch wurde. „In diesem Augenblick veränderte sich alles in mir."[4] Weil sie sich von diesem Gott bejaht fühlte, konnte sie ihren Hochmut ablegen und Mitgefühl mit anderen Menschen und auch Liebe zu ihnen empfinden. Sie spürte sogar das Verlangen, anderen Gutes zu tun. Sie beschreibt diesen Umschwung so: Früher habe sie nur aus der Gier nach Wissen, Fähigkeiten und Freunden gelebt. Dabei habe sie immer Angst gehabt, sie könne Zeit verlieren. Sie hatte stets den Eindruck, die Zeit jage ihr davon wie eine verrückt gewordene Lokomotive. Doch nach ihrer Bekehrung fühlte sie sich wie einst in den schönsten Augenblicken der Kindheit: „Die Seele ist rein geworden, sie wurde arglos und offen, sie konnte wieder staunen und hat ihren Panzer

---

[4] Tatjana Goritschewa, Von Gott reden ist gefährlich. Meine Erfahrungen im Osten und im Westen, Verlag Herder, Freiburg 1984, 26f.

abgeworfen. Die Welt blickt mich auf neue Weise an, ganz unmittelbar, sie verwundet und sie macht froh" (S. 52).

In dieser Schilderung klingt sicher eine Begeisterung nach, wie sie Neubekehrten eigen ist. Wenn wir früh getauft wurden, brauchen wir sie nicht ebenso zu empfinden. Aber die immer wieder geübte Hinkehr zum Geist Jesu, wie er uns durch die Taufe zugesagt wurde, kann auch uns einen Sinn erfahren lassen, der uns neu belebt und stärkt: den Geist von Taufe und Firmung.

FASTEN- UND OSTERZEIT

1. Fastensonntag
Wüste oder: Die nötigen Momente der Stille und Sammlung
Zu Mk 1,12–15

Das heutige Evangelium berichtet, wie Jesus sein öffentliches Wirken begann und das Reich Gottes, die neue Gemeinschaft Gottes mit uns, verkündete. Warum erwähnt aber der Evangelist auch, dass Jesus zuvor, vom Geist geführt, 40 Tage lang in der Wüste verbracht und dort mit sich und dem Bösen gerungen hat? Bibelwissenschaftler vermuten, der Verfasser habe damit sagen wollen, Jesus sei dem Vorbild des Mose gefolgt, der auch 40 Tage und 40 Nächte in der Einsamkeit des Berges Sinai weilte und fastete, wobei ihm Gott erschien und ihm zum zweiten Mal seine Gebote offenbarte, um den Bund mit dem Volk zu erneuern. Doch da kann man weiter fragen: Warum erlebte Mose Gottes Gegenwart in der Einsamkeit und nicht im Lager der Israeliten? Und warum ging Johannes der Täufer in die Wüste? Der Aufenthalt in der Wüste half Jesus offensichtlich, sich über seine *Sendung* und ihre Schwierigkeiten bis hin zur Ablehnung durch die religiösen und weltlichen Behörden klar zu werden und sich für seine Lebensaufgabe zu stärken.

Nun haben auch wir eine Sendung. Das Wort mag uns ungewohnt und hoch gegriffen vorkommen. Aber ist nicht jede und jeder von Gott beauftragt und somit „gesandt", so für sich selbst und für Mitmenschen, die uns brauchen, zu sorgen, wie es uns das Gebot der Selbst-, Nächsten- und Gottesliebe nahe legt? Selbst wenn unser Bewegungsspielraum einmal auf die Räume eines Altenpflegeheims eingeschränkt sein sollte, haben wir immer noch diese Sendung. Was könnte uns Jesu Vorbereitungszeit in der Wüste zu Beginn unserer Fastenzeit sagen: Wenn wir unsere Sendung erkennen und ihr treu bleiben wollen – in welchem Sinn könnte es da wichtig sein, dass wir uns von Zeit zu Zeit gleichsam in die Wüste zurückziehen? Was ist damit gemeint, und was kann es bewirken?

„Die ganze Aufmerksamkeit wendet sich gleichsam nach innen"

Der Theologe Gisbert Greshake berichtet in einem Buch über mehrere Fahrten, die er durch verschiedene Wüsten unternommen hat, weil ihn die Abenteuerlust reizte, aber auch, weil er erfahren wollte, wie sich diese Aufenthalte auf sein Glaubensleben auswirken würden.[5] Er fuhr stets zusammen mit anderen Theologen; sie nahmen sich regelmäßig Zeit, um allein zu beten und zu meditieren, feierten aber auch gemeinsam die Eucharistie. So war er in der Sahara, in der Wüste Juda, auf dem Sinai und in der Syrischen Wüste. In der Wüste, so erzählt er, kann man zwar das Farbenspiel der Sonnenuntergänge und das Funkeln des Sternenhimmels bewundern, doch ist man weg von den bunten Eindrücken der Zivilisation, denn auf Strecken von 800 bis 1000 Kilometern sieht man immer nur Ähnliches: ausgedehnte Dünengebiete, Granitgebirge mit sich wiederholenden bizarren Formen, Hochebenen voller Geröll und trockene Flusstäler, Wadis, mit dem gleichen, spärlichen Pflanzenwuchs. Diese Formen wirken eindringlich, aber auch eintönig: „Der Blick, die ganze Aufmerksamkeit wendet sich gleichsam nach innen" (S. 132). Dinge in der Natur draußen oder Gedanken und Gefühle im Inneren, denen man bisher wenig Beachtung geschenkt hat, ziehen die Aufmerksamkeit auf sich; man erlebt sie intensiver.

Die Wüste zwingt einen auch, die gewohnten Sehweisen aufzugeben und vieles neu wahrzunehmen: Steine, die bloß kniehoch sind, kommen einem in der grenzenlosen Weite u.U. wie hohe Felsen vor, und ferne Gebirge erscheinen einem niedrig wie Dünen. Ob man auf einen Felsen, den Baum einer Oase oder auf den eigenen Körper schaut – alles sieht man auf dem Hintergrund eines grenzenlosen, unermesslichen Raumes. Nirgends stehen Bauten, die an Menschenwerk erinnern würden – alles ist pure Natur, alles erinnert an den unendlichen Schöpfer dieser Welt. Auch wenn man in einer Gruppe von Freunden die Wüste durchquert, spürt man doch auf Schritt und Tritt die Grenzen der eigenen Macht und Lebenskraft. Denn die Knochen von Kamelen, Schafen und Ziegen sowie die Wracks von Autos, die den Geist aufgaben, führen einem die eigene Bedrohung und den Tod vor Augen. Man fühlt seine Ohnmacht und Einsamkeit, erlebt sie aber in einer Weite, die einen Gläubigen unmittelbar und stark an Gott denken lässt – an ihn, dem wir, trotz unserer Anstrengungen und Leistungen, letztlich alles verdanken und von dessen Willen es allein abhängt, ob wir nach dem Tod weiterleben oder nicht.

In diesem unmittelbaren Gegenüber zu Gott kann man auch ohne Ablenkung, das heißt gesammelter und gründlicher als sonst über seine unge-

---

[5] Gisbert Greshake, Die Wüste bestehen. Erlebnis und geistliche Erfahrung, Verlag Herder, Freiburg 1979.

lösten Fragen und Aufgaben, seine Stärken und Schwachstellen nachdenken. Wohl deshalb zog sich im dritten Jahrhundert n. Chr. Antonius in eine Felsengrabkammer im ägyptischen Teil der Libyschen Wüste zurück und wurde von vielen Zeitgenossen für so „gotterfüllt" gehalten, dass sie das Gespräch mit ihm suchten und dass nach seinem Vorbild Tausende von Christen ebenfalls in die Wüste gingen, um dort als Einsiedler oder in Mönchsgemeinschaften zu leben. Auch im 20. Jahrhundert erlebte Charles de Foucauld die Wüste Sahara, in der er 1916 umkam, als Hilfe, um innerlich frei und leer zu werden für Gott, und Carlo Carretto, der als Vorsitzender der katholischen Jugend Italiens ein äußerst aktives und kontaktreiches Leben geführt hatte, ging, von seinem Beispiel inspiriert, mit 44 Jahren als Kleiner Bruder in die Wüste und machte die Erfahrung: „Das größte Geschenk der Sahara für mich: Beten." Als der von den Nationalsozialisten hingerichtete Pater Alfred Delp in der Todeszelle in Berlin saß, schrieb er in einem Gebet: „Herr, lass mich erkennen, dass die großen Aufbrüche der Menschheit und der Menschen in der Wüste entschieden werden. Herr, ich weiß, es steht schlimm um mein Leben, wenn ich die *Wüste* nicht bestehe oder die *Einsamkeit* meide."

Wie schenken wir wichtigen Dingen die nötige Aufmerksamkeit?

Was bedeutet Wüste? Pater Delp hat nie im wörtlichen Sinn in einer Wüste gelebt, sondern in der Großstadt München und die letzten Wochen seines Lebens im Gefängnis. Es geht also nicht um Wüstentourismus, sondern um die positiv erlebte „Einsamkeit", wie er es nennt – oder einfacher: Es geht um die nötigen Momente der *Stille und Sammlung.* Notwendig sind solche Momente, damit wir immer wieder erkennen, worin unsere Sendung besteht, und ihr treu bleiben können. Denn um unsere Aufmerksamkeit bemühen sich zahllose Dinge und Verkündiger. Von unseren täglichen Verrichtungen in Wohnung und Arbeit bis zu den Angeboten in Freizeit und Unterhaltung wollen so viele Dinge unsere Aufmerksamkeit erregen, dass wir oft nicht mehr fähig sind, wichtigen Fragen die nötige Zeit und Aufmerksamkeit zu schenken. Wir übergehen sie dann unbeachtet und unerledigt. Die Werbung überflutet uns beispielsweise so stark, dass sich viele von ihr belästigt fühlen. Werbefachleute klagen, dass der Durchschnittsleser eine Werbeanzeige in Illustrierten und Zeitungen in weniger als fünf Sekunden überblättert, wo er doch zum Lesen des Textes oft eine ganze Minute bräuchte. (Darum setzt man in die Anzeigen immer mehr Bilder und kürzere Texte.) Vielleicht erreichen nur etwa fünf Prozent der Werbeinformationen den Leser oder Fernsehzuschauer so, wie es beabsichtigt ist. Und die Botschaft des Glaubens – zu wie viel Prozent kann sie uns erreichen? Wie können wir im Trommelfeuer der täglichen Eindrücke wichtigen

Fragen, die sich uns stellen, und auch der Gegenwart Gottes die nötige Aufmerksamkeit schenken? Nicht, dass wir unsere Beziehungen zu Familienmitgliedern oder Freunden vernachlässigen und uns von ihnen zurückziehen sollten. Wir müssen nicht einmal auf unsere Lieblingssendungen in Rundfunk und Fernsehen verzichten, wenn sie uns erfreuen und zur Erholung beitragen. Nur Momente der Stille und der Sammlung finden, wo es nötig ist, um Fragen zu klären, die mehr als fünf Sekunden Zeit erfordern und dies auch wert sind, oder um uns regelmäßig in einen lebendigen Kontakt mit Gott zu bringen – das wäre schon wichtig.

Manche spüren selbst die Notwendigkeit solcher Wüsten-Momente der Stille und Sammlung. Da kann ein Lehrer nach einer Kehlkopf-Operation nicht mehr unterrichten und sucht eine andere Arbeit. Er will sich auch der Angst vor einer neuen Erkrankung stellen. Natürlich berät er sich mit Bekannten und Fachleuten – aber er macht auch lange Spaziergänge, auf denen er in Ruhe nachdenken und beten kann. Da spürt eine Frau, deren Ehe in eine Krise geraten ist, das Bedürfnis, sich – wenn sie die Ruhe dazu findet – zurückzuziehen, im Schein einer Kerze ihre Gedanken niederzuschreiben und sie ins Gebet zu nehmen. Da überlegt sich ein kinderloses Paar, ob es ein Kind adoptieren soll. Die beiden haben bereits mit Adoptiveltern, die sie kennen, sowie mit dem zuständigen Mitarbeiter eines Jugendamtes besprochen, was bei diesem Schritt auf sie zukäme. Da wird in einem geistlichen Zentrum ein Besinnungstag angeboten. Sie melden sich an, um die verbliebenen Fragen mitzunehmen und im weiteren Gespräch miteinander und mit Gott eine Entscheidung zu suchen.

Aber auch unabhängig von solchen besonderen Situationen, am Abend eines gewöhnlichen Tages könnte es hilfreich sein, wenn wir uns so sammeln, dass wir unsere Erfahrungen noch einmal tiefer betrachten und der Gegenwart Gottes bewusst werden wie die erwähnten Gläubigen in der Wüste. Für einen solchen Rückblick auf den Tag reichen möglicherweise drei Minuten. Wir schauen auf die wichtigsten Erlebnisse zurück: was uns geärgert oder erfreut hat, wo wir mit uns zufrieden und unzufrieden sind. Wir beten um die richtige Einstellung zum Schwerverdaulichen und Unerledigten und danken für das Gute, das uns geschenkt wurde von den Mitmenschen und letztlich vom Schöpfer. Ob Besinnungstag, Meditationskurs, einfaches Nachdenken, Lesen und Notizenmachen mit Gebet oder der tägliche Rückblick auf den Tag: Es gibt verschiedene Formen von Stille und Besinnung. Überlegen wir selbst am Anfang dieser Fastenzeit, welche uns gut tut und in welchem Ausmaß wir sie brauchen.

2. Fastensonntag
Jesus sehen „in strahlendem Licht"
Zu Mk 9,2–10

Von einem altgedienten Chefarzt wird erzählt, es sei zwischen ihm und seinen Mitarbeitern einmal zu Meinungsverschiedenheiten gekommen über die Art, wie man einen schwierigen Patienten zu behandeln habe. Als ein Assistenzarzt, der erst vor kurzem eingestellt worden war, erklärte, der vorgeschlagene Weg sei zu grob und widerspreche seinen Idealen, soll der alte Herr erwidert haben: „Was, Sie haben noch *Ideale*? Da müssen Sie aber noch recht jung sein."

Gleich, ob so etwas in einem Krankenhaus, einem Handwerksbetrieb, einem Geschäft, einer Schule oder einer Behörde gesagt wird – eine solche Einstellung wirkt zynisch. Denn, wer keinerlei positive Erwartungen, Ideale oder Visionen hat, wer die Welt nie ein bisschen besser machen möchte, als sie ist, der lässt sich nur noch von Eigennutz und Laune leiten. Der entwickelt nie die Kräfte, die wir brauchen, um Rücksichtslosigkeit vermeiden und ein menschenwürdiges Zusammenleben fördern zu können.

Eines der großen Ideale und wohl die höchste Erwartung, die Menschen je pflegten, war die Hoffnung Israels, dass uns Gott ganz nahe kommen und dass dadurch eine neue, glücklichere Zeit anbrechen würde: erfüllt von Gerechtigkeit, Frieden und Liebe. Zwei Bibelstellen haben diese Hoffnung, die die Propheten geweckt hatten, immer wieder belebt. So bekannten die Gläubigen in Psalm 2, Gott werde einen Heilbringer, einen Messias senden, der ihm so nahe steht, dass er von ihm sagen wird: „Das ist mein *Sohn*." Und eine andere Verheißung lautete: Gott wird wieder einen Sendboten und Propheten wie Mose schicken: „auf ihn sollt ihr *hören*" (Dtn 18,15).

Im Bericht von der Verklärung Jesu sind nun genau diese beiden Zusagen zusammengefasst in den Worten, die die Stimme aus der Wolke spricht, wobei die Wolke die Gegenwart Gottes versinnbildlicht: „Da rief aus der Wolke eine Stimme: Das ist mein geliebter Sohn; auf ihn sollt ihr hören" (Mk 9,7).

Das Evangelium liefert uns zwar keine Videoaufnahme von dem, was sich damals zugetragen hat, doch ist klar, dass es Folgendes sagen will. Den Jüngern ging damals auf: In diesem Jesus ist Gott selbst gegenwärtig und will die große Erwartung erfüllen, dass sich die Menschen verändern und Gott und den Mitmenschen näher kommen. Ja, Gott sagt uns dies höchstpersönlich durch diesen Jesus, der so angefeindet wird, dass er seine Jünger bald auf seinen Tod am Galgen des Kreuzes vorbereiten muss. Seine Kleider „wurden strahlend weiß", weil er von einem Licht erfüllt war, wie es nur von Gott ausgehen kann. Oder wie Lukas schreibt: „Sie sahen Jesus in strahlendem Licht" (Lk 9,32). Das Evangelium berichtet davon, weil es überzeugt ist, dass auch wir Jesus als Licht entdecken können. Stimmt das; und wie ist es zu verstehen?

In einer schwedischen Tageszeitung ließen vor einigen Jahren zwei Theologen eine Anzeige drucken, in der sie Leser, die eine Jesuserscheinung erlebt haben, baten, ihnen darüber zu berichten. Sie erhielten zu ihrem Erstaunen mehr als hundert Zuschriften, die meisten von engagierten Christen aus Freikirchen. Manche hatten Jesus in einer Lichtvision erlebt, die sie tröstete, als sie krank waren und zu verzweifeln drohten. Andere hatten ihn im Gottesdienst wahrgenommen, als sie anstelle des Priesters plötzlich Jesus am Altar sahen. Was ist von solchen Erlebnissen zu halten? Nun, sie ermutigen ohne Zweifel diejenigen, die sie erfahren, und das ist erfreulich – doch erfahren sie nur wenige, und auch diejenigen, die davon berichteten, erlebten sie meistens nur einmal in einer besonderen Situation und Stimmung. Vielleicht werden solche Visionen heute nur Menschen zuteil, die dafür begabt sind. Die Bibel verspricht uns keine solchen Erlebnisse. Doch Jesus „in strahlendem", das heißt ermutigendem und erfreuendem „Licht sehen" – das können wir auch ohne solche Erscheinungen im ganz alltäglichen Glauben. Wie? Denken wir einmal an zwei Wege, die wir alle kennen: unsere Bereitschaft, Gutes zu tun, und unser Bemühen, Schweres zu ertragen.

Zwei Wege und Lichterfahrungen

Zum ersten Weg: Pflegen wir unsere Ideale, Ziele und Erwartungen: die ganz persönlichen Lebensziele wie auch die unterstützungswürdigen Werte unserer Zeit und Gesellschaft. Aber fragen wir uns auch, was in den Augen Jesu wichtig ist und was nur hohles Getue wäre. Messen wir alles an Jesu Idealen, an seinem Liebesgebot: die Loblieder der Werbung und der öffentlichen Meinung auf Wohlstand, Luxus, Vitalität und Spaß – aber auch die Anliegen und den Lebensstil von kirchlichen Gruppen und Werken. Die Zeit, in der wir leben, bietet uns Wertvolles und Fragwürdiges an: Leistung, Einkommen, soziale Sicherheit, Prestige, Familie, soziales Engagement, Vereinswesen, Bildung, Reisen und Kultur – welche Ziele sind wertvoll, welche sind sinnlos? Was entspricht dabei meinen ganz persönlichen Fähigkeiten und Aufgaben, und welches ist das rechte Maß?

Da gesteht vielleicht einer: „Früher habe ich nur den beruflichen Erfolg und das Geldverdienen gekannt. Das hat mir zwar bei ähnlich Denkenden Ansehen verschafft, aber innerlich bin ich leer geworden. Ich will mich neu orientieren und überlegen, ob ich mehr für meine Familie da sein und in meiner Freizeit mit meinem Können auch etwas für ein Hilfswerk tun kann." Wenn im 19. Jahrhundert der Schweizer Protestant Henri Dunant das Rote Kreuz gegründet hat oder heute Helferkreise in Pfarrgemeinden unauffällige Nachbarschaftshilfe leisten – immer entstehen solche Initiativen aus der Phantasie des Guten, die sich von Jesu Ideal, Beispiel und Geist anregen und bestärken lässt. Und sooft wir unsere soziale Phantasie von ihm beflügeln lassen, können wir ihn auch heute „in strahlendem Licht" erfahren – ähnlich wie die Jünger: als „Licht der Welt". Als den Sendboten Gottes, der uns ein Licht aufsteckt und uns zeigt, was wahrhaft wertvoll und erfüllend ist: Gerechtigkeit und Güte. Dieses Licht hat er uns versprochen – kein New Age, kein „neues Zeitalter", von dem Esoteriker erhoffen, dass es fast von selbst wie ein Naturereignis kommt und überall Harmonie aufleuchten lässt.

Das Licht, das Jesus für uns sein will – *das ist der zweite Weg* –, kann uns auch in dunklen Stunden vor dem Absturz bewahren. Ein Beispiel: Eine 17-Jährige, die sich mit ihrer Stiefmutter so schlecht verstand, dass sie überstürzt bei einem drogensüchtigen Freund Zuflucht suchte, musste erleben, dass sie von ihrem Lebensgefährten immer wieder geschlagen und ausgenützt wurde. Das Kind, das sie von ihm bekam, konnte sie nicht aufziehen. Sie gab es schweren Herzens zur Adoption frei in der Hoffnung, die Beziehung zum Freund entlasten und doch noch retten zu können. Es half alles nichts. Immer öfter musste sie aus der gemeinsamen Wohnung ausziehen und sich vor seiner Unberechenbarkeit und Gewalttätigkeit schützen. Als er schließlich an einer Überdosis seines Rauschgifts starb, fühlte sie sich zunächst nicht befreit, sondern allein gelassen. Damals schrieb sie an eine Ordensschwester, die sie, als sie noch minderjährig war, betreut hatte: „Wenn ich nicht gelernt hätte zu beten, hätte ich das nicht durchgestanden, sondern schon längst Schluss gemacht."

Freuen wir uns, wenn wir nie so tief ins Dunkel geraten. Aber vertrauen wir darauf, dass wir auch in der Finsternis Jesus „im Licht" sehen können, auch wenn es dann eher matt und nicht „strahlend" ist. Wir können es dadurch, dass wir erfahren, dass er immer mit uns ist und uns wie ein Licht begleitet.

Das sind die beiden Wege: Ob wir Schweres zu tragen haben oder uns fragen, wo wir Gutes tun können, ob wir uns Gedanken machen um uns oder um unsere Mitmenschen – immer will uns Jesus führen und erscheinen „in strahlendem Licht".

3. Fastensonntag
Die Zehn Gebote – Grundwerte für heute und morgen?

Zu Ex 20,1–17

Welchen Sinn hatten für das Volk des Alten Bundes die Zehn Gebote, von denen wir in der heutigen Lesung gehört haben, und welchen Sinn könnten sie für uns heute haben?

Zunächst fällt auf, dass nur die drei ersten Gebote unmittelbare Verpflichtungen gegenüber Gott aussprechen, nämlich: keine anderen Götter neben Gott verehren, seinen Namen nicht zur Magie missbrauchen und den Sabbat heiligen. Indes enthalten die weiteren sieben Gebote, also die Mehrzahl, Weisungen zum richtigen Zusammenleben mit den Mitmenschen, fassen diese Weisungen allerdings auch als Willen Gottes auf: die Eltern achten, nicht morden, nicht ehebrechen, nicht stehlen, kein falsches Zeugnis geben und anderer Leute Hab und Gut nicht begehren. Die Gebote zum Zusammenleben sind so allgemein gehalten, dass man sie auf vielerlei Lebenssituationen anwenden kann und sie auch Menschen einsichtig sind, die sich weder als Juden noch als Christen verstehen. Weil sie so allgemein formuliert sind, fragt man sich allerdings auch bald einmal, was das im Einzelnen bedeutet: die Eltern ehren, nicht morden usw. Die Zehn Gebote wollen das nicht weiter ausführen, sondern überlassen die genaueren Regelungen den vielen einzelnen Gesetzen, denen sie im Alten Testament vorangestellt sind wie ein *Grundgesetz*, das das Wichtigste vorweg zusammenfasst, damit sich den Lesern einprägt: Das ist der Wille Gottes. Der menschenfreundliche Gott, der Israel aus dem ägyptischen Sklavendienst befreit hat, will, dass es nach diesen Grundsätzen lebe und so eine glückliche Zukunft aufbaue. Jesus hat diesen Gotteswillen noch straffer zusammengefasst, als er erklärte, das Gebot der Gottes- und Nächstenliebe enthalte das „ganze Gesetz samt den Propheten" (Mt 22,40): alles, was in den Augen Gottes wesentlich ist – also die drei ersten und die restlichen sieben der Zehn Gebote.

Wenn das Alte Testament ein Grundgesetz mit Zehn Geboten formuliert und Jesus zwei Hauptgebote hervorhebt, so geschieht dies in ähnlicher Absicht, wie wenn man in unserer Zeit immer wieder einmal an so genannte *Grundwerte* erinnert. Seit den 1970er Jahren spüren Politiker und Sozialethiker die Notwendigkeit, der Bevölkerung Werte ins Bewusstsein zu rufen, die grundlegend (also Grund-Werte) sind für ein menschenwürdiges und erfolgreiches Zusammenleben. Nachdem es dem Einzelnen mehr und mehr freigestellt ist, ob er traditionelle Verhaltensnormen beachten will oder nicht, und nachdem man diese Ungebundenheit lange genug gepriesen hatte, wurde nachdenklichen Zeitgenossen klar, dass eine Freiheit ohne Verantwortung sowie das bloße Streben nach Geld und Geltung den Zusammenhalt in Familie, Gemeinde und Staat zerstören würden. Aufgeschreckt von der zunehmenden Drogensucht, von den Aggressionen unter Schülern und der Raffgier in Wirtschaft und Politik, haben in den letzten Jahren sogar einzelne Filmstars im Ton von Volkserziehern gemahnt, man müsse Kindern Werte vermitteln. Die Einsicht wuchs, dass jede Gemeinschaft auf Werte angewiesen ist, die nicht durch Gesetz verordnet werden können, sondern freie Zustimmung erfordern, und dass gerade diese heute nicht mehr selbstverständlich ist. Es wurden und werden unterschiedliche Werte genannt, die vordringlich sein sollen, doch ist meistens von sozialer Gerechtigkeit, Solidarität, Toleranz, Verantwortung für das Gemeinwohl, Leben sowie Ehe und Familie die Rede. Diese Werte werden – wie die Zehn Gebote – allgemein formuliert, nicht in der Art von gesetzlichen Einzelbestimmungen: Sie sollen sich wie Leitbegriffe und Appelle dem Bewusstsein einprägen und die Menschen bewegen. Ihren Kern bilden die Würde und Freiheit der menschlichen Person.

Grundwerte heute und in den Zehn Geboten
In diesem Bestreben ruft auch die Generalversammlung der Vereinten Nationen regelmäßig Internationale Gedenkjahre aus: etwa das Jahr der Behinderten, um das Verständnis für diese Gruppe zu fördern; oder das Jahr der Freiwilligen, um das soziale Engagement zu stärken; oder das Jahr des Dialogs zwischen den Kulturen, um kulturell bedingten Konflikten vorzubeugen; oder das Jahr der Toleranz mit demselben Ziel. In den einzelnen Ländern werden dann Festreden gehalten und Veranstaltungen organisiert, von denen die Medien berichten sollen, damit möglichst viele Bürgerinnen und Bürger auf das betreffende Anliegen aufmerksam werden. Auch einzelne Parlamente versuchen, solche Anliegen bewusst zu machen. Bei einem Gipfeltreffen anlässlich des Übergangs zu unserem Jahrtausend haben führende Politiker eine Erklärung verabschiedet, in der sie sechs Werte hervorhoben, die für die internationalen Beziehungen im 21. Jahrhundert grundlegend seien:
1. Freiheit statt Unterdrückung und Diktatur;
2. Gleichberechtigung von Menschen und Nationen statt deren Benachteiligung;
3. Solidarität statt der Verweigerung von Hilfe für Schwache und Notleidende;
4. Toleranz statt Herabsetzung von Andersartigen und Minderheiten;

5. Respekt vor der Natur statt Umweltzerstörung;
6. Gemeinsame Verantwortung statt rücksichtsloser Alleingänge.

In einer Zeit, als die Israeliten nur Hirten, Bauern oder Handwerker waren und in Sippen mit losem Zusammenhalt lebten, stellten die Zehn Gebote Grundwerte vor Augen, die sie vor Unmenschlichkeit schützen und zu einem Bundesvolk nach dem Willen Gottes verbinden sollten. Sie taten dies für die damalige Situation, doch im Kern enthalten sie großenteils Grundwerte und Menschenrechte, die auch in unserer Zeit wichtig sind, die wir allerdings auch mit Blick auf unsere moderne Situation anpassen und ergänzen müssen. Welche Grundwerte sind dies?

Die drei ersten Gebote – keine anderen Götter neben Gott verehren, seinen Namen nicht zur Magie missbrauchen und den Sabbat heiligen – sind heute nur für die Gläubigen verbindlich, denn in einem freiheitlich-demokratischen Staat kann man Ungläubige, Zweifler und Andersgläubige nicht auf eine gemeinsame Gottesverehrung verpflichten. Doch uns Christen kann das Gebot der ausschließlichen Verehrung Gottes daran erinnern, dass wir nicht allein, sondern Verbündete dessen sind, der uns erschaffen hat und für uns Mensch wurde. Dass es uns ehrt, wenn wir groß und nicht klein von ihm denken, und dass wir freier werden, wenn wir uns weder von anderen Menschen noch von unserem Egoismus versklaven lassen, sondern immer wieder prüfen, was dem guten Willen Gottes entspricht. Das Verbot, den Namen Gottes nicht magisch zu missbrauchen, dürfte hingegen wenig Bedeutung für uns haben, und das Sabbatgebot können wir – wie die Christen vieler Generationen – so verstehen, dass wir den Sonntag religiös gestalten und vor einer Unterordnung unter Geschäftsinteressen schützen.

Und das Gebot: „Ehre deinen Vater und deine Mutter"? Sagte es schon den Israeliten, dass sie für die nicht mehr arbeitsfähigen alten Eltern sorgen sollen, so kann es uns in unserer alternden Gesellschaft dazu anhalten, einen „Krieg der Generationen" um Renten, Pflegekosten und Lebensarbeitszeit zu vermeiden und uns für *Gerechtigkeit zwischen den Generationen* einzusetzen. Indes schützt das fünfte Gebot „Du sollst nicht morden" den Grundwert *Leben* – nicht nur in dem Sinn, dass wir Mord und Totschlag vermeiden sollen, sondern umfassender: von der Todesstrafe über Krieg, Tötung von Ungeborenen und Pflegebedürftigen bis hin zu Mobbing, gesundheitsschädlicher Nahrung und Lebensweise. Das sechste Gebot „Du sollst nicht die Ehe brechen" will – zusammen mit dem Gebot von der Vorsorge für die Eltern – den Grundwert *Ehe und Familie* erhalten. Das mag heute schwieriger sein als damals. Umso wichtiger ist es, Wege zu suchen, wie wir dies für unsere Person und auch durch familienstützende Regelungen von Staat und Wirtschaft gewährleisten können. Das siebte Gebot „Du sollst nicht stehlen" will das Recht auf die Früchte eigener Leistung und auf die materiellen Lebensgrundlagen überhaupt gewährleisten. Zusammen mit den beiden letzten Geboten, die das Begehren von Hab und Gut des Nächsten verbieten, will es besonders den Schwachen vor dem Starken schützen und jedem Versuch einen Riegel vorschieben, andere durch seine Macht auszubeuten oder durch Korruption zu schädigen. Das achte Gebot „Du sollst nicht falsch gegen deinen Nächsten aussagen" schließlich will den Grundwert des guten Rufes und des gesellschaftlichen Ansehens schützen und den Versuch unterbinden, durch Falschaussagen Gegner zu verleumden und auszuschalten.

Die Zehn Gebote fortschreiben
So wollen die Zehn Gebote zu einem Leben animieren, das von Grundwerten getragen ist und nicht durch Egoismus, Machtmissbrauch und Menschenverachtung zerstört wird. Sie können uns einladen, die genannten Grundwerte in unserer modernen Welt zu verwirklichen. Und weil so viele neue Möglichkeiten entstanden sind, unsere Macht gut oder schlecht zu gebrauchen, werden wir sie auch ergänzen und fortschreiben müssen. Nicht umsonst hat man im Hinblick auf neue Herausforderungen neue Ethiken und Werte gefordert: zu den neuen Medien eine Medienethik, im Hinblick auf moderne Unternehmensführung eine Unternehmensethik, zur Umweltgefährdung eine Umweltethik usw.

Gewiss, wir können nicht alle Fragen lösen, die damit angedeutet sind. Aber wir können im Rahmen dieser Fastenzeit und darüber hinaus unsere Aufmerksamkeit auf das eine oder andere Anliegen lenken. Wir könnten uns, ausgehend von den Zehn Geboten, Folgendes fragen: Wenn *wir* einen Gedenktag oder ein Gedenkjahr ausrufen könnten, wie es die Vereinten Nationen und andere Institutionen tun – welche Grundwerte würden wir derzeit, so wie wir uns und unsere Umgebung sehen, als besonders wichtig betonen? Wichtig in dem Sinn, dass wir sie in unserem persönlichen Leben anstreben; wichtig aber auch in dem Sinn, dass wir sie im Gespräch mit anderen vertreten oder uns einer Bewegung anschließen, die das tut. Durch welche Gespräche, Lektüre oder Sendungen könnten wir das Anliegen, das uns wichtig ist, klären und vertiefen? Und durch welche Freunde, Bekannten oder Gruppen können wir im Hinblick auf die Grundwerte, die wir fördern wollen, angeregt und bestärkt werden? Wir brauchen ja die Bestärkung durch Gleichgesinnte, und wenn es in der Kirche auch recht unterschiedliche Richtungen gibt, müssten wir doch auch bei Menschen, denen wir in ihr begegnen, eine Wertegemeinschaft erleben: Kirche als Wertegemeinschaft. Denn es ist schon so, wie in einem Kanon gesungen wird: „Einsam bist du klein, aber gemeinsam werden wir Anwalt des Lebendigen sein."

4. Fastensonntag
Warum spricht Jesus von „Gericht"?

Zu Joh 3,14–21

„Mit dem Gericht verhält es sich so: Das Licht kam in die Welt, und die Menschen liebten die Finsternis mehr als das Licht." Für das Evangelium, das wir eben gehört haben, ist der Glaube an Jesus Christus offensichtlich eine ernste Angelegenheit, denn es spricht ohne Umschweife davon, dass wir uns für oder gegen ihn entscheiden müssen, ja es redet sogar vom Gericht Gottes. Wie sollen wir mit dem Gedanken an das Gericht umgehen? Worin besteht das Ernste von Jesu Entscheidungs- und Gerichtsbotschaft, und wann würden wir sie missverstehen?

Einerseits gibt es Christen, die – wie man so sagt – Gott einen guten Mann sein lassen und solche Botschaften nicht ernst nehmen. Wenn Gott gut ist, wenn er uns „Vater" sein will, so denken sie, brauchen wir uns um uns keine Sorgen zu machen. Vielleicht halten sie es mit dem Dichter und Spötter Heinrich Heine, der – als ihm ein Besucher sagte, Gott sei zum Verzeihen bereit – geantwortet haben soll: „Aber sicher wird er mir verzeihen, das ist sein métier." Andererseits aber finden wir in manchen konservativen Gruppen Christen, die ganz anders denken. Sie lassen Gott nicht einen guten Mann, sondern fast nur einen strengen Richter sein, der uns prüft und alle jene aussondern und bestrafen will, die seine Forderungen nicht erfüllen. Manche meinen, sie müssten auf Heller und Pfennig Sühne leisten für ihre Vergehen und selbst für die Verfehlungen der Mitmenschen. Sie sind überzeugt, dass nur wenige das ewige Leben erlangen und dass Menschen, die der Kirche nicht angehören, ohnehin keine Chance dazu haben. Diese Christen sind sicher sehr gewissenhaft und nehmen den Glauben überaus ernst. Allerdings leben sie in einer Heilsangst, die nichts „Frohbotschaftliches" mehr an sich hat. Was ist nun richtig: Sollen wir Gott einen guten Mann sein lassen oder ihn als strengen Richter fürchten?

Im heutigen Evangelium spricht Jesus durchaus von einer Entscheidung für oder gegen Gott und auch von einem „Gericht", aber er redet davon ganz ohne drohenden, heilsängstlichen Unterton – in einer durch und durch positiven, einladenden Art. Für Jesus ist Gott nicht einer, der in erster Linie aussieben und verdammen will, sondern einer, der alle an seinem Leben und Licht teilhaben lassen möchte, die dazu bereit sind. Nicht zum Richten, sondern zum Retten hat dieser Gott seinen „einzigerzeugten Sohn" (Benedikt Schwank), das heißt letztlich sich selbst, in die Welt gesandt. Er hat sich in einer Weise zu uns bekannt und uns zugewandt, wie es weder das Judentum noch der Islam, noch sonst eine Religion bekennen, obwohl alle Weltreligionen die Güte Gottes oder des Absoluten preisen. Der Gott, der aus und durch Jesus spricht, hat sich mit uns verbündet durch seine Menschwerdung und seine Frohbotschaft, der er treu blieb bis zum Tod am Kreuz. Er tat dies, damit jeder, der diese Geste und Botschaft annimmt und glaubt, „ewiges Leben", unzerstörbare Gemeinschaft mit ihm habe: „So sehr hat Gott die Welt (d.h. uns Menschen) geliebt."

In Jesus will Gottes Licht allen Menschen aufleuchten

Das bedeutet: In Jesus will Gott uns aufleuchten als Licht, Leben und Anziehungskraft – und zwar allen Menschen ohne Ausnahme. Gott will uns in Jesus aufleuchten – das heißt: Jesus spricht in uns das Höchste und Edelste an, das wir in unserem Gewissen als Stimme Gottes erahnen. Wenn *wir* uns sagen: „Was du nicht willst, dass man dir tu, das füg auch keinem andern zu", oder wenn wir von „Menschenrechten" reden, so übt Jesus dies in Reinkultur und über bloße Gerechtigkeit hinaus aus, indem er sich den Verachteten und Ausgestoßenen zuwendet und uns auffordert, verbunden mit ihm heute das Gleiche zu tun. Wenn *wir* spüren, dass ein Mensch, der aus Schwäche ein Gesetz übertreten hat, eine Chance zur Wiedereingliederung in unsere Gemeinschaft haben sollte, gibt uns Jesus ein Beispiel dafür, indem er so genannte „Zöllner und Sünder" oder die Ehebrecherin wieder in die Gemeinschaft mit sich und mit Gott aufnimmt. Auch fordert er uns auf, unseren Gegnern zu verzeihen wie Gott: ohne Einschränkung, siebenmal siebzigmal.

Jesus denkt und handelt auf eine geradezu übermenschliche Weise menschlich. Gerade in seiner herausragenden Menschlichkeit leuchtet uns die übermenschliche Gerechtigkeit und Güte auf, die wir in unserem Gewissen als Gott ahnen. In Jesus bestätigt und bestärkt uns Gott im Besten, das wir oft nur schwach und unsicher in uns erkennen. „Wer die Wahrheit (d.h. das Gute und Rechte) tut", kommt zu diesem „Licht" und folgt Jesu Gebot der Selbst-, Nächsten- und Gottesliebe. Das Licht, das von Jesus wie von einem Leuchtturm ausgeht, zeigt sich im Kleinen wie im Großen. Die Menschen, die in den letzten Jahren den Friedensnobelpreis erhielten, sind in zwar unterschiedlichen Weltanschauungen verwurzelt, doch fällt auf, wie viele von ihnen bekennen, dass sie von Jesu Menschlichkeit inspiriert wurden: Martin Luther King, Mutter Teresa, die Bischöfe Desmond Tutu und Carlos Belo, die Menschenrechtler Adolfo Esquivel und Rigoberta Menchú und die friedlichen Revolutionäre Lech Walesa und Nelson Mandela. Auch wir würden sicher nicht an diesem Gottesdienst teilnehmen, wenn wir das Wort und das Beispiel Jesu nicht irgendwann einmal als Kraft, Licht und Leben erfahren hätten: „Das Licht kam in die Welt" – zwar lieben viele die

Finsternis mehr als das Licht, aber nicht wenige haben dieses Licht offen aufgenommen.

Und wie steht es mit dem, der dieses Licht „hasst", der Jesus und seinem Liebesgebot nicht folgt? Der verweigert sich eben dem Leben und der Anziehungskraft des Guten, das von Jesus ausstrahlt. Darin besteht das „Gericht". Die Bibel spricht davon in Bildern, die richtig ausgelegt werden wollen. Wenn beispielsweise der Prophet Daniel in einer Vision sieht: „Das Gericht setzte sich nieder, und die Bücher wurden geöffnet" (Dan 7,10), dürfen wir uns dies nicht als mühselige Urteilsfindung in der Art eines menschlichen Gerichts vorstellen, weil wir uns sonst Gott allzu menschlich denken würden. Und wenn manche Bibelstellen das Gericht Gottes über uns im Zusammenhang mit dem Ende der Welt erwähnen, so geht das Gleichnis vom reichen Prasser und dem armen Lazarus davon aus, dass die Belohnung und Bestrafung, das heißt das Gericht, unmittelbar nach dem Tod erfolgen. Worin besteht das Gericht, und warum spricht Jesus davon? Er spricht davon, weil wir uns immer wieder entscheiden müssen, ob wir in den Taten unseres Lebens mit Gott die Mitmenschen akzeptieren wollen oder sie – gegen Gottes Willen – rücksichtslos ausnützen und schädigen. Wenn wir nach unserem Tod Gott unmittelbarer begegnen als jetzt, wird uns klar, ob wir in Lieblosigkeit erstarrt sind und uns von ihm und seinem großen Ja endgültig ausgeschlossen haben: Das wäre die Hölle – unsere selbst gewollte, endgültige Liebesunfähigkeit. Dazu muss Gott keine eigene Strafaktion einleiten; wer sich bewusst und ein Leben lang gegen ihn entscheidet, zerstört das Beste in sich und bestraft sich selbst. Es wird uns aber auch klar, ob wir in unseren Bemühungen um das Gute die Gemeinschaft mit Gott gesucht haben und wie sehr wir an seiner Liebesfähigkeit teilnehmen: Das ist der Himmel. Demnach ist der Himmel und der ewige „Lohn" nicht eine Reihe von Gutscheinen auf irdische Wohltaten, sondern vor allem das endgültige Verbundensein mit dem Guten in Person, Gott, das Erfahren seiner unzerstörbaren, quellhaften Güte und Vollkommenheit. Darin besteht das Ernste, wenn Jesus von Entscheidung und Gericht spricht: dass wir uns entscheiden müssen, ob wir die Chance ergreifen oder ausschlagen, am Licht und Leben teilzuhaben, das uns Gott jetzt schon jeden Tag anbietet und einst endgültig schenken will.

Können Nichtchristen auch „die Wahrheit tun"?
Dies hat Jesus denen zugesagt, die an ihn glauben. Wie aber steht es mit den vielen Menschen, die nicht getauft sind und sich nicht zu einer christlichen Kirche bekennen? Können nicht auch sie – um mit dem heutigen Evangelium zu sprechen – „die Wahrheit tun" und zum Licht Gottes kommen? Wir dürfen annehmen, dass sie dies sehr wohl können, wenn sie

ihrem Gewissen folgen und sich darin von Gott bestärken lassen – seien sie Juden, Muslime, Hindus oder Buddhisten oder auch Atheisten. Diese Menschen guten Willens nannten manche Theologen verborgene, „latente" oder „anonyme" Christen. Sie meinten damit jene Milliarden Menschen, die nie von Jesus gehört, sich aber innerhalb ihrer Religion bzw. ihres Gewissens um das Gute bemüht und irgendwie auf Gottes Liebe vertraut haben. Das Zweite Vatikanische Konzil hat dazu erklärt: Der Christ geht, durch Hoffnung gestärkt, der Auferstehung entgegen. „Das gilt nicht nur für die Christgläubigen, sondern für alle Menschen guten Willens, in deren Herzen die Gnade unsichtbar wirkt. Da nämlich Christus für alle gestorben ist, müssen wir festhalten, dass der Heilige Geist allen die Möglichkeit anbietet, diesem österlichen Geheimnis in einer Gott bekannten Weise verbunden zu sein" (GS 22).

In dieser Sicht wird unsere aktive Teilnahme an den Gottesdiensten, den karitativen Werken und Aktionen der Kirche nicht unwichtig. Doch nimmt man damit ernst, dass Gott alle Menschen mit seinem Licht erfüllen will – auch jene, die schuldlos außerhalb der Kirche leben oder sozusagen auf halbem Weg zu ihr stehen bleiben. Das weitet unseren Blick und bewahrt uns davor, die Menschen in gerettete Christen und verlorene Ungläubige einzuteilen. Es ist angemessener, wenn wir uns als getaufte Christen in den Innenkreis einer umfassenden Gemeinschaft von Menschen gestellt sehen, die *alle* von Gott angezogen werden. Dabei dürfen wir annehmen: Solange ein Mensch seinem Gewissen folgt und Jesu Botschaft und Beispiel nicht wider besseres Wissen ablehnt, lässt er sich in vielem von Gottes und Jesu Ruf und Kraft leiten, selbst wenn er das Christentum gar nicht kennt oder sich ihm nur ein Stück weit nähert.

Mancher Nichtchrist hat dies selbst so gesehen; beispielsweise Mahatma Gandhi. Tief beeindruckt von Jesu Bergpredigt und Hochschätzung der Gewaltlosigkeit bekannte er: „Jesus nimmt in meinem Herzen den Platz eines der großen Menschheitslehrer ein, die mein Leben beträchtlich beeinflusst haben. Ich sage den Hindus, dass ihr Leben unvollkommen sein wird, wenn sie nicht auch ehrfürchtig die Lehre Jesu studieren." Gandhi hat sich Gott allerdings anders vorgestellt als wir Christen und hat Jesus darum nicht als den Sohn und Selbstausdruck des Schöpfers anerkennen können, sondern nur als „großen Menschheitslehrer". Damit hat er einen entscheidenden Schritt auf Jesus zu getan. Und solche Annäherungen an Jesus dürfte es auch unter vielen halb- oder nichtchristlichen Zeitgenossen in unserem Umfeld geben.

Diese Auffassung soll Andersgläubige nicht vereinnahmen und gegen ihre Überzeugung zu Christen machen. Aber sie kann zeigen, dass wir Gottes Wirken und Anziehungskraft nicht einschränken dürfen, als wäre er ein

Stammesgott. Freuen wir uns, dass uns seine Güte in Jesus vollkommen aufgeleuchtet ist, und nehmen wir diese Offenbarung ernst. Freuen wir uns aber auch, dass dieses Licht auf unterschiedliche Weise alle Menschen guten Willens erleuchten und erwärmen will.

5. Fastensonntag
Gott will die Erniedrigten erhöhen
Zu Joh 12,20–33

Das heutige Evangelium blickt bereits auf die Leidensgeschichte Jesu; aber es sieht sie ganz im Licht seiner Auferstehung und mit den Augen Gottes. Jesus will hier alle ermutigen, die ihm nachfolgen und deswegen vielleicht – wie er – bedroht werden. Er versichert ihnen: „Wo ich bin, wird auch mein Diener sein. Wenn einer mir dient, wird der Vater ihn ehren." Dabei beschreibt er seinen Kreuzestod mit dem doppelsinnigen Wort „Erhöhtwerden": „Und ich, wenn ich über die Erde *erhöht* bin, werde alle zu mir ziehen. Das sagte er, um anzudeuten, auf welche Weise er sterben werde" (Joh 12,32f).

Wie kann Jesus das Gekreuzigtwerden als Erhöhtwerden bezeichnen? Die Kreuzigung war doch so grausam und schmachvoll, dass sie die Römer nur bei Schwerverbrechern anwandten, die kein römisches Bürgerrecht besaßen. Jesu Erhöhung auf das Kreuz bedeutete in den Augen der Menschen tiefste *Erniedrigung* – für Gott und aus der Sicht der Auferstehung aber war und ist sie *Erhöhung zur vollendeten Gemeinschaft mit dem Vater*, zur höchsten Ehre und Herrlichkeit, die es geben kann. Damit will der biblische Glaube die Brutalität, die Jesus von seinen Feinden erfahren musste, nicht verharmlosen und das Leid nicht verklären. Das nicht. Wohl aber versichert er uns: Das, was Jesus angetan wurde, konnte ihn nur in den Augen der Menschen erniedrigen. Innerlich blieb er mit dem Vater verbunden, vertraute ihm und ging so durch den Tod in die unzerstörbare Herrlichkeit Gottes ein, eben in die Erhöhung.

Als Auferstandener und Erhöhter will er alle „*zu sich ziehen*", sie mit dem gleichen Geist erfüllen, der ihn mit Gott verbunden hat. Mit ihm sollen wir alle erhöht werden.

Mit dieser Botschaft lädt uns das Evangelium ein, uns zu fragen: Wo drohen auch uns Erniedrigungen, und wie können sie, wenn wir sie mit den Augen Gottes betrachten, „letzten Endes" eine Erhöhung sein?

Dass so etwas möglich ist, leuchtet unmittelbar ein, wenn wir an Christen denken, die ihres Glaubens wegen ins Gefängnis geworfen werden – wie beispielsweise in China – oder die nicht in höhere Stellungen aufsteigen dürfen wie in vielen islamisch und kommunistisch regierten Ländern. Als die jungen christlichen Gemeinden zur Zeit des Kaisers Domitian (81–96 n. Chr.) zur göttlichen Verehrung dieses Herrschers gezwungen wurden und ihnen eine Verfolgung drohte, bestärkte sie die Offenbarung des Johannes mit dem Gedanken: „Jesus Christus liebt uns und hat uns zu *Königen* gemacht" (Offb 1,6). Der biblische Schriftsteller wollte damit sagen, dass wir vor Gott eine Würde haben, die uns kein irdisches Gewaltregime rauben kann, selbst wenn es uns noch so erniedrigt durch Berufsverbote, Haft, Folter oder Hinrichtung – wir haben die Würde von Königen.

Diesen Zuspruch sollten wir nicht als Jenseitsvertröstung abtun, denn er will uns ja Kraft für das irdische Leben geben. Mit der erwähnten Ermutigung sind viele Christen für ihren Glauben in den Tod gegangen, und wir dürfen hoffen, dass Gott sie endgültig „erhöht" hat. Aber in seinen Augen sind auch diejenigen „Könige", die nicht wegen ihres Glaubens unterdrückt werden, sondern einfach, weil sie sozial schwach sind und sich nicht wehren können. Diese Erkenntnis hat in den letzten Jahrzehnten viele verantwortungsbewusste Christen in lateinamerikanischen Ländern inspiriert, wo Großgrundbesitzer zusammen mit dem Militär die extrem verarmte Landbevölkerung oft blutig unterdrücken. Laien, Priester und Bischöfe haben die resignierten Bauern zur Gründung von Genossenschaften und zur Verteidigung ihrer Rechte ermutigt und Menschenrechtsverletzungen öffentlich bekannt gemacht. Viele von ihnen wurden deswegen von bewaffneten Kommandos eingeschüchtert, gefoltert und manche auch getötet. Sie haben sich für die Unterdrückten eingesetzt, weil sie ihnen etwas von der Würde zurückgeben wollten, die sie in den Augen Gottes haben. Erzbischof Oscar Romero von San Salvador, der am Altar erschossen wurde, begründete sein Engagement einmal mit folgendem kühn formulierten Hinweis auf den Wert der Menschen vor Gott: „Für die Kirche gibt es nichts Wichtigeres als die menschliche Person. Vor allem die Person der Armen und Unterdrückten, denen außer ihrem Menschsein auch Gottsein zukommt, wenn Jesus von ihnen sagt, dass alles, was ihnen getan wird, ihm getan wird. Und dieses Blut (des Bürgerkrieges), das Blut, der Tod sind jenseits aller Politik. Sie rühren an das Herz Gottes selbst." Mehr im Blick auf die Zukunft, auf die Auferstehung der Gläubigen mit Jesus hat der Befreiungstheologe Leonardo Boff erklärt: „Die Auferstehung zeigt uns, dass der Henker nicht über sein Opfer triumphiert." Er hätte auch sagen können: Gott erhöht die Erniedrigten; darum kämpfen wir um ein menschenwürdiges Leben.

5. Fastensonntag

Was Menschen erniedrigt

Vor den Menschen erniedrigt, vor Gott aber Könige sind jedoch auch jene Todkranken, die Mutter Teresa an den Straßen Kalkuttas auflas und in ihr Sterbehaus aufnahm, wo sie eine Notversorgung, eine Atmosphäre des Wohlwollens und nach ihrem Tod eine würdige Bestattung im Ritus ihrer jeweiligen Religion bekamen. Denn Mutter Teresa war überzeugt: „Die schlimmste Krankheit ist nicht die Lepra oder die Tuberkulose, sondern das Gefühl, von niemandem angesehen zu werden, ungeliebt zu sein, verlassen von jedermann." Im gleichen Geist behandelt die Laiengemeinschaft Sant' Egidio die 1 500 Armen, denen sie in Rom viermal jede Woche ein warmes Essen gibt. Die freiwilligen Helfer servieren den mittellosen Gästen die Speisen wie in einem Restaurant, um ihnen so ihre Hochachtung zu zeigen.

Wir können den Kreis der äußerlich Erniedrigten, vor Gott aber Erhöhten noch weiter ziehen und an die Slumbewohner und Straßenkinder in lateinamerikanischen Großstädten denken, an die Waisenkinder Rumäniens, an die Hungernden und medizinisch Unterversorgten in Afrika, an die Frierenden und Darbenden in Russland und viele andere. Auch sie haben vor Gott eine Würde, die ihnen ihr Elend nicht rauben kann, die ihnen aber tatkräftige Hilfe zurückgeben soll, so gut das eben möglich ist.

Doch auch in unserem Umfeld gibt es viele Menschen, mit denen, wie man so sagt, kein Staat zu machen ist. Denken wir an die geistig Behinderten, von denen man lange meinte, man müsse sie vor der Öffentlichkeit verstecken. Denken wir an die Mitbürger, die an Depressionen, Alkoholabhängigkeit, multipler Sklerose, Parkinson, Aids oder Demenz leiden. Oder denken wir an die ganz normale Altersgebrechlichkeit, die uns oft unnötig verlegen macht, gleich, ob sie uns selbst trifft oder ob wir sie bei anderen beobachten.

Nach den Maßstäben von Leistung und Spaß erniedrigen uns diese Gebrechen. Darum verschweigen und verbergen wir sie, solange es geht. Wenn wir das tun, um anderen nicht unnötig zur Last zu fallen, ist es ja auch in Ordnung. Erlauben wir es uns aber, davon zu reden, so klagen wir vielleicht übertreibend, als wären wir auf ständige Hochform verpflichtet: „Ich bin nur noch ein Schatten meiner selbst." Es wirkt dann wie ein Moment der Wahrheit, wenn ein Prominenter öffentlich bekennt, dass er depressiv, alkoholabhängig oder körperlich krank ist, und eine bewunderte Schauspielerin mitteilt, dass sie gegen Krebs kämpft. Sprecher von Gruppen von Benachteiligten begrüßen solche Bekanntgaben, weil sie Verständnis wecken für tabuisierte Not, deren wir uns zu Unrecht schämen. Es ist, als ob uns da Prominente und mit ihnen die herrschende Meinung für einen Augenblick gestatten würden, statt erfolgreich, schön und glänzend auch schwach, hilfsbedürftig und unansehnlich zu sein.

Wer ist prominenter und maßgeblicher als Gott, dem wir alles verdanken? Wie denkt er über unsere Erniedrigungen? Nun, in Jesu Tod hat er die tiefste Erniedrigung, die uns treffen kann, selbst erlitten, und zwar freiwillig, hat sie aber letztlich zur Erhöhung gemacht. In seinen Augen kann auch uns nichts endgültig erniedrigen – es sei denn unbereute schwere Schuld. Denn er hat sich hinter jeden, den Erfolgreichen wie auch den Leidenden, gestellt und jeden zu seinem Freund auf ewig erhoben. Wir haben eben dieses Jesuswort gehört: „Wenn einer mir dient, wird der Vater ihn *ehren*" – auch wenn das Dienen vielleicht nur im gelassenen Ertragen besteht. Gott will uns ehren und erhöhen: Versuchen wir, uns jetzt schon daran zu erinnern, zumal wenn wir uns oder andere erniedrigt erleben. Der Glaube will uns ja befreien – nicht nur von Schuld, sondern auch von Menschenverachtung uns und anderen gegenüber! Wenn uns dies gelingt, können wir jeden Gottesdienst und jedes Gebet etwas aufgerichteter beenden, als wir begonnen haben, und der Blick auf das Kreuz in unseren Kirchen und Wohnungen wird uns dann an die Quelle einer Würde erinnern, die wir in den Augen Gottes haben und die uns niemand und nichts nehmen kann. „Und ich, wenn ich über die Erde erhöht bin, werde alle zu mir ziehen."

Palmsonntag
Jesu Leidensgeschichte von der Auferstehung her verstehen

Zu Mk 14,1–15,47

Einführung
Wir erinnern uns heute des Einzugs Jesu in Jerusalem sowie seines Leidens und Sterbens. Die Leidensgeschichte nach Markus macht vor allem Folgendes deutlich: Jesus gerät – menschlich gesehen – in eine äußerste Einsamkeit: Judas verrät ihn; bei seiner Festnahme fliehen die anderen Jünger; Petrus, dem er bisher am meisten vertrauen konnte, verleugnet ihn, und am Kreuz fühlt er sich auch von Gott verlassen. Doch Gott wird ihn aus dem Tod befreien und auferwecken. Der Evangelist erzählt uns die Leidensgeschichte, weil die Jünger und Jüngerinnen dem Auferstandenen begegnet sind. So will uns die Passion ermutigen, dass auch wir, wenn wir eine ähnliche Einsamkeit und Not erleiden wie Jesus sowie schließlich angesichts des Todes das Vertrauen auf Gott bewahren. Denn in Jesus, der seiner Frohbotschaft wegen verfolgt wurde, hat uns Gott selbst Zugang zu sich ge-

währt. Der Evangelist deutet dies dadurch an, dass er berichtet, der Vorhang im Tempel sei von oben bis unten zerrissen, so dass sich das Allerheiligste, das bisher vom Heiligen getrennt war, geöffnet habe. Und wenn die Soldaten, Schriftgelehrten und Hohenpriester, die Jesus verspotteten, nur dessen äußeres, menschliches Scheitern gesehen haben, können wir – wenn wir tiefer blicken – wie der heidnische Hauptmann erkennen: „Wahrhaftig, dieser Mensch war Gottes Sohn" – mit ihm will Gott auch uns in seine Herrlichkeit aufnehmen, sollten wir auch noch so elend zu Grunde gehen.

Wenn wir einigermaßen regelmäßig am Gottesdienst teilnehmen, kennen wir die Leidensgeschichte Jesu und haben uns an sie gewöhnt. Damit verblasst sie auch in unserer Erinnerung etwas. Erwarten wir also nicht, dass wir sie heute so hören werden, als wäre es das erste Mal. Das ist nicht möglich, und es muss auch nicht sein. Aber vielleicht erleben wir beim erneuten Hören etwas Ähnliches, wie wenn wir einen Jesus-Film, ein Bild oder eine Pietà sehen, wo die Verspottung, Kreuzigung oder Beweinung Jesu eindrucksvoll dargestellt sind. Da erfahren wir manchmal auch, dass uns zwar alles bekannt war, dass wir es bisher aber nur oberflächlich in Erinnerung behalten haben und nun merken: „Ja, das hat Jesus für uns auf sich genommen. Er hat bis ins tiefste Leiden hinein unser Leben teilen wollen, es aber auch in Gott, in der Auferstehung vollendet."

Gründonnerstag
Zwei Zeichen – Fußwaschung und Brotbrechen
Zu Joh 13,1–15

Wir gedenken in dieser Feier der Einsetzung des „Herrenmahls" (1 Kor 11,20), in dem uns Jesus immer wieder die Liebe und Treue zeigen will, die ihn bewogen hat, seine Frohbotschaft zu verkünden und dafür zu sterben. Diese Feier will nicht nur durch Worte und Lieder, sondern auch durch Zeichen zu uns sprechen. Betrachten wir zwei dieser Zeichen etwas näher: die *Fußwaschung*, von der das Evangelium berichtet, und das *Brot*, das wir in der Kommunion als „Leib Christi" empfangen werden.

Jesus wäscht seinen Jüngern die Füße: Diese Handlung ist dem Evangelisten so wichtig, dass er bis in die Einzelheiten hinein schildert, wie er vorgegangen ist. Die Szene soll sich uns Hörern einprägen wie ein Sinnbild. Sie soll in unserem Gedächtnis haften bleiben; darum verweilen wir am besten einen Augenblick bei ihr: Jesus steht vom Mahl auf, legt sein Obergewand ab, umgürtet sich mit einem Leinentuch, gießt Wasser in eine Schüssel und beginnt, den Jüngern die Füße zu waschen und mit dem umgebundenen Leinentuch abzutrocknen. Es war damals ein Zeichen der Gastfreundschaft und der Wertschätzung, wenn man jemandem, der zu Besuch ins Haus kam, anbot, die Füße vom Staub zu reinigen und sie zu waschen (Lk 7,44; 1 Tim 5,10). Diese Aktion „Bitte machen Sie sich frisch" führte allerdings nicht der Hausherr, sondern eine Sklavin oder ein Sklave durch. Jesus übernimmt nun diesen Sklavendienst, obwohl er „weiß", dass er Gottes Sohn und Herr der Welt ist. Damit drückt er eine Einstellung aus, die sein ganzes bisheriges Wirken bestimmte, sagte er doch schon früher, er sei nicht gekommen, um sich dienen zu lassen, sondern um zu dienen und sein Leben für uns hinzugeben (Mk 10,45). Er versieht diesen Sklavendienst, weil dies auch ein Liebesdienst ist. Füße waschen – das erfordert Einfühlung und Sorgfalt. Und so kann er hier in einer zeichenhaften Handlung sein ganzes Wollen und seine Sendung veranschaulichen. Er kann in dieser Geste zeigen, warum er Mensch wurde, seine Botschaft verkündete und für sie in den Tod gehen wird: aus Liebe zu uns.

Betrachten wir, wie er beim Waschen und Abtrocknen der Füße den Jüngern buchstäblich nahe kommt: Er kniet sich vor jeden hin und berührt ihn mit seinen Händen. Wenn ein Bischof oder Priester im Gründonnerstagsgottesdienst Jesus nachahmt und zwölf Menschen die Füße wäscht, empfinden wir dies als ungewohnt und delikat, weil wir uns unwillkürlich fragen: „Darf man einem anderen so nahe kommen?" Ein Grußwort oder ein Händedruck wäre da doch distanzierter und damit weniger gewagt. Gewiss, aber dies würde auch nicht jene Nähe ausdrücken, die Jesus beseelt und die er uns zeigen will. Eine Mutter hat einmal, weil es ihr ein Arzt geraten hatte, ihrem halb erwachsenen Sohn eine Zeit lang die Füße massiert. Dieser fürsorglich-liebevolle Kontakt hat nach einiger Zeit nicht nur schädliche Verkrampfungen in den Füßen des Sohnes gelöst, sondern auch eine Vertrauensatmosphäre geschaffen, in der persönlichere Gespräche als sonst möglich wurden und sich die Beziehung vertieft hat.

Solche Nähe, Freundschaft und Liebe will Jesus seinen Jüngern und uns zeigen, und er möchte dadurch bei uns Gegenliebe wecken. Die Gegenliebe soll nicht nur ihm gelten, sondern sich auch auf die Mitmenschen ausdehnen, für die er ebenfalls in den Tod gegangen ist. Er will uns mit seiner Liebe anstecken, will uns zum Mitlieben mit ihm befähigen. Wir sollen den immer wieder aufbrechenden Drang zum Beherrschen anderer Menschen überwinden und Freude daran haben, ihnen Gutes zu tun, wie Jesus es beim Füßewaschen getan hat. Aus dieser Wurzel soll Kirche erwachsen; dies soll ihre Seele und Kraft ausmachen. Darum sagt der Erste Johannesbrief: „Wenn Gott uns so geliebt hat, müssen auch wir einander lieben ... Wir wollen lieben, weil er uns zuerst geliebt hat" (1 Joh 4,11.19).

Jesus – Brot des Himmels
Dieselbe Liebe will uns Jesus in einem anderen Zeichen dieses Gottesdienstes zeigen: im eucharistischen Brot. Die runde kleine Hostie, die wie ausgestanzt wirkt, lässt uns vielleicht oft zu wenig an das Essen von Brot denken, so dass wir dieses Sinnbild nur schwach erleben. Das Brot, das Jesus beim Abendmahl seinen Jüngern reichte, bestand aus richtigen Stücken, die er von richtigem Fladenbrot für sie brach. (Darum nannte man die Eucharistie zuerst einfach „Brotbrechen": Apg 2,42.) Das war echtes Brot, wie man es damals backte, nur ohne Sauerteig.

Um die Hostie wirklich als Brot zu erleben und es als Zeichen für den gekreuzigten und auferstandenen Jesus zu verstehen, könnten wir zuerst einen Augenblick überlegen, was Brot im täglichen Leben für uns bedeutet: Brötchen zum Frühstück, Schwarzbrot zur Zwischenmahlzeit, Knäckebrot usw. Fast jeden Tag essen wir Brot, obwohl wir heute auch Teigwaren, Reis und Kartoffeln verwenden. Brot ist ein verlässlicher Begleiter auf unserem Lebensweg. Es bewahrt uns vor Hunger und Schwäche, es gibt uns Kraft und schmeckt; es ist ein Lebensmittel, das man jeden Tag genießen kann, ohne seiner überdrüssig zu werden. Und am besten schmeckt es, wenn wir es in der Gesellschaft von Menschen essen können, mit denen wir uns gut verstehen. Brot allein essen – das ist nur ein Notbehelf. Wir haben eben nicht nur Hunger nach Brot aus Korn, sondern auch nach dem Brot des Vertrauens und der Freundschaft.

Jesus will für uns „Brot vom Himmel", Brot von Gott sein (Joh 6,32). Wie? Indem er uns all die Freundschaft und Liebe schenkt, die ihn hat Mensch werden, seine Frohbotschaft verkünden und dafür sterben lassen. Während uns viele Dinge, die wir geistig aufnehmen, nicht nähren, sondern nur kaltes Wissen sind oder uns sogar schwächen – Enttäuschungen, Misstrauen, Rachegedanken, materielle Gier, Angeberei –, kann uns seine Freundschaft und sein Geist nähren und stärken wie Brot. Eine siebzehnjährige Schülerin, die einmal gefragt wurde, was ihr die Eucharistie bedeute, antwortete darum: „Wenn ich die Kommunion empfangen habe, fühle ich mich stärker. Ich bin nicht mehr allein. Ich habe keine Angst mehr. Ich vertraue auf Gott. Ich weiß, er ist da."

Solche Kraft und Nahrung will er uns schenken, indem er uns wie den Jüngern das Brot reicht und dazu sagt: „Das ist mein Leib", das bin ich; ich bin da, ich bin bei dir. Er kommt und ist da, so wie er sich den Jüngerinnen und Jüngern einst offenbart hat: mit seiner Freundschaft zu uns und der Treue, mit der er diese Freundschaft verkündet hat, obwohl ihn seine Gegner töten wollten. Dies will er uns im Zeichen des Brotes immer wieder nahe bringen. Der Ausdruck „nahe bringen" ist dafür fast zu schwach. Denn wenn wir dieses Brot essen, kommt uns Jesus näher, als wenn er beim Füßewaschen unsere Haut berühren würde, wie er es bei den Jüngern getan hat. Wenn er mit uns das Brot bricht, sagt er gleichsam: Nimm meine Freundschaft und meinen Geist der Geschwisterlichkeit in dich auf wie Brot. Lass sie dein inneres Leben aufbauen und mit Energie versorgen, so wie Brot und andere Nahrungsmittel deinem Körper die nötigen Aufbaustoffe und Kalorien zuführen.

Machen wir unsere Kommunion immer wieder zu einer Antwort, die spricht: „Herr Jesus, Brot vom Himmel und Brot des Lebens, komm, nähre mich, und lass mich selbst ein wenig Brot werden für meine Schwestern und Brüder. Amen."

Karfreitag
„Du Bruder aller Leidenden"
Thematisch

Warum hören wir in diesem Gottesdienst die Leidensgeschichte Jesu, und warum lassen wir uns zur Verehrung seines Kreuzes einladen mit den Worten: „Seht das Kreuz, an dem der Herr gehangen, das Heil der Welt"? Gibt es nicht, so kann man sich fragen, genug andere Leidensgeschichten? Hat nicht jeder von uns neben seiner Erfolgs- und Glücksgeschichte auch seine Niederlagen- und Leidensgeschichte? Krankheit, Unfall, schwirige Familienverhältnisse, gescheiterte Beziehungen, Tod eines geliebten Menschen, Verlust des Arbeitsplatzes oder auch der Heimat, Altersbeschwerden? Und sind die Nachrichten über Länder, die weder Wohlstand noch Rechtssicherheit kennen, nicht voll von Leidensgeschichten: Wenn etwa ein Jahresbericht von Amnesty International feststellt, dass in 153 Ländern, das heißt in mehr als der Hälfte aller Staaten, von Mitarbeitern des Staates gefoltert wird. Wenn eine Kommission der Vereinten Nationen die Zahl der Menschen, die unter sklavenähnlichen Bedingungen arbeiten müssen, auf über 20 Millionen schätzt – darunter Kinder, die von Rebellengruppen und Räuberbanden entführt wurden, wonach die Jungen als Kindersoldaten und die Mädchen als Haushalts- und Sexsklavinnen eingesetzt wurden. Wenn Millionen Menschen wegen Krieg und Bürgerkrieg aus ihren Dörfern und Städten fliehen und weitgehend ohne Zukunftsperspektive in Flüchtlingslagern leben müssen, und wenn weltweit etwa 800 Millionen Menschen hungern und jeden Tag schätzungsweise 24 000 von ihnen an den Folgen ihrer Unterernährung sterben.

Leidensgeschichten gibt es mehr als genug, und oft sind es solche, die uns am Wert und Sinn des Lebens zweifeln lassen. Als der österreichische Schriftsteller Thomas Bernhard mit 19 Jahren lebensgefährlich an Tuberkulose erkrankte, fing er an, die Selbstmörder zu bewundern. Er, der vaterlos aufgewachsen war und soeben seine Mutter durch Krebstod verloren hatte, sah nun alles schwarz in schwarz und meinte: „Das Leben ist nichts als ein Strafvollzug mit wenig Bewegungsfreiheit ... Du bist ein Strafgefangener, sonst nichts." Man mag einwenden, dass jemand, der sich in einer so akuten Notlage befindet, sein Leben nicht mehr ausgewogen beurteilen kann. Dass er in seiner Verzweiflung nur noch die Einschränkungen, den Verlust und die tödliche Bedrohung wahrnimmt, an denen er leidet; dass er nicht mehr Unglücks- und Glückserfahrungen gegeneinander abwägen kann und darum ungerecht urteilt und verallgemeinert: *„Das* Leben ist nichts als ein Strafvollzug." Schließlich wurde der kranke Neunzehnjährige ja doch noch ein erfolgreicher Schriftsteller. Aber es gibt eben solche Situationen, in denen es uns schwer fällt, unser Leben noch zu bejahen und sinnvoll zu finden.

In solchen Zeiten, wenn unsere Lebensgeschichte zur Leidensgeschichte wird, will uns die Leidensgeschichte Jesu aufrichten. Was sagt sie uns? Als Christen glauben wir, dass in Jesus Gott selbst Mensch geworden ist: Christus war „Gott gleich, hielt aber nicht daran fest, wie Gott zu sein, sondern entäußerte sich und wurde wie ein Sklave und den Menschen gleich ... Er erniedrigte sich und war gehorsam bis zum Tod, bis zum Tod am Kreuz" (Phil 2,6–8). Das bedeutet doch: Während *wir* nicht gefragt wurden, ob wir in dieses Leben eintreten wollen, ist Gott in seinem Sohn bewusst und freiwillig Mensch geworden. In Jesus hat Gott unser Leben geteilt, bejaht und für sinnvoll gehalten – und zwar nicht nur in glücklichen Zeiten, sondern auch im Leid. Während *wir* in Zeiten der Verzweiflung am liebsten aus diesem Leben aussteigen und Schluss machen würden, ist *er* in unser Menschenleben und seine Leidensphasen eingestiegen und hat darin ausgeharrt. Und obwohl sich Jesus am Kreuz verlassen fühlte, konnte er doch auch ungebrochen sagen: „Vater, in deine Hände lege ich meinen Geist" (Lk 23,46) und: „Es ist vollbracht" (Joh 19,30). Schon zuvor hat er angesichts der drohenden Verfolgung seine Jünger aufgerichtet mit den Worten: „Fürchtet euch nicht vor denen, die den Leib töten, die Seele aber nicht töten können" (Mt 10,28).

Wie kommen wir zur ungebrochenen Einstellung Jesu?
Fragen wir nicht, wie Gott Leid zulassen kann – wir können mit unserem beschränkten Menschenverstand keine befriedigende Antwort finden. Fragen wir lieber, wie wir zu einer ähnlich ungebrochenen, nicht verzweifelnden Haltung wie Jesus kommen können und was uns seine Leidensgeschichte dazu sagt. Wie konnte Jesus, wie können wir Leid, wenn es einmal nicht mehr zu ändern ist, unverzagt bewältigen?

Vielleicht können wir dies so verstehen: Psychologen, die Menschen begleiten, die plötzlich schwer behindert wurden, raten diesen manchmal, nicht ständig darüber nachzudenken, was ihnen nun fehlt, sondern sich bewusst zu machen, was ihnen noch bleibt. Sie sollen überlegen, was ihnen ihre Behinderung nicht nehmen kann. Die Betroffenen kommen dann u.U. zu Einsichten wie: „Der Wert meines Lebens und meiner Person hängt nicht von meiner Gehfähigkeit, meiner Arbeitsfähigkeit, meiner Sehfähigkeit oder meiner Schmerzfreiheit ab. Ich kann ja noch dies und das tun und erleben, und außerdem habe ich noch Menschen, die zu mir halten." Damit leugnen diese Menschen nicht, dass sie wertvolle Fähigkeiten für immer verlieren. Sie verklären ihren Verlust auch nicht zu etwas Positivem und machen sich auch nicht zu Helden; aber sie lenken ihre Aufmerksamkeit auf Fähigkeiten und Erfahrungen, die ihr Leben noch wertvoll machen können. Sie hören auf, zu verallgemeinern und ihr ganzes Leben für wertlos zu halten (wie der erwähnte Thomas Bernhard).

Wenn wir von solchen Überlegungen aus versuchen, Leid zu bewältigen, können wir noch einen Schritt weiter gehen und auf Jesus blicken, der unser Leid freiwillig mit uns teilt und auch hierin unser Bruder geworden ist. Wir können erkennen, dass wir nicht nur dies oder jenes noch tun und erleben können und – hoffentlich – auch ein paar treue Menschen um uns haben, sondern dass auch er, der Gott, der Mensch wurde und ins Leid gegangen ist, uns zur Seite steht. Selbst wenn wir um Menschen und Fähigkeiten trauern, die uns viel bedeuten, so viel, dass unser Leben nie mehr so unbeschwert sein wird wie bisher, und selbst wenn uns Mitmenschen in unserer Not nur schwach unterstützen – wir haben auf jeden Fall Ihn. Für ihn, den Maßgeblichsten, sind wir Gesprächspartner und Brüder/Schwestern, die er wertvoll findet und nie als lästig betrachtet. Wir haben einen Wert von Gottes Gnaden – eine Würde, die uns nichts und niemand nehmen kann. Damit behält unser Leben auch dann seinen Sinn, wenn es beschädigt und eingeschränkt ist. Wir müssen uns nicht mehr an den Maßstäben der Jugendlichkeit, Fitness und Einkommenshöhe messen, die vielen so wichtig sind. Und wir finden im Leiden – selbst wenn es uns zunächst wie ein Strafvollzug vorkommt – bei Gott, der es mit uns teilt, Kraft, um gegen die Abwertung unserer Person und unseres Lebens zu kämpfen:

gegen die Abwertung, zu der wir in depressiven Phasen selber neigen, und auch gegen die Abwertung, die jene betreiben, die das Dasein von unheilbar Kranken mehr oder weniger offen für lebensunwert erklären.

Der Mathematiker und geistliche Schriftsteller Blaise Pascal sagt zu Recht: „Jesus wird im Todeskampf sein bis zum Ende der Welt." Ja, mit den Bedrängten und Todgeweihten aller Zeiten und Länder leidet er und kämpft er gegen Selbstaufgabe und Verzweiflung. Wenn wir in diesem Gottesdienst das Kreuz verehren und wenn wir in unserer eigenen Not oder angesichts der Schreckensmeldungen aus aller Welt auf ihn blicken, können wir ihn anrufen:

> Du Bruder aller Kranken und Hungernden
> Du Bruder aller Gehbehinderten, Gehörlosen und Blinden
> Du Bruder aller psychisch Leidenden
> Du Bruder aller Trauernden
> Du Bruder aller Betrogenen und Enttäuschten
> Du Bruder aller Gefolterten und Vergewaltigten
> Du Bruder aller, die Arbeit und Asyl suchen
> Du Bruder aller Kriegsflüchtlinge
> Steh uns und ihnen bei! Amen.

OSTERSONNTAG
Gespräch über das Leben nach dem Tod

Thematisch

Diese Osterkerze neben dem Altar zünden wir nicht nur am heutigen Festtag an, sondern bei jedem Gottesdienst bis Pfingsten sowie bei Tauffeiern und Beerdigungsmessen. Ihr Licht möchte uns auf jenes unzerstörbare Leben hinweisen, in das Jesus auferstanden ist und in das er auch uns auferwecken will.

Menschen, die dem Glauben skeptisch gegenüberstehen, haben immer wieder gemutmaßt, dieser Osterglaube entspringe nur unserem Wunsch nach einem ewigen Leben und damit unserer Unfähigkeit, den Tod als Ende zu akzeptieren. Ein solcher Verdacht ist allerdings voreilig. Er übersieht nämlich, dass es vielen Menschen – auch Christen, die am Gottesdienst teilnehmen – gar nicht leicht fällt, an ein ewiges Leben zu glauben. Schon um das Jahr 200 n. Chr. bemerkte der Theologe Tertullian: „Es ist schwieriger, an die Auferstehung des Fleisches zu glauben als an einen Gott" (De carnis resurrectione, cap. II), und heutige Umfragen geben ihm Recht: Ihnen zufolge glauben in Deutschland zwar 61 Prozent der Bevölkerung an Gott, aber von diesen nehmen nur etwa zwei Drittel auch ein Leben nach dem Tod an. Warum fällt uns der Osterglaube schwer, und wie können wir ihn in uns so festigen, dass er das ganze Jahr über in unser Leben hineinleuchtet wie das Licht der Osterkerze? Versuchen wir einmal, einen Zweifler und einen Gläubigen darüber ins Gespräch zu bringen.

Der Zweifler könnte so beginnen: „Sobald ich von Ostern höre, denke ich an Statuen und Bilder, die Jesus mit einer Siegesfahne über dem Grab darstellen. Als Kind habe ich dies problemlos glauben können, doch dann habe ich mich gefragt, wo denn dieser Auferstandene im Weltraum zu sehen ist. Auch bei den anderen Seligen frage ich mich das. Außerdem: Wie können leiblich Auferstandene ewig leben, wo unsere Körper doch sterblich sind? Das zu glauben wäre doch naiv."

„Richtig", würde der *Gläubige* vielleicht antworten, „das wäre naiv. Solche Darstellungen sollten Sie auf keinen Fall wörtlich nehmen. Sie können nur Sinnbilder sein, die uns Sinnenmenschen das nichtmaterielle, geistig-göttliche Leben veranschaulichen, in das Jesus einging und in das auch wir aufgenommen werden sollen. Als Auferweckte haben wir keinen sichtbaren, sterblichen Körper und befinden uns nicht an einem bestimmten Ort – so wenig wie wir von unserem Ich oder unseren Gedanken sagen können, sie befänden sich an einer bestimmten Stelle unseres Körpers. Wenn wir auf eine ‚leibliche Auferstehung' hoffen, meinen wir ein Leben in vollendeter geistiger Vitalität in der Gemeinschaft mit Gott und den Mit-Erweckten."

Der Zweifler: „Da reden aber viele ganz anders vom Jenseits. Hören Sie sich nur mal die Witze an, in denen Petrus im Himmel eine Rolle spielt. Oder schauen Sie sich doch einmal das beliebte Volksstück ‚Der Münchner im Himmel' an. Da verpflichtet Petrus den verstorbenen Dienstmann Alois, auf einer Wolke sitzend von acht Uhr früh bis zwölf Uhr mittags zu frohlocken und von zwölf Uhr mittags bis acht Uhr abends Hosianna zu singen. Auf die Frage, wie es mit dem Trinken stehe, antwortet er dem durstigen Alois: ‚Sie werden ihr Manna schon bekommen.' Was ist denn daran geistig-göttlich? Da sage ich mir lieber: ‚Ich glaube allenfalls an Gott, aber dass wir ewig leben, kann ich nicht annehmen.'"

Nah-Tod-Erfahrungen sind keine Nach-Tod-Erfahrungen

„Ihrem Einwand kann ich nur zustimmen, Ihrer Schlussfolgerung allerdings nicht", erwidert *der Gläubige*. „Für die Vorstellungen, die Sie erwähnen, ist der Himmel nur eine Phantasie-Bühne, auf der sich irdische Vorgänge abspielen und Aussagen der Bibel missdeutet werden. Wenn beispielsweise die Offenbarung des Johannes in Visionen schildert, wie die Seligen Halleluja singen, will sie damit nicht sagen, dass sie in einem Chor Lieder vortragen werden, sondern dass sie so glücklich leben, dass ihnen zum Singen zu Mute ist. Die Freuden, die sie so glücklich machen, dürfen wir uns wiederum nicht leibgebunden-irdisch vorstellen, sondern als innere, geistige Verbundenheit miteinander und mit Gott."

„Gut, ich will versuchen, von diesen kindlichen Vorstellungen loszukommen", meint *der Zweifler*. „Aber ich habe da noch eine andere Schwierigkeit. Ob ich an Hirnverletzungen, Parkinson oder Alzheimer denke – die Forschung zeigt uns heute doch eindringlich, wie all unser Überlegen und Fühlen auf ein funktionierendes Gehirn angewiesen ist. Wenn nun nach dem Gehirntod dieses Organ nicht mehr arbeitet, wenn sich unser Gehirn zersetzt und verwest, wie soll da noch ein Leben nach dem Tod möglich sein? Meinen Sie etwa, die Menschen, die einen Herzstillstand erlitten haben, dann aber wiederbelebt wurden und von ‚Nah-Tod-Erfahrungen' berichten, hätten schon das Leben im Jenseits verkostet?"

„Nein", antwortet *der Gläubige*, „das meine ich nicht. In diesen Nah-Tod-Erfahrungen mag man zwar bisweilen ein Gefühl unbeschreiblichen Friedens, Glücks und Lichts erleben, bei dem wir unwillkürlich an die ewige Seligkeit denken, und manche mögen auch den Eindruck haben, sie würden verstorbene Freunde, einen Engel oder Christus sehen. Doch sind dies nur *Nah*-Tod-Erfahrungen und keine *Nach*-Tod-Erfahrungen, denn das Gehirn war ja noch nicht tot, sondern nur dem Tode nah in einem Ausnahmezustand."

„Also bleibt meine Frage", sagt der *Zweifler*, „wie soll noch ein Leben nach dem Tod möglich sein, wenn unser Gehirn nicht mehr existiert?"

Der Gläubige: „In einem haben Sie vollkommen Recht: Wenn es ein Leben nach dem Tod geben soll, muss es ein Leben sein, das nicht mehr von einem sterblichen Gehirn abhängt. Nun weiß keiner von uns aus eigener Erfahrung, wie wir ohne das uns bekannte Gehirn denken und fühlen können: ob dies dem jetzigen Denken und Erleben ähnlich oder aber ganz anders sein wird. Wir dürfen also gespannt sein. Doch der Schöpfer, dem wir uns samt dem gesamten Universum verdanken, wirkt ja auch durch gehirnunabhängiges Denken, Lieben und Wollen. Und so wie er unser jetziges Leben ermöglicht, kann er uns, wenn er will, sicher auch ein gehirnunabhängiges, unzerstörbares Leben ermöglichen, das dem Seinen ähnlich ist. Niemand kann dies ausschließen, das heißt: Es ist nur vernünftig, dies zu erhoffen. So würde sich nämlich die Beziehung fortsetzen, die er jetzt schon zu uns unterhält, und gäbe unserem sterblichen Leben seinen vollen, ewigen Sinn.

Dass Gott eine solche Beziehung über den Tod hinaus mit uns ermöglichen will, hat uns Jesus in seiner Frohbotschaft versichert. Die ersten

Christen erkannten dies darüber hinaus auch darin, dass Gott Jesus auferweckt hat, wie sie durch seine Erscheinungen nach Ostern erkannt haben. So stand für sie und steht für mich fest: Der auferweckte Jesus ist der ‚Erstling der Entschlafenen' (1 Kor 15,20); mit ihm sollen auch wir an seinem unzerstörbaren, göttlichen Leben teilhaben."

Der Zweifler: „Ich bin etwas erstaunt. Sie sprechen von dieser ewigen Beziehung mit Jesus und Gott so, als wäre sie Ihnen irgendwie vertraut, als würden Sie so etwas ahnen; mir hingegen ist sie völlig fremd; ich habe davon keine Ahnung."

Wo ahnen wir ewiges Leben?

Der Gläubige: „Vom Leben mit dem Auferstandenen bekommt man wohl erst dann eine Ahnung, wenn man einigermaßen regelmäßig an Gott denkt und betet. Keine Angst: Dazu brauchen Sie kein Mystiker zu werden. Viele Menschen denken nur ernsthaft an Gott, wenn sie durch den Tod einer nahestehenden Person erschüttert werden. Da spüren sie plötzlich, wie ohnmächtig wir sind, und dass ein Weiterleben nur möglich ist, wenn es uns der Schöpfer schenkt. Wer aber täglich ein paar Minuten im Gebet über sich und seine Beziehung zu Gott nachdenkt, fühlt sich immer wieder mit dem konfrontiert oder besser: verbunden, aus dessen ewiger Fülle die Welt und mit ihr alle Zeit kommt.

So wird einem die Einsicht vertraut, dass es ohne den ewigen Schöpfer auch keine Welt und keine Zeit gäbe. Mitten in der vergehenden Zeit, in Freude, Angst und Tod nähert sich der Gläubige immer wieder der Quelle, ohne die wir nicht leben würden. Und er erkennt: Die Quelle von allem ist ein großes Ja, ist ewige Liebe. Er spürt, wie wir schon jetzt mit dieser Quelle verbunden und gleichsam verwandt sein können. Darum sagt der Erste Johannesbrief: ‚Wer liebt, ist aus Gott gezeugt und erkennt Gott' (1 Joh 4,7). Natürlich ist die Art, wie wir diese Verbundenheit erleben, einstweilen noch von unseren Stimmungen und unserer Ermüdung oder Frische, das heißt von unserem Gehirn abhängig. Aber eine ähnliche Verbundenheit könnten wir doch auch im Leben nach dem Tod erfahren, das uns Gott ermöglicht. Diese Verbundenheit durch Güte könnte weitergehen, auch wenn wir nicht mehr mit unseren Sinnen sehen, hören oder schmecken."

Der Zweifler: „Wenn ein Christ so über den Tod und die Auferweckung zum ewigen Leben denkt – beeinflusst dies auch seinen Alltag, oder sind dies nur erhabene Gefühle in Meditationen und Ostergottesdiensten?"

Der Gläubige: „Einerseits nimmt mir der Glaube an das ewige Leben mit Christus die Befürchtung, mit dem Tod sei alles aus. Zwar bleibt mir die Sorge, ich könnte krank und hinfällig werden, doch erschrecke ich nicht mehr so vor dem Tod, wenn ich ein Krankenhaus, ein Altenpflegeheim oder einen Friedhof betrete. Andererseits gibt diese Hoffnung aller Liebe, die ich von anderen empfange oder die ich ihnen gebe, einen unzerstörbaren Sinn und Wert.

Meine Versuche, andere Menschen fair zu behandeln und zu unterstützen, sind – so kümmerlich sie oft ausfallen – bereits mit genährt von jener Quelle, aus der wir kommen und in die hinein wir mit allem Guten auferweckt werden sollen. Wenn ich mich um Menschlichkeit bemühe, folge ich also nicht nur einer momentanen Gutmütigkeit, sondern darf schon ein wenig teilhaben an der ewigen Liebe Gottes.

Eine Frau, deren Mann mit 28 Jahren an Leukämie starb, wählte für das Sterbebild zwei Verse aus dem Hohelied in der Übersetzung von Matthias Claudius: „Die Liebe hemmet nichts, sie kennt nicht Tor noch Riegel und ist gewaltiger als der Tod. Sie ist ohn' Anbeginn, schlug ewig ihre Flügel und schlägt sie ewiglich." Dies ist unser Osterglaube: Dass in unserer sterblichen menschlichen Liebe bereits auch Gottes ewige Liebe gegenwärtig ist. Dies könnte ich auch an den Anfang meines Terminkalenders, an die Wand meiner Wohnung oder meines Arbeitsplatzes schreiben: „Sie (die Liebe) ist ohn' Anbeginn, schlug ewig ihre Flügel und schlägt sie ewiglich (durch unseren vergänglichen Alltag hindurch)."

2. Sonntag der Osterzeit
Unsere Thomas-Fragen an die Erscheinungsberichte

Zu Joh 20,19–31

Wenn wir die ersten Jünger Jesu, die seine Botschaft weitertrugen und dafür ihr Leben riskierten, fragen könnten, warum sie sich zu dieser Aufgabe entschlossen haben, würden sicher alle antworten: „Weil uns der Auferstandene erschienen ist." Sie würden uns Erlebnisse schildern, wie sie das Evangelium des heutigen Tages und der folgenden Sonntage berichten. Erst durch diese Erscheinungen wurden die Jüngerinnen und Jünger von Juden, die noch auf einen Heilbringer warteten, zu Christen, für die er schon gekommen und gegenwärtig ist wie Gott selbst. Gewiss, Jesus hatte seine Jünger schon vor seinem Tod darauf vorbereitet, dass er für seine Botschaft sterben würde. Doch das haben sie nicht verstanden, sondern weiter auf ein Messiasreich mit materiellem Wohlstand und politischer Unabhängigkeit gehofft. Darum musste sie der Auferstandene geradezu mühsam darüber aufklären, dass auch manche Propheten einen Messias erwarteten, der „leiden muss" und uns nicht durch irdischen Reichtum, sondern gerade durch seine Treue im Leiden seine Liebe offenbart.

Diese Berichte von den Erscheinungen des lebendigen Jesus Christus wollen auch uns heute überzeugen, selbst wenn wir so kritisch sein sollten wie Thomas; und sie wollen auch uns so begeistern, dass wir – wie er – eine lebendige Beziehung zum auferstandenen Jesus Christus entwickeln und auf unsere Weise in unserem Umfeld zu seinen Zeugen werden. Kann ihnen das gelingen? Schauen wir uns diese Berichte etwas näher an, denn sie zeigen uns, wie die ersten Gläubigen die Auferstehung Jesu erlebt und verstanden haben. Befragen wir sie ebenso hartnäckig, wie es Thomas getan hätte. Wir werden sehen, dass uns die Evangelien die Begegnungen der Jüngerinnen und Jünger mit dem Auferstandenen ganz anders schildern als manche romanhaften Bücher, die mit großem Werbeaufwand auf den Markt gebracht wurden. Wir könnten vor allem vier Punkte klären.

Halluzinationen und Gruppensuggestionen?
1. Manche Autoren vermuten heute, Jesus sei am Kreuz nur ohnmächtig gewesen, etwa betäubt durch die Galle, die man ihm reichte. Er sei aber dann wiederbelebt worden und nach Indien oder Rom ausgewandert. Es gibt allerdings keinerlei Anhaltspunkte für diese Spekulation; alle biblischen Berichte sind sich einig, dass Jesus am Kreuz *wirklich gestorben* ist.

2. Etliche Kritiker behaupten, der Leichnam Jesu sei irgendwie aus dem Grab verschwunden, und die Jünger hätten lediglich mit dem Hinweis auf das leere Grab Jesu Auferstehung verkündet. Demgegenüber berichten die Evangelien übereinstimmend, dass die ersten Jüngerinnen und Jünger vor allem *durch die Erscheinungen des Auferstandenen* und nicht durch das leere Grab zum Auferstehungsglauben kamen. Schon Paulus erklärt im 1. Korintherbrief (15,3–7), der wahrscheinlich 15 Jahre vor dem ersten Evangelium geschrieben wurde, ihm sei glaubhaft überliefert worden, dass Christus dem Petrus, den anderen Aposteln und vielen Jüngerinnen und Jüngern erschienen sei, von denen die meisten noch am Leben und zu befragen seien.

3. Fragen wir also weiter nach den Erscheinungen des Auferstandenen. Sind diese Erlebnisse vielleicht dadurch entstanden, dass manche Anhänger Jesus aus lauter Sehnsucht nach seiner Gegenwart *halluziniert* haben – so wie vielen Menschen ein verstorbener Angehöriger, den sie gern hatten, nach dem Tod für einen Augenblick erscheint? Das ist nicht anzunehmen, denn Jesus erschien – wie Paulus, die Evangelien und die Apostelgeschichte berichten – nicht nur einzelnen Jüngerinnen und Jüngern, sondern ganzen Gruppen, bei denen solche Halluzinationen unwahrscheinlich sind, weil

2. Sonntag der Osterzeit

kaum mehrere Mitglieder im gleichen Augenblick gleich intensiv das Gleiche empfinden. Hat aber vielleicht ein begeisterter Jünger eine Gruppensuggestion ausgelöst, indem er rief: „Ich sehe ihn", worauf sich die anderen dies auch einbildeten? Auch das ist praktisch ausgeschlossen. Denn nirgends wird von einer begeisterten Stimmung berichtet, sondern eher vom Gegenteil. Viele Anhänger Jesu waren nach seiner Kreuzigung zunächst verzweifelt und zogen – wie die Emmausjünger – enttäuscht in die Ortschaften Galiläas, aus denen sie gekommen und mit ihm gezogen waren. Erst die Begegnungen mit dem Auferstandenen haben sie veranlasst, wieder nach Jerusalem zurückzukehren und die Urgemeinde zu gründen in der festen Überzeugung: Jesus lebt und will, dass wir seine Frohbotschaft an andere weitergeben. So hat nicht der Auferstehungsglaube die Erscheinungen entstehen lassen, sondern *die Erscheinungen haben den Auferstehungsglauben hervorgebracht.*

Dazu noch eine Beobachtung: Wären die Erscheinungen dem Wunschdenken der Jesusanhänger entsprungen, so hätten sie diese sicher längere Zeit, vielleicht sogar ihr Leben lang erlebt. Tatsächlich endeten sie aber, sobald der Auferstehungsglaube gefestigt war. Wenn die Evangelien berichten, dass Thomas und andere Jünger den Auferstandenen berühren durften, so wollen sie unterstreichen, dass sie nicht nur ein inneres Erlebnis hatten, sondern ihm wirklich begegnet sind. Wir meinen vielleicht, die ersten Christen seien vor allem durch Jesu Botschaft der Nächstenliebe, etwa in der Bergpredigt, von ihm überzeugt worden und seine Auferstehung sei nur ein schöner Zusatz dazu gewesen. In Wirklichkeit war es aber anders: Jesus und seine Botschaft wurden für sie erst durch seine Auferstehung glaubwürdig und ein Anliegen von höchster Bedeutung. So schreibt auch Paulus: „Ist aber Christus nicht auferweckt worden, dann ist unsere Verkündigung leer ... Wir werden dann als falsche Zeugen Gottes entlarvt" (1 Kor 15,14f). Nach den Erscheinungen betrachteten sie sich als Zeugen, die das, was sie erfahren hatten – die Auferstehung – nicht verschweigen durften. Für viele der ersten Christen war diese Gewissheit so unumstößlich, dass sie lieber als Blutzeugen gestorben sind, als sie zu verraten.

Was für ein Auferstehungsleib?
4. Beim ersten Hinhören meinen wir vielleicht, Jesus habe nach seiner Auferstehung einfach sein früheres Leben fortgesetzt – wie der wiedererweckte Lazarus. Hingegen deuten die Evangelien an, dass der Auferstandene ein ganz anderes, übermenschliches, *göttliches Leben* lebt. Meistens, so erzählen sie, erkennen ihn die Jünger zunächst nicht, sondern halten ihn für ein Gespenst oder für einen Wanderer (wie die Emmausjünger). Wenn sie erwähnen, wie sich Jesus betasten ließ oder einen Fisch aß, beschreiben sie

keine Einzelheiten, wie wir es gern hätten, sondern berichten, dass diese sichtbare Gestalt bald wieder verschwand. Die Evangelien schildern den Auferstehungsleib Jesu nicht als festen, bleibenden Körper, weil sie überzeugt sind, dass er nicht mehr aus sterblicher Materie besteht wie unser Leib, sondern von geistig-göttlicher Art ist. Diese Wirklichkeit ist etwas absolut Neues, Zukünftiges, das wir noch nicht erfahren haben und das das Neue Testament nur andeuten kann. Es wäre sinnlos, im Weltraum nach dem Auferstandenen Ausschau zu halten: Er ist unsichtbar, aber wirklich wie Gott.

Doch bei alledem ist dem Neuen Testament eines wichtig: Jesus ist nicht nur für sich auferstanden, sondern will alle, die je Gemeinschaft mit ihm suchen, *an seinem gottmenschlichen Leben teilhaben lassen.* Er ist der „Erstgeborene von den Toten": Ihm sollen viele andere Tote und Lebende in die Herrlichkeit folgen, in die er uns vorausgegangen ist. Darum hören und bedenken wir immer wieder die Evangelien, die uns schildern, was Jesus in seinem irdischen Leben getan und gelehrt hat und wie wir heute mit ihm in Gemeinschaft treten können. Darum auch feiern wir mit ihm die Eucharistie: Hier lädt uns der Auferstandene sinnfällig in den Zeichen Brot und Wein zur Begegnung mit sich ein und will uns für unsere Aufgaben stärken. Lassen wir uns wie Thomas von seiner Auferstehung und Gegenwart überzeugen, und lassen wir uns in diesem „Herrenmahl" immer wieder von ihm bestärken – wie die Jünger, denen er am Ufer des Sees Gennesaret erschien und die er eingeladen hat: „Kommt her und esst!" (Joh 21,12).

3. Sonntag der Osterzeit
Der Auferstandene – gegenwärtig in den Sakramenten
Zu Lk 24,35–48

Das heutige Evangelium schildert, wie christlicher Glaube und Kirche entstanden sind und immer neu entstehen sollen – nämlich durch das glaubwürdige Zeugnis, dass Jesus nicht tot, sondern lebendig ist und alle Menschen guten Willens mit Gottes Geist erfüllen will.

Der Evangelist berichtet, wie verzweifelt der Jüngerkreis nach dem Tod Jesu zunächst war und welche Mühe der Auferstandene hatte, sie zu überzeugen, dass er auf neue, wirkliche Weise bei ihnen ist. Dass sie keinen Geist und kein Gespenst sehen, sondern ihn, den lebendigen Gottmenschen zum Anfassen. Seien wir froh, dass diese Jünger so lange zweifelten, denn dies zeigt uns, dass sie nicht leichtgläubig waren, sondern ihre Erfahrung gründlich prüften. Hegten sie am Anfang der Erscheinung des Auferstandenen noch tausend Zweifel, so sind sie dieser Begegnung am Ende umso sicherer: Sie werden als „Zeugen" die Auferstehung Jesu verkünden, und viele von ihnen werden dafür in den Tod gehen. Und wenn Petrus während des Prozesses gegen Jesus seinen Herrn noch verleugnet hat, so ist er später für ihn als Blutzeuge gestorben. Diesen Augenzeugen dürfen wir also vertrauen und auch heute beherzt den Osterglauben übernehmen.

In dem Bericht fällt auf, dass Jesus die Jünger, kaum, dass er sie überzeugt hat, auch zu *„Zeugen"* ernennt. In der Schrift, so erklärt er, stehe nicht nur, dass der Messias leiden und von den Toten auferstehen werde, sondern auch: „In seinem Namen wird man allen Völkern, angefangen in Jerusalem, verkünden, sie sollen umkehren, damit ihre Sünden vergeben werden. Ihr seid Zeugen dafür. Und ich werde die Gabe, die mein Vater verheißen hat, zu euch herabsenden."

„Allen Völkern", allen Menschen ohne Ausnahme soll die Frohbotschaft von der neuen Gemeinschaft mit Gott verkündet werden, die er ihnen anbietet. Und dementsprechend schildert die Apostelgeschichte, wie Kirche aus dem Zeugnis der Jünger erwuchs. Petrus beteuert in seiner Pfingstpredigt: „Diesen Jesus hat Gott auferweckt, dafür sind wir Zeugen" (Apg 2,32). Ebenso nach der Heilung eines Gelähmten im Tempel: „Gott hat ihn (Jesus, den Urheber des Lebens) von den Toten auferweckt. Dafür sind wir Zeugen" (Apg 3,15), und danach heißt es: „Mit großer Kraft legten die Apostel Zeugnis ab von der Auferstehung Jesu, des Herrn" (Apg 4,33). Allen Menschen dürfen und sollen diese Zeugen die neue Gemeinschaft verkünden, die Gott durch den Auferstandenen und seinen Geist stiftet.

Das bedeutet, dass jeder, der ernsthaft die Verbindung mit Gott sucht, gewiss sein darf, dass Gott sich ihm öffnet. Der auferstandene Gottmensch Jesus Christus will uns gleichsam in Geist und Herz Gottes hineinziehen – selbst wenn wir ihm bisher vielleicht fern gestanden haben. Darum sagt Jesus: „Sie sollen umkehren, damit ihre (etwaigen) Sünden vergeben werden." Gewiss, auch vor Jesus und außerhalb des christlichen Glaubens konnte und kann jeder, der sich dankbar dem Schöpfer zuwendet, mit ihm in Kontakt treten; doch sichert uns der Auferstandene darüber hinaus zu, dass dieser Schöpfer durch ihn, Jesus, auf uns zugeht, und dass keine frühere Schuld, wenn sie bereut wird, diesen Willen zur Annäherung stören kann. Wir sollen aus unseren Sinnlosigkeitsgefühlen, unseren Zweifeln und vielleicht auch Verstrickungen zu ihm „umkehren", weil er sich uns zukehren will. Es ist darum so, wie der Mystiker Meister Eckhart einmal sagte: „Gott ist sehr beflissen, allzeit bei dem Menschen zu sein, und belehrt ihn, auf dass er ihn zu sich bringe, wenn er nur folgen will. Nie hat ein Mensch nach irgendetwas so sehr begehrt, wie Gott danach begehrt, den Menschen dahin zu bringen, dass er ihn erkenne. Gott ist allzeit bereit, *wir* aber sind unbereit. Gott ist uns ‚nahe', *wir* aber sind ihm fern; Gott ist drinnen, *wir* aber sind draußen; Gott ist (in uns) daheim, *wir* aber sind in der Fremde" (Predigt 7 zu Lk 21,31).

Gegenwärtig – nicht nur in Worten, sondern auch in Zeichenhandlungen

Die ersten Jünger wollten diese neue Gemeinschaft Gottes mit dem Menschen aber nicht nur in Worten verkünden, sondern auch sinnenhaft in *Zeichenhandlungen* ausdrücken, und daraus haben sich schließlich unsere sieben Sakramente entwickelt. Als Zeichen der Umkehr, der Sündenvergebung und der Bestärkung durch den Geist Gottes haben sie nach dem Vorbild der Johannestaufe die Bekehrten *getauft*. Daraus hat man später die *Firmung* als eigene sinnbildliche Handlung ausgegliedert. Als Ausdruck der Verbundenheit der Gläubigen mit dem auferstandenen Christus und untereinander haben sie das *Herrenmahl*, die Eucharistie, gefeiert. In der Gemeinde, aus der heraus der Jakobusbrief geschrieben wurde, haben die Ältesten über die Kranken gebetet und sie mit Öl gesalbt – was wir heute als *Krankensalbung* praktizieren. Und ähnlich feierte man im Laufe der Zeit die Sakramente der Ehe, der Buße und der Priesterweihe.

Bei allen Sakramenten war und ist die Kirche überzeugt, dass sie in ihnen den Willen Jesu erfüllt, den er im heutigen Evangelium ausspricht, und „allen Völkern" und Menschen die neue Gemeinschaft mit Gott im Heiligen Geist kundtut. Dass sie da nicht nur feierliche Worte spricht und schöne Zeremonien ausführt, wie sie die Protokollchefs von Regierungen auch entwerfen könnten, sondern letztlich im Auftrag des Auferstandenen handelt und auf seine Zusage bauen darf, dass er in diesen Worten und Zeichenhandlungen wirklich bei uns ist bis ans Ende der Welt.

Gewöhnlich empfangen wir in einer Feier nur ein Sakrament oder höchstens drei – etwa Beichte, Krankensalbung und Kommunion. Schauen wir heute einmal auf den *einen* auferstandenen Jesus Christus, der uns in allen sieben Sakramenten in verschiedenen Situationen begegnen will und darum auch das „Ursakrament" genannt werden kann: In der Taufe führt er uns ein in die Gemeinschaft mit sich und den anderen Gläubigen. In der Firmung will er uns durch seinen Geist stärken für unseren Einsatz in Kirche und Welt. In der Eucharistie vertieft er die in der Taufe begonnene Gemeinschaft, so dass wir auch zur tätigen Nächstenliebe fähig werden und in Hoffnung immer wieder zu einem neuen Miteinander aufbrechen, wie es einmal in der neuen Welt, beim himmlischen Hochzeitsmahl vollendet werden wird. In der Ehe bekräftigt er, dass in der Verbindung, die die Ehegatten miteinander eingehen, etwas von seinem Bund mit uns sichtbar werden soll. In der Priesterweihe beauftragt er Menschen, durch Verkündigung und Sakramente denen zu dienen, die durch die Taufe und den Geist Christi im allgemeinen Sinn bereits Priester sind. Im Sakrament der Buße will er uns wieder mit sich versöhnen und uns ermutigen, wenn wir uns durch unser Versagen von ihm getrennt haben, und mit der Krankensalbung möchte er uns in Erkrankung und Leid aufrichten. Immer ist es der eine auferstandene Christus und der Geist, den er uns vom Vater sendet. Immer will er uns in wechselnden Erfahrungen und Lebenslagen leibhaftig und sozusagen hautnah begegnen, als Gottmensch zum Anfassen hier und heute mit der Absicht, uns mit seinem Geist zu erfüllen. So kann denn das Zweite Vatikanische Konzil zusammenfassend sagen: „Die Wirkung der Liturgie der Sakramente ... ist also diese: Wenn die Gläubigen recht bereitet sind, wird ihnen nahezu jedes Ereignis ihres Lebens geheiligt durch die göttliche Gnade, die ausströmt vom Oster-Geheimnis des Leidens, des Todes und der Auferstehung Christi, aus dem alle Sakramente ... ihre Kraft ableiten" (SC 61).

Und wann sind wir – wie das Konzil sagt – dafür „recht bereitet"? Es ist ähnlich wie bei Gedenkfeiern, Familientreffen und Geburtstagen auch: Solche Gesten und Zeichen nähren unsere Beziehungen zu anderen nur, wenn wir uns innerlich auf sie einlassen, wenn wir diese Formen der Begegnung bejahen, weil uns die Begegnung wichtig ist. Ob wir nun an die Eucharistiefeier denken, die wir am häufigsten mitfeiern, oder an die Taufe, die Firmung oder die Trauung, die wir nur einmal erleben, aber innerlich erneuern können – öffnen wir uns darin jeweils der Begegnung mit dem Auferstandenen, tun wir diese Zeichen nicht als schöne Äußerlichkeiten und feierliches Getue ab, denn in ihnen will uns Jesus in Geist und Herz Gottes hineinziehen und zum Volk Gottes formen.

4. Sonntag der Osterzeit
Der eine Hirt und die Spaltung der Christen
Zu Joh 10,11–18

In biblischer Zeit hat man politische Führer und Könige nicht selten als „Hirten" ihres Volkes bezeichnet. Natürlich unterschied man gute und schlechte Hirten. Ein guter, idealer Hirt war, wer für sein Volk sorgte und es klug leitete. Jesus nennt sich einen guten Hirten, weil er sein Leben einsetzt für uns – so wie ein Schäfer notfalls mit den Wölfen kämpft und sein Leben riskiert, weil er seine Tiere liebt und schützt: „Es gibt keine größere Liebe, als wenn einer sein Leben für seine Freunde hingibt" (Joh 15,13). Jesus hat dies, so beteuert er, für *alle* getan – auch für die „anderen Schafe, die nicht aus dem Stall" des auserwählten Volkes sind. Alle will er zum Leben führen, „dann wird es nur *eine* Herde geben und *einen* Hirten". Wenn hier von der einen Herde und dem einen Hirten die Rede ist, denken wir wohl nicht nur an die fehlende Einheit von Juden und Heiden in einem neuen Bundesvolk, sondern auch an *die Spaltung unter den Christen,* zumal Jesus im selben Johannesevangelium bittet: „Alle sollen eins sein: Wie du, Vater, in mir bist und ich in dir, sollen auch sie eins sein, damit die Welt glaubt, dass du mich gesandt hast" (Joh 17,21).

Diese Spaltung wird uns meistens dann persönlich bewusst, wenn wir sie in einer konfessionsverschiedenen Ehe und Verwandtschaft oder in unserem Freundeskreis erleben und eine „Ökumene für den Alltag" entwickeln müssen. Die Spaltung in getrennte Kirchen stört aber nicht nur unser Alltagsleben, sie widerspricht auch dem Willen Jesu, der eine ungetrennte, einige Herde und Gemeinschaft wünscht. Wie sollen wir uns zum Ärgernis der Spaltung stellen, und was können wir dem heutigen Evangelium gemäß vernünftigerweise tun? Die großen Kirchenspaltungen bestehen zwar seit Jahrhunderten, doch wurde seit Beginn des 20. Jahrhunderts immer mehr Christen bewusst, dass sie auf eine Einheit hinarbeiten müssen, und dieser Ökumenischen Bewegung hat sich mit dem Zweiten Vatikanischen Konzil (1962–1965) auch die katholische Kirche geöffnet. In den letzten 40 Jahren ist erfreulich viel geschehen. Allerdings ist auch klar geworden, dass man nicht einfach durch guten Willen im Handstreich eine Einheitskirche schaffen kann und dass unrealistische Erwartungen nur Enttäuschungen nach sich ziehen. Fragen wir also: Wo liegen die größten Schwierigkeiten, und wie können wir trotzdem zur Einheit der Christen beitragen?

„Einheit in versöhnter Verschiedenheit"?

Auf der Ebene der Glaubensüberzeugungen mag uns vielleicht überraschen, dass die orthodoxen, die anglikanischen sowie die lutherischen und reformierten Kirchen im Gottesdienst das gleiche Glaubensbekenntnis sprechen wie wir Katholiken. Tatsächlich gibt es keine Unterschiede im Wichtigsten: in der Art, wie wir Gott und Jesus Christus auffassen. Sogar über den grundlegenden Streitpunkt der Reformation Martin Luthers, die Rechtfertigungslehre, haben der Lutherische Weltbund und die katholische Kirche 1999 in Augsburg eine gemeinsame Erklärung unterzeichnet. Die Kirchen anerkennen die Taufen der jeweils anderen, und auch in Bezug auf die Eucharistie bestehen zwischen Katholiken und Lutheranern keine kirchentrennenden Meinungsverschiedenheiten mehr – außer in Bezug auf die

Bedeutung des kirchlichen Amtes für das Herrenmahl. (Aus diesem Grund gestattet die katholische Kirchenleitung keine gemeinsame Feier des Herrenmahls mit den Lutheranern.) Und genau da beginnen die bisher unbewältigten Schwierigkeiten: wenn man fragt, wie man *Kirche* zu verstehen hat. Sieht das Neue Testament ein dreistufiges Dienstamt von Bischöfen, Priestern und Diakonen vor, das zur Kirche und auch zur vollgültigen Feier der Eucharistie gehört? Muss es Bischöfe geben, deren Bevollmächtigung bis auf die Apostel zurückgeht – wie die orthodoxen Kirchen und die katholische Kirche annehmen, oder ist das Bischofsamt nur eine Nebensache gegenüber dem ordinierten Pastor, der in der Gemeinde das Evangelium verkündet und das Abendmahl feiert – wie die reformatorischen Kirchen meinen? Welche Aufgaben haben das kirchliche Lehr- und Leitungsamt? Was ist am Petrusdienst des Papstes unverzichtbar, und was kann man an seiner heutigen Ausformung ändern?

Von daher vertreten auch ökumenisch engagierte Theologen unterschiedliche Vorstellungen, welche Einheit die Kirchen derzeit anstreben sollen – obwohl sie sich in dem Ziel einig sind, eine „sichtbare Einheit im einen Glauben und einer eucharistischen Gemeinschaft" herzustellen (Satzung des Ökumenischen Rates der Kirchen). Soll man eine in Glauben, Gottesdienst und Leitung völlig geeinte neue *Einheitskirche* anstreben, so dass die bestehenden Kirchen ihre konfessionelle Eigenart und Eigenständigkeit aufgeben müssten („organische Union")? Oder ist es nicht realistischer, eine *„Einheit in versöhnter Verschiedenheit"* zu suchen? „Verschiedenheit" bedeutet hier, dass man in Glaubensfragen die bestehende grundsätzliche Übereinstimmung betont und den konfessionellen Unterschieden in Einzelfragen durch Verständigung ihre trennende Schärfe nimmt und die verbleibenden Differenzen als berechtigte und bereichernde Deutungen der einen christlichen Grundwahrheit betrachtet, so dass eine Einheit in Vielfalt entsteht – möglichst auch dadurch, dass man gegenseitig Taufe, Eucharistie und kirchliches Amt anerkennt. Oder nähern wir uns der Einheit vor allem dadurch, dass wir die praktische *Zusammenarbeit* im Einsatz für Notleidende, für eine gerechtere Gesellschaft und die Bewahrung der Schöpfung vorantreiben – in der Hoffnung, dass dies auch die Einheit in Glaubens- und Kirchenfragen fördert („Kooperativ-föderatives Einigungsmodell")?

Was wir tun können

Diese Vorstellungen schließen sich nicht aus. Die praktische Zusammenarbeit bringt zwar noch lange nicht die erstrebenswerte Einheit, ist aber ein erster Schritt dazu, der heute gottlob schon von vielen gegangen wird. Die „Einheit in versöhnter Verschiedenheit" respektiert die konfessionellen Unterschiede und kann weitere Schritte zur Einheit ermöglichen, auch wenn hier viele Fragen ungelöst bleiben. Indes dürfte die Einheitskirche nur ein Fernziel sein.[6] Gewiss, manche Probleme, die eine raschere Entwicklung zur Einheit noch verhindern, kommen uns wahrscheinlich so kompliziert und spitzfindig vor, dass wir sie für überflüssig halten. Sie sind auch wirklich nicht alle gleich wichtig. Wenn wir jedoch keinerlei Geduld mit einer Klärung hätten, würden wir auch manchem berechtigten Anliegen unserer Kirche oder der Schwesternkirchen zu wenig Verständnis entgegenbringen. Wir würden uns nicht mehr für die Wahrheit in Glaubensfragen interessieren und eine etwas oberflächliche Harmonie um jeden Preis anstreben. Was wir jedoch tun und u.U. auch verstärkt versuchen können, sind Schritte im Sinne einer praktischen Zusammenarbeit und einer „Einheit in Verschiedenheit". Das könnte heißen:

- Dass wir grobe Vereinfachungen und vor allem Vorurteile und negative Einstellungen den „anderen" gegenüber vermeiden und uns stattdessen – so gut es geht – um eine genauere Kenntnis der Eigenart der anderen Kirchen und einzelner Mitglieder bemühen, mit denen wir zu tun haben.
- Dass wir uns stets die Übereinstimmung in den Grundüberzeugungen des christlichen Glaubens vor Augen halten und uns freuen, dass es zwischen uns mehr Verbindendes als Trennendes gibt.
- Dass wir die Unterschiede in Kirchenverständnis und Gottesdienstgestaltung nicht auf einen Mangel an gutem Willen zurückführen, sondern die Anliegen respektieren, denen sie entspringen, und auch bereit sind, von den anderen Anregungen für uns zu empfangen, auch wenn wir die eigene Kirche vorziehen und hier unsere geistige Heimat behalten wollen.
- Dass wir dem Grundsatz „Tun, was uns eint" folgen und dort gemeinsam handeln und unser Glaubenszeugnis in der heutigen Welt ablegen, wo dies zweckmäßig und von unserer gemeinsamen Glaubensgrundlage her gefordert ist. So sind in Deutschland die großen Kirchen mit „Gemeinsamen Worten" zu sozialen und politischen Fragen an die Öffentlichkeit getreten. Sie haben sich vorgenommen, Ökumenische Kirchentage zu veranstalten, und haben bei Caritas und Diakonie Absprachen zur Zusammenarbeit getroffen. Auf internationaler Ebene wurden gemeinsame Programme zur Bekämpfung des Rassismus, zur Verbesserung der Situation der Frauen, zur Überwindung der Gewalt sowie für Gerechtigkeit, Frieden und Bewahrung der Schöpfung auf den Weg gebracht. Auf Gemeindeebene sind zahlreiche gemeinsame Projekte in der Jugend-, Sozial- und Umweltarbeit entstanden. Darüber hinaus kann es heute schon einmal passieren, dass ein evangelischer Pfarrer seinen katholi-

---

[6] Siehe Christoph Böttigheimer, Einheit ja, aber welche? Über die Problematik ökumenischer Zielvorstellungen, in: Stimmen der Zeit 223 (2005) 24–36.

schen Kollegen – falls er sich gut mit ihm versteht – bittet, für ihn eine Konfirmandenstunde abzuhalten, wenn ihn eine Grippe ans Bett fesselt, oder dass die evangelische Nachbarin des Organisten im katholischen Kirchenchor mitsingt.
- „Tun, was uns eint" – dazu gehören auch ökumenische Gottesdienste und Gebete. Etwa bei der Gebetswoche für die Einheit der Christen (18.–25. Januar), dem Weltgebetstag der Frauen aller Konfessionen (am ersten Freitag im März), bei Gedenktagen und regionalen Kirchentagen, ökumenischen Begegnungen, Schülergottesdiensten und regelmäßigen ökumenischen Gottesdiensten der Gemeinden. Obwohl einige Kirchen gegenüber gemeinsamen Gottesdiensten Vorbehalte haben und obgleich die eucharistische Gemeinschaft noch fehlt, ist hier ein hohes Maß an Einheit möglich: das gemeinsame Stehen, Danken und Bitten vor dem einen Hirten und Herrn. Von ihm heißt es in den Leitlinien, die die Konferenz Europäischer Kirchen und der Rat der (katholischen) Europäischen Bischofskonferenzen im Jahr 2001 beschlossen haben: „Jesus Christus ist als Herr der einen Kirche unsere größte Hoffnung auf Versöhnung und Frieden. In seinem Namen wollen wir den gemeinsamen Weg in Europa weitergehen. Wir bitten Gott um den Beistand seines Heiligen Geistes."

5. Sonntag der Osterzeit
„Lebt dieser Jesus noch?"
Zu Joh 15,1–8

In einer süddeutschen Schule sprach einmal eine Religionslehrerin von Jesus. Die 13- bis 14-jährigen Schüler spürten bald, dass ihr dieses Thema nicht gleichgültig, sondern Herzenssache war. Die Lehrerin schilderte, wie sich Jesus für die Armen und Verachteten eingesetzt hat, wie er von dem Gedanken beseelt war, dass für Gott alle Menschen wertvoll sind, und wie er damit auch unsere Beziehungen zu den anderen in ein neues Licht rückte. Sie sprach so begeistert und lebendig von ihm, dass ein Schüler allen Ernstes fragte: „Lebt dieser Jesus noch?" Einerseits hatte er wohl schon irgendwie gehört, dass Jesus vor vielen Jahrhunderten gewirkt hat und längst gestorben ist – andererseits war er sich dessen nun nicht mehr sicher, weil die Lehrerin so von ihm sprach, als würde Jesus noch leben und als könne man ihm heutzutage begegnen.

„Lebt dieser Jesus noch?" Das heutige Evangelium, das von unserem „Bleiben" und Verwurzeltsein in Jesus spricht, möchte uns gerade daran erinnern, dass er in uns lebendig sein will und dass wir aus ihm Lebenskraft schöpfen können. Nehmen wir einmal an, die erwähnte Lehrerin hätte nach dem Unterricht mit dem Jugendlichen noch ein Gespräch geführt und ihm dabei diese Botschaft Jesu und ihre Erfahrung mit dem lebendigen Jesus dargelegt.

Der Schüler hätte wohl zuerst einmal seine Frage wiederholt: „Also, lebt dieser Jesus noch? Meine Schulkameraden haben mich zwar ausgelacht und mir erklärt, dass er doch schon vor fast 2 000 Jahren gestorben ist. Aber Sie haben trotzdem so von ihm gesprochen, als stünden Sie mit ihm auf Du und Du und würden sich regelmäßig mit ihm unterhalten. Wie ist das möglich? Sprechen Sie da mit einer Phantasiegestalt, die Sie sich selbst aufbauen, so wie ich früher an den Osterhasen geglaubt habe?"

Die Lehrerin: „Nein, Jesus ist für mich kein Phantasiegebilde, das ich mir ausmale. Aber das, was er vor 2 000 Jahren getan und gesagt hat, galt nicht nur für die Menschen, die ihn damals hörten und die längst gestorben sind – nein, es gilt auch für uns heute. Denn Jesus war und ist nicht nur ein Mensch, sondern – wie seine Jüngerinnen und Jünger in der Begegnung mit dem Auferstandenen erkannten – der ewige Gott bzw. Gottes Sohn, der uns immer ansprechen und nahe sein will. Kennst du Menschen, die dir innerlich nahe sind, die vermutlich oft und freundschaftlich an dich denken und an die auch du gern denkst, selbst wenn ihr weit voneinander entfernt seid?"

Der Schüler: „Ja, meine Mutter, auch mein Vater und dann noch ein guter Freund; mit dem verstehe ich mich prima, und von allen SMS-Botschaften, die andere an mein Handy senden, sind mir die seinen am liebsten."

Die Lehrerin: „Solche Menschen, die uns ‚nahe stehen', brauchen wir. Mir sind mein Mann, auch wenn er längere Zeit verreist ist, sowie meine Mutter, obwohl sie schon gestorben ist, innerlich besonders nahe. Sie sind für mich wie innere Helfer. Ihre Zuneigung und das, was ich sonst an ihnen bewundere, tun mir gut. Ich trage diese Nahestehenden gleichsam in mir, selbst wenn sie körperlich weit entfernt sind; sie gehören zu mir.

Ähnlich wie diese nahestehenden Menschen, aber noch stärker, *ist mir Jesus Christus nahe.* Menschen – auch die besten – haben ihre Grenzen. Selbst die Verständigsten haben nicht immer für alles Verständnis. Die Ehrlichsten urteilen manchmal einseitig, und die Geduldigsten fühlen sich mitunter überfordert, wenn wir sie brauchen. Bei Jesus ist das anders. Wenn ich mit ihm rede, muss ich nicht befürchten, dass er gerade übermüdet oder schlecht aufgelegt ist oder voreingenommen denkt. Jeder Mensch hört doch, wenn er in seinem Gewissen über Gut und Böse nachdenkt, so etwas wie den Ruf, das Rechte zu tun und das Verkehrte zu meiden. Bei diesem Ruf denke ich an Jesus und frage ihn: ‚Was willst du, dass ich tue? Was ist dir wichtig? Wie hast du mich gemeint?' Und das schenkt mir Kraft und Freude."

Wie ist uns Jesus nahe?
Der Schüler: „Das eine verstehe ich: dass man in sein Gewissen hineinhören und so etwas wie den Ruf Gottes vernehmen kann. Davon reden ja auch andere Religionen, die nicht an Jesus glauben. Aber was hat dieser Ruf mit Jesus zu tun? Beim einen erleben wir eben Gottes Nähe im Gewissen – und das ist eine eher ernste Angelegenheit. Und das andere ist wohl eine freundliche Phantasiegestalt, die Sie der Bibel entnehmen und sich vorstellen, wenn Sie beten."

Die Lehrerin: „Du fragst ganz zu Recht, warum ich das strenge ‚Du sollst Böses meiden und Gutes tun', das wir beide im Gewissen erleben, mit der froh machenden Freundschaft Jesu verbinde. Ich darf dies deshalb tun, weil durch den Jesus, von dem die Bibel berichtet, Gott selbst gesprochen hat. Wenn ich in den Evangelien lese, wie sich Jesus den damals verachteten Kranken zugewandt hat, wie er dem rücksichtslosen Eigennutz und der Rache das Liebesgebot entgegengesetzt hat, wie er den umkehrwilligen Dirnen und Zollpächtern vergeben hat und alle zu einem Zusammenleben als Schwestern und Brüder aufrief – dann zeigt mir Gott dadurch, wie er heute zu mir steht und was er mit mir bewirken will. Die Stimme des Gewissens lässt vieles nur undeutlich ahnen; an Jesu Taten und Worten kann ich hingegen deutlicher ablesen, was Gott will."

Der Schüler: „Dann ist Jesus für den gläubigen Christen also ein moralisches Vorbild, sozusagen die Moral in Person?"

Die Lehrerin: „Jesus verkörpert für mich zwar das Liebesgebot, auf das alle anderen Gebote hinauslaufen. Aber er ist für uns Christen viel mehr als Moral. Gott hat uns ja gerade durch Jesus gezeigt, dass er mehr ist als ein Moral-Gott. Dass er uns zuerst einmal liebt, wie ein begeisterter Vater oder eine Mutter die eigenen Kinder gern hat. Für diese Botschaft ist Gott, ist Jesus schließlich in den Tod gegangen. Und diese Zuneigung will er uns ständig schenken; mit ihr will er *in uns* sein, uns stärken und fruchtbar machen. Jesus hat dafür verschiedene Gleichnisse und Bilder verwendet. In einem sagt er: Nach seiner Auferstehung wolle er für uns wie das *Wurzelwerk eines Rebstocks* sein. Dieses Wurzelwerk sieht man von außen nicht, so wie Gott unsichtbar ist; aber der Rebstock kann aus ihm den Lebenssaft ziehen, um zu wachsen und Trauben hervorzubringen. So fest sollen wir uns in seiner Zuwendung und Liebe verwurzeln und daraus Kraft für ein Leben in Güte und Freude ziehen. Die ganze Kirche und jeder Einzelne in ihr soll so eine fruchtbare Rebe werden. Darum fordert er uns auf: ‚Bleibt in meiner Liebe! ... Das ist mein Gebot: Liebt einander, so wie ich euch geliebt habe. Dies habe ich euch gesagt, damit meine Freude in euch ist und damit eure Freude vollkommen wird' (Joh 15,9–12). Auf dieses Wort vertraue ich, wenn ich glaube, dass ich im Gewissen und Gebet Jesus begegnen kann. Darauf wäre meine fromme Phantasie nie gekommen. Nein, das hat mir Gott durch Jesus gesagt."

Der Schüler: „Ich kann nun verstehen oder wenigstens ahnen, dass für Sie Jesus so lebendig und nah ist, wie es nur Gott sein kann. Aber Sie haben ja gemerkt, dass ich über Bibel, Kirche und Gebet wenig weiß. Darum frage ich mich, ob ich je eine so tiefe Beziehung zu Jesus erleben werde wie Sie."

Die Lehrerin: „Eine solche Beziehung wächst mit der Zeit. Fang einfach damit an, dass du jeden Abend und vor allem vor wichtigen Entscheidungen ruhig wirst und dich besinnst. Nimm zuerst wahr, was dich innerlich alles bewegt: Sehnsüchte, Ehrgeiz, Enttäuschungen, vielleicht auch mal Rachegedanken. Dann frage Gott, frage Jesus, wozu *er* dich ermutigen möchte. Dazu solltest du freilich im Gottesdienst oder durch gelegentliches Lesen in den Evangelien die wichtigsten Botschaften Jesu kennen lernen: seinen Geist. Dann kannst du ganz natürlich, ohne deswegen mit gefalteten Händen herumlaufen zu müssen, erfahren, was der Franzose Pierre Olivaint (1816–1871), der ohne Religion erzogen worden war, später aber Priester wurde, einmal in einem Gebet (Gotteslob Nr. 6, 6) so ausgedrückt hat: ‚Wachse Jesus, wachse in mir. In meinem Geist, in meinem Herzen, in meiner Vorstellung, in meinen Sinnen. Wachse in mir in deiner Milde, in deiner Reinheit, in deiner Demut, deinem Eifer, deiner Liebe. Wachse in mir mit deiner Gnade, deinem Licht und deinem Frieden.'"

6. Sonntag der Osterzeit
Gebot und Freude – ein Gegensatz?

Zu Joh 15,9–17

Sicher ist Ihnen auch schon aufgefallen, dass die so genannten Neuen Geistlichen Lieder, die in den letzten 30 Jahren entstanden sind, in besonderer Weise die *Freude* betonen, die uns der Glaube schenken will. In einem dieser Lieder, das längst klassisch geworden ist, heißt es beispielsweise: „Ja, freuet euch im Herrn und jubelt immerdar! Kommt, singet eure Jubellieder laut. Dankt! Dankt! Singt ein neues Lied! Großes hat der Herr an uns getan." Diese Gesänge sind bei Jugendlichen und jungen Erwachsenen sehr beliebt und aus unseren Jugendgottesdiensten nicht mehr wegzudenken. Auch in den Geistlichen Bewegungen werden sie gern gesungen – gleich ob sie sich Cursillo, Fokolar, Charismatische Erneuerung oder anders nennen. Denn auch diese Gruppen wollen eine Frömmigkeit, eine Spiritualität pflegen, die die *Glaubensfreude* in den Mittelpunkt rückt.

Manche Gläubige misstrauen dieser Hervorhebung der Freude. Sie halten sie für eine falsche Anpassung an den Zeitgeist, an die „Spaßgesellschaft". Sie befürchten, dass die verbreitete Neigung, Pflichten klein und Vergnügen groß zu schreiben, auch uns Christen erfassen könnte. Dass wir aus unserem Glauben alles Anstrengende herausfiltern und ihn dann zu einem billigen Genussmittel für den Massengeschmack verwässern könnten: Christentum als eine Art Limonade, Glaube light. In einem Leserbrief an eine Bistumszeitung wurde einmal eine Kritik ausgesprochen, die genau dieser Sorge entsprang. Die Verfasserin meinte: „Nicht mehr die so genannten Drohbotschaften beherrschen die Verkündigung, sondern eher sind Schmeichelpredigten über einen alles verzeihenden und nichts fordernden Gott zu hören." „*Schmeichelpredigten*" – müssen wir uns also zwischen diesen beiden Richtungen entscheiden: Entweder *Glaubensfreude* oder *Gebotegehorsam*, entweder *Spaßkirche* oder *Pflichtfrömmigkeit*?

Ein Gegensatz in dieser Schwarzweiß-Manier besteht sicher nicht, wohl aber eine Spannung, über die nachzudenken sich lohnt.

Dass sich Glaubensfreude und Gebotegehorsam nicht ausschließen, sondern zusammengehören, wird im heutigen Evangelium deutlich gesagt. Da spricht Jesus fast im gleichen Atemzug von beidem, von seinem *Gebot* und von seiner *Freude:* „Das ist mein *Gebot*: Liebt einander, so wie ich euch geliebt habe." Und: „Dies habe ich euch gesagt, damit meine *Freude* in euch ist und damit eure Freude vollkommen wird" (Joh 15,12.11). So haben es wohl auch die ersten Christen empfunden. Wenn Paulus von den „Früchten des Geistes" redet, erwähnt er die Güte, ja sogar die Selbstbeherrschung zusammen mit der Freude (Gal 5, 22f).

Was macht froh: Egoismus oder die Freude des Helfens?

Wie geht das zusammen: Gebot und Freude? Nun, das „Gebot", das uns Jesus so dringend ans Herz legt, ist ja nicht irgendein Gesetz. Nein, es ist das *Hauptgebot der Liebe,* das uns zum gerechten und wohlwollenden Umgang miteinander anhält, zur Hilfsbereitschaft und zur Versöhnungsbereitschaft. Es wäre ein Irrtum, zu meinen, das Hauptgebot der Liebe sei nur ein freudloses Ich-Muss, ein Sich-am-Riemen-Reißen, ein Verzichten auf Freude und nichts wie saure Pflichterfüllung. Das meinen ja sowohl diejenigen, die einen Gebotegehorsam ohne Glaubensfreude fordern, als auch die anderen, die meinen, christliche Nächstenliebe enge uns ein und sei ein Spaßverderber. Beide Auffassungen haben die christliche Nächstenliebe oft in Verruf gebracht – und zwar zu Unrecht.

Es gab eine Zeit, da haben viele Psychologen behauptet, man könne nur glücklich werden, wenn man möglichst alle seine Bedürfnisse befriedige und seine Wünsche auslebe. Sich für andere einsetzen solle man nur dann, wenn es sich gerade spontan ergibt; doch schnürten uns anspruchsvolle Gebote und Ideale, die wir übernehmen, leicht ein wie ein starrer Panzer und machten uns anfällig für Depressionen. Doch nach einigen Jahren warnten die Psychologin Ursula Nuber und andere davor, dieses Problem des „Helfer-Syndroms" und des „Ausbrennens" zu verallgemeinern und in die *„Egoismus-Falle"* zu tappen. Was heißt das?

Gewiss – so kann man aus heutiger Sicht sagen – war es richtig, auf die Gefahr aufmerksam zu machen, dass sich manche Menschen ausnützen lassen; dass sie meinen, sie dürften nie „nein" sagen, wenn andere etwas von ihnen wollen, und sie sollten sich auch keine Freizeit und keine persönlichen Freuden gönnen, sondern müssten sich immer „opfern". Darin sind sich heute alle Fachleute einig: Eine solche Extrembelastung mag in Notsituationen vorübergehend unvermeidlich sein, doch wenn sie zum Dauerzustand wird, brennen wir irgendwann aus wie eine Batterie, die man nicht nachlädt. Doch andererseits ist auch zu sehen, dass man sich von den Mitmenschen zunehmend abkapselt und vereinsamt, wenn man nur an sich selbst denkt. Das ist die „Egoismus-Falle". Es macht auf Dauer keinen glücklich, wenn er nur um sich selbst kreist. Es kann uns aber über unser kleines Ich hinausführen und bereichern, wenn wir – im Rahmen unserer Kräfte – auch andere unterstützen wollen: Gebrauchtwerden gibt Sinn.

Von amerikanischen Jugendlichen, die bereits Erfahrungen als freiwillige Helfer (Volunteers) gesammelt haben, nannten bei einer Befragung fast zwei Drittel als wichtigen Grund für ihren Einsatz: „Wenn ich mich um andere sorge, bewirkt dies, dass ich mich selbst gut fühle." Wir könnten sinngemäß auch einmal das Experiment eines Hochschullehrers nachahmen, indem wir es auf unseren Bekanntenkreis anwenden. Er ließ Hunderte von Studenten die Namen von den zehn Personen notieren, die sie am besten kannten: Eltern, Geschwister, Studienkollegen usw. Dann sollten sie hinter jedem Namen zuerst vermerken, welche dieser Personen *hilfsbereit* sind und welche nicht. Schließlich gingen sie die Liste noch einmal durch und überlegten, welche Personen eher glücklich oder eher unglücklich sind. Es zeigte sich, dass es zwar auch eine Anzahl von Menschen gibt, die bei aller Hilfsbereitschaft unglücklich wirken – vielleicht weil sie überlastet, vergrämt und enttäuscht sind. Aber die eindeutig stärkste Gruppe bestand stets aus denen, die *hilfsbereit und gleichzeitig glücklich* waren, während die Nicht-Hilfsbereiten mehrheitlich unglücklich wirkten. Wenn das so ist, dann macht Hilfsbereitschaft nicht unzufrieden und arm, sondern bereichert uns, und wir verstehen, warum für unseren Glauben Nächstenliebe und Freude, Gebotegehorsam und innere Erfüllung zusammengehören.

Ein Unterschied: Helfen freiwillig oder aus Pflicht

Erfahrene Einsatzleiter der Feuerwehr erzählen gelegentlich, dass viele Feuerwehrleute, gerade junge, eine fast wahnsinnige Freude erleben, wenn sie aus einem brennenden Haus einen Menschen retten konnten. (Um so bedrückter sind sie, wenn ihnen das nicht gelang.) Mitarbeiterinnen der Hospizbewegung berichten manchmal fast verschämt, wie sie sich beschenkt fühlen von dem Vertrauen, das ihnen Menschen entgegenbringen, die sie in ihren letzten Wochen begleiteten. Und wie kann es uns freuen, wenn wir einer Mutter, einem Vater oder einem Kind in der Dritten Welt eine erfolgreiche Behandlung ihrer Tuberkulose ermöglichen konnten: Das ist wirklich ein Grund zum Feiern. So viel kann uns eben das Wohl eines anderen bedeuten! Solche Erfüllung kann uns die Verwirklichung des Hauptgebots der Liebe schenken. Nein, dieses Gebot und die Glaubensfreude, die sich mit Gott über das Wohlergehen seiner Söhne und Töchter freut, sind kein Gegensatz, sondern gehören zusammen. Und wenn die heutige Lesung sagt: „Gott ist Liebe", so können wir ruhig hinzudenken: „Darum ist Gott auch Freude." Und in uns gibt es nicht nur die gefährliche Bereitschaft zum Egoismus, sondern auch die zarte Pflanze der Güte, und Jesu Geist will diese Güte in uns zur Blüte bringen.

Allerdings sollten wir auch auf folgenden Unterschied achten: Das Erfüllende des Helfens wird uns schnell klar, wenn es – wie in den Beispielen, die ich genannt habe – ein *freiwilliges Helfen* ist. Wenn wir jedoch aufgrund von *familiären Verpflichtungen* einen Schwerbehinderten oder Pflegebedürftigen versorgen müssen und dies u.U. jahrelang, dann erleben wir darin ohne Zweifel auch eine *Last*, der wir uns nicht entziehen können und die oft erhebliche Einschränkungen von uns verlangt. Es ist keine Schande, sondern nur menschlich, wenn es uns so ergeht. Und trotzdem können wir auch darin etwas Erfüllendes erkennen. Niemand wird sagen: „Ich bin glücklich, dass ich für ein behindertes Kind oder für meine gebrechlichen Eltern sorgen muss." Aber viele können ehrlichen Herzens bekennen: „Das ist mir wichtig; vom Wert dieser Sache bin ich überzeugt." So erleben wir auch auf diese nüchterne Art, wie viel uns das Wohl eines Menschen bedeuten kann. Und dann können wir auch einem altbekannten Neuen Lied zustimmen, das Jesu Liebesgebot und Werk mit dem Gedanken des Festes verbindet, wenn es singt: „Unser Leben sei ein Fest, Jesu Geist in unserer Mitte, Jesu Werk in unseren Händen, Jesu Geist in unseren Werken. Unser Leben sei ein Fest in dieser Stunde und jeden Tag."

CHRISTI HIMMELFAHRT
Sehnsucht oder „... vom Hauch Deiner Ewigkeit berührt sein"

Thematisch

Das Fest Christi Himmelfahrt veranschaulicht eindrucksvoll, was bereits die Osterbotschaft verkündet hat: Jesus wurde aus der Erniedrigung des Kreuzestodes „erhöht" in die ewige Liebe Gottes, aus der heraus er einst Mensch wurde; er ist eingegangen in das unsichtbare und unzerstörbare Leben Gottes. Und wie das Osterfest will uns der Himmelfahrtstag versichern, dass auch wir nach unserem Tod in die göttliche Lebenswelt des Auferstandenen gelangen werden, wenn wir uns seiner Liebe und seinem Geist öffnen.

Wenn Sie das hören, fragen Sie sich vielleicht: „Soll ich mitten im Jahr an das ewige Leben, an den Himmel denken, ohne dass mich fallende Herbstblätter, eine schwere Krankheit oder der Tod eines guten Bekannten an den Tod erinnern?" Wir meinen ja oft, über den Himmel und das ewige Leben nachzusinnen, sei nur angebracht, wenn man auf irgendeine Weise mit dem Tod konfrontiert wird; doch beim normalen Lauf der Dinge habe man nur das Leben in den Blick zu nehmen, und zwar allein das diesseitige, irdische Leben. Wer hat denn schon einmal erlebt, dass jemand in der Familie, am Arbeitsplatz oder bei einer Party vom Himmel gesprochen hätte – es sei denn in belanglosen Witzen? Ja, alles, was Einfluss hat, drängt uns, unsere Aufmerksamkeit ganz auf das diesseitige Leben zu lenken: die Werbung, die uns zum Konsumieren hier und jetzt animieren muss; die Naturwissenschaften, die unser Bild vom Menschen prägen, aber von ihrer Aufgabe und Forschungsmethode her nicht nach einem ewigen Leben fragen, und schließlich das gängige Suchen nach wohltuenden Erfahrungen. Viele wittern hinter dem Gedanken an ein anderes, ewiges Leben sogleich die Absicht, uns aufs Jenseits zu vertrösten, und befürchten, wir könnten unsere Kräfte von den Chancen und Aufgaben der Gegenwart ablenken und dadurch Wichtiges versäumen.

Gibt es nicht noch mehr als alles?
Doch an den Himmel denken – das können wir auch mitten im pulsierenden Leben und ganz ohne Todesahnungen: Wir müssen nur einmal auf die Sehnsucht achten, die fragt: „Gibt es nicht noch *mehr als alles*?" Diese Sehnsucht gehört nun einmal zum Menschen, und so ist es völlig normal, dass sie auch der Glückliche verspürt und irgendwie nach *mehr* Ausschau hält: letztlich nach einem Stück Paradies. Betrachten wir einmal etwas

näher zwei Arten, in denen sich unser Ungenügen am Diesseits und das Verlangen nach mehr ausdrücken kann: die Überhöhung des Gewöhnlichen, Banalen und das Verlangen, sich durch Musik in eine andere Welt zu versetzen.

Ist es nicht bezeichnend, dass eine Firma, die Turnschuhe herstellt, nicht einfach mit der Haltbarkeit, der guten Anpassung an den Fuß und der schönen Gestaltung ihrer Schuhe wirbt, sondern weit über solche praktischen und gefälligen Vorzüge hinaus mit dem Versprechen lockt: „Überwinde die Barrieren und errege das Außergewöhnliche." Die Aussicht, in den Turnschuhen angenehm gehen und laufen zu können, erscheint demnach als zu wenig und zu gewöhnlich – man soll bei der Anschaffung auch auf etwas Außergewöhnliches hoffen. Wahrscheinlich denken nicht nur Werbefachleute so, sondern sprechen bei vielen möglichen Kunden eine Sehnsucht nach mehr an, die verbreitet ist. So hat auch ein Großstadttheater einmal für seine Aufführungen geworben mit dem Spruch: „Alltag ist nur durch Wunder erträglich." Die Menschen, die ins Theater gehen, haben gewöhnlich eine annehmbare Arbeit, ein hinreichendes Einkommen und ein komfortables Leben. Doch scheint dies alles zu wenig, ja zu lästig und darum nur durch Wunder erträglich zu sein. Und in dieser Situation verspricht man mit der Aufführung von Theaterstücken, Operetten und Musicals nicht nur Unterhaltung und Abwechslung, sondern Wunderbares: ein Stück Paradies. „Alltag ist nur durch Wunder erträglich." In die gleiche Richtung geht eine Neigung, die wir in Gesprächen oft beobachten können: Wenn uns Anschaffungen und Veranstaltungen erfreuen, übertreiben wir gern unsere Begeisterung und reden von „super", „ultra", „total", „mega", „kult" oder „obertrendy" – so, als müssten wir unsere Welt etwas verzaubern und unsere Erlebnisse zu himmlischer Seligkeit steigern.

Aber auch Musik, die ja heute von breiten Schichten gehört wird, dient vielen dazu, sich in eine andere Welt als die gewöhnliche zu versetzen. Selbst wenn wir beim Arbeiten oder Autofahren Musik hören, holt sie uns immer etwas aus dem Alltag heraus in ihren eigenen Rhythmus, ihren Zeitraum und die Gefühle, die sie auslöst. Noch stärker lassen wir uns in diese Welt der Musik versetzen, wenn wir sie konzentriert hören oder selbst machen – gleich, ob es klassische oder moderne, ernste oder Unterhaltungsmusik ist.

Ein Jugendlicher hat dazu einmal gesagt: „Musik spielt in meinem Leben eine wichtige Rolle. Es gibt manche Songs, die scheinen alle meine Gefühle freizusetzen. Bestimmte Akkorde in einem Lied machen mir jedes Mal eine Gänsehaut, wenn ich sie höre. Mein größtes Vergnügen ist meine Gitarre, denn da kann ich mit beiden Händen Musik machen. Wenn ich sie spiele, können mich andere nicht ansprechen; ich bin dann in einer anderen Welt."

So suchen viele Menschen in der Musik einen Zustand, in dem sie sich und ihre Sorgen vergessen und für einige Augenblicke völliges Glück erleben können. Die „andere Welt", in die sie sich versetzen, ist wohl meistens ein irdisches Paradies angenehmer Gefühle, aber u.U. auch mal in der Nähe des Himmels, von dem der Osterglaube spricht. Zur Musik von Johann Sebastian Bach, der weltliche und religiöse Stücke komponiert hat, sagte einmal ein Kenner: „Ein kleines Stück vom Jenseits hat er uns schon aufgetan."

Eine Sehnsucht und Ahnung, die gelassen macht
Denken wir heute also einmal unbefangen an unsere Sehnsucht nach einem himmlischen, einem paradiesischen Leben. Was sagt der Glaube an die Auferstehung und Himmelfahrt Jesu dazu? Er verspricht uns, dass Christus, der Erhöhte, „alle zu sich ziehen wird" (Joh 12,32), so dass wir an der „Freiheit und Herrlichkeit der Kinder Gottes" teilhaben werden (Röm 8,21). Das ist uns zugesagt. Doch das Neue Testament malt diesen Himmel, der uns seit Jesus offen steht, nicht als irdisches Schlaraffenland aus. Denn es hofft auf ein Leben, das übermateriell und unsterblich sein wird, ohne Zeit und ohne Raum, ähnlich wie Gott selbst. Diese Lebenswelt ist im buchstäblichen Sinn unbeschreiblich: Auch die anschaulichen Ausdrücke der Bibel – himmlische Wohnungen, himmlisches Hochzeitsmahl, himmlisches Jerusalem, neuer Himmel und neue Erde – sind nur Sinnbilder für eine Daseinsweise, die so unsichtbar, aber wirklich ist wie der Schöpfer, ohne den diese sichtbare Welt nicht wäre. Unsere Gemeinschaft mit dem erhöhten Christus beim Vater, die wir schon jetzt unvollkommen erleben, wird dann vollendet sein, und weil dieser Gott Liebe ist, wird es eine beseligende Gemeinschaft sein, die auch unsere Beziehungen zu den Menschen, die mit uns vollendet werden, zu glücklichen Beziehungen machen wird. Alles Weitere sollten wir uns nicht in irdischen, körperhaften Vorstellungen denken, doch werden sich in diesem ewigen Leben gerade die anspruchsvollsten Sehnsüchte, die wir hegen, erfüllen.

Eine kleine Ahnung von diesem ewigen Leben bieten uns vielleicht jene Erfahrungen, bei denen wir ganz im Augenblick aufgehen und weder an ein Ende dieses Augenblicks noch an irgendwelche Sorgen, die uns plagen könnten, denken, sondern sozusagen zeitlos zufrieden sind. Solche ewigkeitsähnlichen Momente haben wir vielleicht schon erlebt beim Musikhören, beim Gang durch die Natur, im gesammelten Gebet, im Sport, beim Geschlechtsverkehr oder bei einer Arbeit, die uns ganz gefesselt hat. Meistens sind diese Momente kurz, und vielleicht haben sie nichts zu tun mit der Gemeinschaft mit Gott. (Atheisten können sie ja ebenso gut erleben wie Gläubige.) Aber wir vergessen für einige Augenblicke einfach, dass die Zeit vergeht und dass wir sterblich sind. Im ewigen Leben werden wir aus einem anderen Grund keine Zeit spüren und uns unsterblich fühlen: Weil unsere Gemeinschaft mit Gott tatsächlich zeitlose und unzerstörbare Lebendigkeit ist.

Kann nun diese Botschaft unsere Einstellung zum Leben heute und morgen prägen? Ja. Die Hoffnung auf ewiges Leben könnte uns in unseren Sehnsüchten gelassener machen: gelassener im Streben nach Genuss und Erfolg wie auch im Verlangen nach einem Leben ohne Leid. Denn wir wissen ja: Die Vollendung unseres Lebens in der Gemeinschaft mit Gott und den Mitmenschen steht uns noch bevor; unser Leben hat hier erst begonnen, und wir brauchen nicht zu befürchten, dass wir zu kurz kommen. Es ist noch mehr als alles möglich. Der Theologe Romano Guardini hat diesen gelassenen und hoffenden Blick nach vorn einmal in einem Gebet so ausgesprochen:

„In unserem dahingehenden Leben, o Herr, ahnen wir Deine stille Ewigkeit. Die Dinge beginnen, und haben ihre Zeit, und enden. Im Anfang des Tages fühlen wir voraus, wie er im Abend sinken wird. In jedem Glück mahnt schon das kommende Leid. Wir bauen unser Haus und schaffen unser Werk und wissen, dass es zerfallen muss. Du aber, o Herr, lebst, und keine Vergänglichkeit rührt an dich ... Deiner Ewigkeit Mitte ist dort, wo Du, o Vater, und Du, o Sohn, einander nahe seid in der Innigkeit des Heiligen Geistes. In jener Stille ist Deine Liebe und Dein Friede. In ihr ist Deine Heimat, o seliger Gott ... Wenn die Zeit vollendet ist, soll dort auch meine Heimat sein. Mache mich dessen gewiss. Lass das Verlangen dorthin in meinem Herzen nie sterben, damit ich im Wandel des Lebens dessen inne bleibe, was allem Leben erst Maß und Sinn gibt. Lass mein Gemüt vom Hauch Deiner Ewigkeit berührt sein, damit ich das Werk der Zeit richtig tue und es einst hinübertragen dürfe in Dein ewiges Reich. Amen."[7]

7. Sonntag der Osterzeit
„In ihm bleiben" – christlich und buddhistisch
Zu 1 Joh 4,11–16

Als der bekannte Psychologe Reinhard Tausch bereits 70 Jahre alt war, sprach er einmal über seine religiöse Entwicklung. Er sei zwar, berichtete er, christlich erzogen worden, doch habe er die Vorstellung von einem

---

[7] Romano Guardini, Theologische Gebete, Verlag Josef Knecht, Frankfurt am Main 1960, 59f.

Vatergott bald als zu eng und menschenähnlich empfunden. Darum habe er lange Zeit gemeint, er müsse sich Gott irgendwie buddhistisch denken. Das hieß für ihn, dass er Gott als alles umfassende, unendliche Wirklichkeit auffasste, nicht als Person. Vor kurzem habe er jedoch von einem christlichen Theologen gehört, man könne den biblischen Ausdruck „Vater im Himmel" auch sinnbildlich verstehen, als Symbol für einen letzten Ursprung, der uns wie ein Vater zugewandt ist. Das finde er bedenkenswert, denn es komme seinem Anliegen entgegen, Gott weit und unbegrenzt zu denken.

Man mag einwenden, dass er all das doch schon als Schüler im Religionsunterricht hätte verstehen müssen. Tatsächlich aber zeigt uns dieses Beispiel, warum in Deutschland Tausende von Menschen Sympathien für eine der vielen Formen von Buddhismus empfinden. Grund ist nicht nur das gewinnende Lächeln des Dalai Lama oder das Exotische, das Anschauungen aus fernen Ländern oft an sich haben. Nein, Menschen, die das Christentum nur noch äußerlich kennen oder vieles an ihm missverstanden haben, haben ihre Schwierigkeiten mit einer Vorstellung von Gott, wie sie manche Christen gedankenlos vertreten. Sie wenden ein, dass Gott doch nicht eine Art Weltraum-Mensch sein könne: uns äußerlich, uns gegenübergestellt wie ein Mann mit gütig-ernsten Augen und wallendem Bart – nur größer als wir Menschen.

Darum haben sich schon vor Jahrzehnten deutsche Meditationslehrer wie etwa Karlfried Graf Dürckheim vom japanischen Zen-Buddhismus anregen lassen und viele Interessierte dazu angeleitet, sich ganz dem Atem, der uns wie eine große Lebensquelle versorgt, zu überlassen und anzuvertrauen. In unserem Leib und Geist soll sich so das Gefühl ausbreiten, wir seien vom Kosmos getragen und lebten *in* einer umfassenden Lebenskraft und Wirklichkeit – nicht ihr gegenüber, nicht von ihr ausgeschlossen. Graf Dürckheim nannte diese Erfahrung „inständliches Bewusstsein" und meinte damit das Gewahrwerden, dass wir in einem Umfassenden leben und von ihm durchdrungen werden.

Wie bleiben wir in Gott?

Was ist nun, so kann man fragen, in unserer christlichen Auffassung von der Gegenwart Gottes und Jesu ähnlich, und was ist anders? Spricht nicht auch Paulus vom Schöpfer so, dass er uns nicht gegenübergestellt ist, sondern dass wir „*in* ihm leben, uns bewegen und sind"? Und spricht Johannes in der heutigen Lesung nicht noch kühner davon? Dreimal erwähnt er, wie wir *in* Gott *bleiben* können und wie Gott *in* uns *bleiben* kann. „Bleiben" bedeutet hier: wohnen, in etwas oder jemandem verwurzelt sein, seine Heimat haben, seinen Halt. Ähnlich sagen wir von einer großen Freude: „Das ist immer noch in mir." Vor allem erfahren wir von Menschen, mit denen wir engstens verbunden sind, dass sie uns nicht nur „nahe stehen" (wie man sagt), sondern sozusagen mitten drin sind in unserem Denken und Fühlen – und dass wir in Gedanken und Gefühlen auch oft bei ihnen und gleichsam in ihnen sind.

So nah, so sehr *in* uns und nicht uns fern oder außerhalb von uns kann nach der Erfahrung des Apostels Johannes Gott und Jesus sein. Er nennt verschiedene Weisen, auf denen es zu diesem gegenseitigen Sich-Durchdringen kommt:

Erstens kommt es dazu, wenn wir uns von dem Geist erfüllen und bestimmen lassen, den Gott uns geben will: „Daran erkennen wir, dass wir in ihm bleiben und er in uns, dass er uns aus seinem Geist gegeben hat."

Zweitens kommt es dazu, wenn wir verstehen, dass Gott deshalb in Jesus *Mensch wurde* und für seine Frohbotschaft starb, weil er immer mit uns verbunden sein wollte: „Wer bekennt, dass Jesus der Sohn Gottes ist, in dem bleibt Gott, und er bleibt in Gott."

Drittens kommt es dazu, wenn wir versuchen, heute nach dem Geist und *Liebesgebot Jesu* zu leben, und erfassen: „Gott ist Liebe, und wer in der Liebe (wie Jesus sie offenbart hat) bleibt, der bleibt in Gott und Gott bleibt in ihm."

Auch hier wird also immer gesagt, dass wir *in* Gott bleiben und er *in* uns bleibt. Wie unterscheidet sich dieses In-Gott-Bleiben vom Aufgehen im Göttlichen, wie es östliche Weisheitslehren und Meditationswege erstreben? Entscheidend ist wohl Folgendes: Der Gott Jesu umfasst uns und ist in uns und wir sind in ihm – nicht weil er das All-Eine wäre, das wir auch sind, nur in kleinerer Menge – so als wären unsere Ichs Tropfen aus dem Meer des Göttlichen. Nein, nach jüdisch-christlicher Auffassung besteht ein grundlegender Unterschied zwischen Schöpfer und Geschöpf. Wir sind und bleiben in alle Ewigkeit eigenständige Personen und Ichs, und Gott ist und bleibt ein eigenständiges Du. Allerdings nicht ein Du mit menschlichen Augen und Händen, kein Vater im buchstäblichen Sinn, nicht körperlich und begrenzt, sondern umfassende, übermenschliche Güte: *„Gott ist Liebe"*, und darum ist er in uns und sind wir in ihn.

„Bleibt in meiner Liebe"

Er ist das umfassende Ja, dem wir die ganze Schöpfung und uns selbst verdanken. Vor allem aber hat er uns dieses Ja durch die Menschwerdung in Jesus gezeigt. Wenn wir Christen also meditieren, nehmen wir u.U. die gleiche Körperhaltung ein wie Hindus und Buddhisten und achten vielleicht genauso wie sie darauf, wie uns der Atem trägt. Doch suchen wir das umfassende göttliche Ja im Blick auf Jesus zu erfahren und nicht an ihm vorbei. Und dieses Ja, von dem wir uns dann ansprechen lassen, will nicht nur in

Meditationsübungen, Gebeten und Gottesdiensten erspürt werden, sondern auch in unserer tätigen Nächstenliebe wirken und sie beseelen. Darum mahnt Jesus: „Bleibt in meiner Liebe" (Joh 15,9) – bleibt, indem ihr mein Liebesgebot befolgt, gleich, wie ihr meditiert und betet.

Dieses Ja, diese Liebe will sich wie ein Kraftfeld ausbreiten und uns durchdringen; und sie möchte auch Menschen, die uns zunächst fremd sind, in dieses umfassende Ja einschließen. Der Geist Gottes und Jesu zielt nicht – wie westliche Individualisten den Buddhismus oft verstehen – auf die einsame Erleuchtung von Meditierenden, sondern auf ein aktives Zusammenwirken im Geist der Geschwisterlichkeit. Und dieses Zusammenwirken der Menschen soll in der eigenen Glaubensgemeinschaft beginnen: in der Kirche. Darum ist unser christliches Fest der Erleuchtung – Pfingsten – gleichzeitig das Geburtsfest der Kirche. Deshalb heißt es: „Wenn wir einander lieben (d.h. unterstützen), bleibt Gott in uns, und seine Liebe ist in uns vollendet" (d.h. wird wie ein Kraftfeld in der Menschheit).

Der Buddhismus fordert auch Rücksichtnahme auf andere, ja sogar Mitgefühl mit aller Kreatur. Aber dies ist für ihn nur eine Voraussetzung für die Erleuchtung, nicht die Erleuchtung und Verbindung mit dem Göttlichen selbst. Für den christlichen Glauben aber ist Gott unendliche „Liebe" oder wie wir im Vaterunser sagen: „Vater". Man könnte ebenso gut ein anderes Sinnbild dafür verwenden und ihn als „Mutter unser" ansprechen.

So mag uns die Botschaft von Gott, der in uns bleibt und in dem wir bleiben, dazu anregen, den Vatergott unseres Glaubens nicht körperlich zu verstehen, sondern geistig; nicht eng, sondern allumfassend – uns innerlicher, als wir uns selbst sind. „Wir bleiben in ihm, und Er bleibt in uns" – wir könnten dies auch „inständliches Bewusstsein" nennen. Wir können aber auch mit den Evangelien sagen: „Das Reich Gottes ist in uns." Oder mit Paulus: „Wir sind *in* Christus" bzw. „Gott hat seinen Geist in unsere Herzen ausgegossen." Und wir können unsere Beziehung zu Gott auch mit unseren ganz eigenen Worten beschreiben. Hauptsache, wir spüren, dass dieses Ineinander-Bleiben nicht eine Sondererfahrung darstellt, die nur wenigen Spezialisten vorbehalten ist, sondern dass damit unsere vielleicht recht unmystische, zerstreute, aber im Alltag gelebte Gemeinschaft mit Gott und Jesus gemeint ist. Sie wurde durch Taufe, Erstkommunion und Firmung grundgelegt – nun soll sie sich entfalten: Wir in ihm – er in uns.

Pfingsten
Was wären wir ohne den Heiligen Geist – und was mit ihm?

Thematisch

Ein engagierter Mitarbeiter eines bischöflichen Ordinariats hat einmal kurz vor Pfingsten mit einem Kollegen ein Telefongespräch über eine gemeinsam geplante Tagung geführt. Es ging um Termine und andere rein praktische Fragen. Am Ende wollte er seinem Gesprächspartner noch ein frohes Pfingstfest wünschen, fand aber in der Eile keine wohlgesetzten Worte mehr. Darum sagte er einfach: „Ja, und dann zu Pfingsten: *Dass uns halt was packt;* Sie verstehen schon." Sie verstehen sicher auch: „Dass uns halt was packt" – das erwarten wir vom Heiligen Geist, dessen Ausgießung auf die ersten Christen wir an diesem Pfingstfest feiern. Wir wissen: Nur wenn uns dieser Geist, diese Inwendigkeit Gottes in uns, „packt" und ergreift, bleibt der Glaube des Einzelnen wie auch das Wirken der Kirche lebendig. So hat auch Paulus, obwohl er den Pfingststurm in Jerusalem nicht miterlebt hat, Christsein und Kirchesein verstanden, als er schrieb: „Die Liebe Gottes ist ausgegossen in unsere Herzen durch den Heiligen Geist, der uns gegeben ist" (Röm 5,5). Paulus hat auch vielerlei „Früchte" aufgezählt, in denen dieser Geist erfahrbar wird: Güte, Freude, Friede, Geduld, Freundlichkeit, Treue; und er sah dort, wo eine Gemeinde lebendig ist, Wirkungen, Gnadengaben, „Charismen" dieses Geistes: in der Glaubensunterweisung, im prophetischen Zeugnis, im Umgang mit Kranken und im begeisterten Gebet, wobei für ihn das wichtigste Geschenk des Geistes die Liebe ist (1 Kor 12–14).

Doch wer von uns würde schon einfachhin bekennen, dass er oder unsere Kirche vom Heiligen Geist gepackt, erfasst und geleitet ist? Dazu sehen wir bei uns selbst wohl zu viel Schwunglosigkeit, Zweifel und Kleinmut und bei unseren Mitchristen zu viele, die die meiste Zeit nur eine ruhende Mitgliedschaft mit der Kirche pflegen und auch sonst wenig Pfingstbegeisterung zeigen. Auch bei den Kirchenleitungen erkennen viele oft mehr ängstliches Beharren auf überkommenen Regelungen als den Mut zu überlegten Veränderungen oder die Ermutigung zu begeisterten Initiativen. Darum ist die Stimmung gerade in der deutschsprachigen Kirche bei vielen eher gedrückt als begeistert und näher dem Kirchenfrust als der Kirchenlust.

Andererseits wird aber auch niemand ganz leugnen, dass auch heute in vielen einzelnen Christen wie auch in der Kirche der Geist Gottes wirkt und zu einem Denken und Handeln bewegt, das offensichtlich und bei aller Schwäche nicht bloß dem Antrieb zu Geselligkeit, Selbstdarstellung, Karriere oder anderen materiellen Vorteilen entspringt. Wenn krass eigennützige Beweggründe zu Zeiten der Volkskirche, also noch vor einem halben Jahrhundert, durchaus eine Rolle gespielt haben, so ist es heute in den meisten Gemeinden eher umgekehrt: Das Mitmachen in der Kirche bringt uns kaum noch einen materiellen und sozialen Nutzen, den wir nicht auch anderswo haben könnten, und wer sich trotzdem dazu entschließt, muss starke innere, geistliche, geistbewegte Gründe haben. Wenn die Zahl der Gottesdienstteilnehmerinnen heute wesentlich niedriger liegt als noch vor 50 Jahren, so sind die heutigen Zahlen immerhin sozusagen „mitläuferbereinigt" und „heucheleigefiltert". Denn während früher viele nur zur Kirche gingen, weil es von der Gemeinde erwartet wurde, gehört heute Mut und innere Überzeugung dazu, den Gottesdienst zu besuchen oder sich anderweitig für die Kirche zu engagieren.

„Das größte bürgerschaftliche Engagement"
Es gibt also, wenn auch oft nicht auf den ersten, sondern erst auf den zweiten Blick erkennbar, diese Geist-Quelle, die uns das Pfingstfest in Erinnerung ruft, damit wir auf sie vertrauen und aus ihr schöpfen. Ein Journalist, der für die Kirchenberichterstattung einer großen deutschen Tageszeitung zuständig ist, hat einmal Folgendes bemerkt: „Wenn ich bei meinen Recherchen in Kirchengemeinden komme, wenn ich mit Gemeindechristen rede, mit Leuten aus den kirchlichen Verbänden, dann begegnet mir immer wieder ein Maß an Engagement, an Einsatz, an Begeisterung und tiefer Gläubigkeit, das mich erstaunt, das ich auch bewundere. In der katholischen Kirche ist, gemeinsam mit der evangelischen Kirche, das größte bürgerschaftliche Engagement dieses Landes versammelt. In diesen Gemeinden, Verbänden und Initiativen sind die einzelnen Christen so frei wie nie. Nie zuvor konnten Frauen so viel Verantwortung übernehmen wie jetzt, nie zuvor waren Priester so häufig brüderliche Partner ihrer Gemeinden ... Und immer wieder spüre ich bei meiner Arbeit, dass die christlichen Kirchen gehalten werden von einer Macht, die über jede journalistische Darstellungsform hinausreicht."[8]

Es gibt also durchaus diese „Macht" und diese Quelle von Geist und Begeisterung aus Gott und Jesus Christus. Fragen wir also: Wie können wir aus ihr schöpfen? Doch sollten wir uns vielleicht zuerst einmal klar machen, wie notwendig es ist, dass wir aus ihr schöpfen. Denken wir nur ein-

---

[8] Matthias Drobinski, Kirche zwischen den Zeiten, in: zur debatte. Themen der Katholischen Akademie in Bayern 34 (2004) 7: 25.

mal daran, dass es ganz natürlich ist, dass sich auch die größte und edelste Begeisterung für die Sache Gottes mit der Zeit abschwächt, wenn wir sie nicht immer wieder erneuern. Selbst wenn es nicht zu jenem unglücklichen Zusammentreffen von Erschöpfung und Enttäuschung kommt, das man „Ausbrennen" nennt, können Gebet, Gottesdienst und Einsatz für eine gute Sache allmählich an Schwungkraft verlieren. So können wir ja auch Hobbys, die uns Freude machen, oder Beziehungen zu Freunden mit der Zeit vernachlässigen, weil sie vielleicht mit einiger Anstrengung verbunden sind oder weil sich anderes in den Vordergrund drängt; warum soll es bei unserer Beziehung zu Gott anders sein? Und was das Engagement in einer kirchlichen Gruppe oder Initiative angeht, genügt manchmal der Eindruck, andere würden unserem Anliegen zu wenig Verständnis entgegenbringen oder wir erreichten zu wenig, um unseren Eifer abkühlen zu lassen. Wenn wir solche Probleme nicht rechtzeitig lösen und die Freude am Glauben und an der Kirche nicht erneuern, kühlt unser Verhältnis zu beiden ab und erstarrt. Der Ökumenische Patriarch von Konstantinopel, Athenagoras, der sich bis zu seinem Tod 1972 um die Einheit der orthodoxen Kirchen bemühte und sich auch dreimal mit Papst Paul VI. traf, hat die Folgen davon einmal so beschrieben: „Ohne den Heiligen Geist ist Gott fern, bleibt Christus in der Vergangenheit, ist das Evangelium ein toter Buchstabe, die Kirche ein bloßer Verein, die Autorität eine Herrschaftsform, die Mission Propaganda, die Liturgie eine Geisterbeschwörung und das christliche Leben eine Sklaven-Moral."

Die Quelle ist da – wir brauchen nur aus ihr zu schöpfen
Darum hat man früher in den Gemeinden Volksmissionen mit Predigtreihen, Hausbesuchen und Beichtgelegenheit durchgeführt. Darum bietet man in manchen Gemeinden heute Exerzitien im Alltag an, oder geistliche Zentren laden ein zu Exerzitien, Besinnungstagen und Meditations-Wochenenden. Darum auch schließen sich manche Christen einem Bibelkreis an oder auch einer der Geistlichen Gemeinschaften und Bewegungen, von denen es im deutschen Sprachraum mehr als 60 gibt, die ihren Weg im Einverständnis mit ihrem Bischof gehen, mögen sie nun Charismatische Erneuerung, Fokolar, Neokatechumenat, Cursillo oder anders heißen. Auch die Priester und Ordensleute sollen jedes Jahr in Exerzitien ihren Glauben und ihren Einsatz für die Kirche vom Geist Gottes her erneuern – so wie sich auch der Papst jährlich Exerzitien geben lässt.

Im weltlichen Bereich bieten Motivationstrainer Bücher und Kurse an mit dem Ziel: „Begeistere dich selbst"; denn ohne ein Mindestmaß an Vertrauen in seine Ziele und seine Kräfte kann man nichts erreichen. Im Leben mit Gott und der Kirche kann und muss uns der Geist Gottes begeistern. Sammeln wir uns doch einfach von Zeit zu Zeit und fragen wir, welchen Wert unsere Bemühungen um gute Beziehungen zu Gott und den Mitmenschen in seinen Augen haben. Wer ist er, was denkt er darüber, und wozu will er uns animieren? Ob wir das in einem stillen Augenblick bei einem Gebet überlegen oder im Gottesdienst oder bei einem Besinnungstag – immer kann es für uns eine Quelle der Erneuerung werden. Von ihm her sehen wir uns und unsere Mitmenschen, das Erfreuliche und das Mühselige wieder in neuem Licht. Und zu dieser Quelle haben wir jederzeit Zugang. Sie ist in uns, wir brauchen nur aus ihr zu schöpfen. Wenn wir das tun, kehren sich die Folgen, von denen Athenagoras sprach, um, und wir können hoffen: *Mit dem Heiligen Geist ist Gott nah, wird Christus für uns gegenwärtig, ist das Evangelium eine Lebensquelle, die Kirche eine vom Geist Jesu inspirierte Gemeinschaft, die Autorität ein Dienst an den Menschen, die Mission eine frohe Botschaft, die Liturgie ein Kontakt mit dem Auferstandenen und seinem Geist und das christliche Leben ein Weg zur Sinnerfüllung.* Denn „die Liebe Gottes ist ausgegossen in unsere Herzen durch den Heiligen Geist, der uns gegeben ist".

SONNTAGE IM JAHRESKREIS

Dreifaltigkeitssonntag
Gott – immer größer als aus einem der drei Blickwinkel

Thematisch

Wir feiern heute das Fest des dreifaltigen Gottes. Zu diesem Thema hat ein junger Erwachsener einmal folgende Ansicht geäußert: „Ich spreche zu Gott, ich weiß auch, dass es ihn gibt. Ich hab auch das Gefühl, dass er mir zuhört – nur beschreiben kann ich das nicht. Er ist irgendeine Person, die über allem steht, aber nur *eine* Person. Einen dreifaltigen Gott kann ich mir nicht vorstellen. Glauben tu ich's ja schon."

Vielleicht haben wir manchmal auch diese Schwierigkeit: Soll und kann ich zu dreien beten, und können drei einer und einer drei sein? Möglicherweise erinnern wir uns auch an gut gemeinte Bemühungen unserer Katecheten und ReligionslehrerInnen, das Problem zu entschärfen. Vielleicht haben sie Vergleiche angestellt und uns erklärt: Ein Dreieck sei auch nur *eine* Fläche, habe aber drei Winkel, ohne die die Fläche kein Dreieck wäre. Oder man hat uns auf das gewöhnliche Kleeblatt verwiesen, das aus drei Blättern besteht. Oder man sagte, zu einem Feuer gehörten Wärme, Licht und Bewegung und doch sei es nur ein einziges Feuer. Solche Vergleiche haben schon die Kirchenväter gesucht. Indes hat eine frühere Erste Tänzerin der Pariser Oper (Mireille Nègre), als sie zum Glauben kam, noch ein anderes Bild herangezogen. Sie meinte: Der dreifaltige Gott – das sei ein Tanz, in dem sich drei Blicke immer wieder begegnen, ein Tanz, an dem wir alle teilnehmen sollen.

Wie geht es Ihnen bei solchen Überlegungen? Mir scheint, dass diese Vergleiche zwar den Verstand dazu auffordern können, nachzudenken, was beim dreifaltigen Gott ähnlich und was anders ist als bei einem Dreieck, Kleeblatt und dergleichen. Sie verblüffen uns auch etwas, doch ein Beten aus „ganzem Herzen und aus ganzer Seele" regen sie wahrscheinlich nicht an. Denn sie sagen nichts über Gott und seine Beziehungen zu uns.

Vielleicht hilft es uns weiter, wenn wir Folgendes versuchen. Betrachten wir doch einfach die Ausdrücke „Vater", „Sohn" und „Heiliger Geist", die

die ersten Christen verwendet haben. Überlegen wir, was sie bedeuten, wenn man sie auf *Gott* anwendet, und was wir uns da ganz anders denken sollten, als wenn wir sie von *Menschen* gebrauchen. Die ersten Christen haben Menschen, die zum Glauben kamen, getauft „im Namen des Vaters und des Sohnes und des Heiligen Geistes", und in den nachfolgenden Generationen sprach man bald auch den uns bekannten Lobpreis: „Ehre sei dem Vater und dem Sohn und dem Heiligen Geist." Nie und nimmer haben diese Christen damit drei Götter gemeint. Für sie waren Vater, Sohn und Geist drei Arten, in denen sie den einen Gott erlebten. Zu diesem einen Gott bekannten sie sich – wie es heute noch gläubige Juden jeden Morgen und Abend tun – in strengem Ein-Gott-Glauben mit den Worten: „Höre, Israel! Jahwe, unser Gott, Jahwe ist einzig. Darum sollst du den Herrn, deinen Gott, lieben mit ganzem Herzen, mit ganzer Seele und mit ganzer Kraft" (Dtn 6,4f).

In diesem Ein-Gott-Glauben bedeutet *„Vater"*, dass Gott der Schöpfer der Welt und damit auch unser Ursprung ist; dass er uns aber nicht fremd und fern bleibt wie eine rätselhafte kosmische Macht, sondern dass wir ihn mit der gleichen Vertraulichkeit, ja Zärtlichkeit ansprechen dürfen, wie es Jesus getan hat: „Abba, lieber Vater." In diesem Sinn könnten wir heute Gott auch „Mutter" nennen, während dies früher zu sehr an heidnische Muttergottheiten und Fruchtbarkeitsgöttinnen erinnert hätte.

Wenn wir nun von Menschen reden, nennen wir „Vater" einen Mann, der wenigstens ein Kind hat. Ein Kind stammt zwar biologisch von einer Samenzelle des Vaters ab, die sich mit einer Eizelle der Mutter verschmolzen hat, und wird durch die Erziehung auch meistens vom Vater geprägt, doch ist ein Kind von Anfang an ein eigener Organismus und entwickelt sich mehr und mehr zu einer eigenständigen Person, die sich gegebenenfalls auch gegen den Vater stellen kann. Wenn aber das Neue Testament Jesus *„Sohn Gottes"* nennt, meint es etwas anderes. In Gott sind „Vater" und „Sohn" nicht zwei getrennte Personen und Verwandte. Nein, Gott ist „Vater" und gleichzeitig „Sohn". Er ist es ähnlich, wie wenn wir über uns nachdenken und im Selbstgespräch vielleicht „Du" zu uns sagen oder leicht ironisch: „mein Sohn" oder „meine Tochter". So spricht das Neue Testament nicht nur vom „Sohn" Gottes, sondern nennt ihn auch das „Abbild seines Wesens" (Hebr 1,3) oder das „Wort", das von Anfang bei Gott war und das selber Gott ist (Joh 1,1).

Gott ist nicht nur Vater, sondern auch *„Sohn".* Das bedeutet für den Glauben der ersten Christen vor allem: Er hat sich in Jesus höchstpersönlich an uns gewandt – mit Jesu Taten, Blicken und Worten. Jesus ist also nicht nur ein menschlicher Erweckungsprediger, sondern auch ganz und gar Gottes Wort an uns, seine Selbstoffenbarung.

Der Geist und seine „Früchte"
Und der *Heilige Geist?* Ihn halten viele Gläubige für schwer verständlich, abstrakt und unfassbar. Nun, auch den Heiligen Geist sollten wir nicht vom Vater abtrennen – so wenig wie den Sohn. Der Heilige Geist ist ja nicht eine eigenständige Person im heutigen Sinn des Wortes. (Wenn die alten Konzilien Vater, Sohn und Geist als „Personen" bezeichneten, meinten sie damit keine selbständigen Ichs, wie wir, wenn wir heute von „Personen" reden.) Der Heilige Geist kommt nicht zum Vater und Sohn hinzu als sozusagen der Dritte im Bunde. Nein, Gott ist – als unser Schöpfer und liebender Vater und ebenso als Sohn und Wort – immer auch „Geist". Sein Geist ist jedoch keine Ansammlung von blassen Gedanken, wie es oft bei uns Menschen der Fall ist – vielmehr ist er die Tatkraft, Liebe und Weisheit, die Gott als Schöpfer und Vater eigen sind. Dieser Geist ist aber auch die Quelle der Freude, Güte und Geduld, die Jesus mit seiner Frohbotschaft in uns auslöst. Wenn wir Gott als Heiligen Geist preisen, bekennen wir, dass er sich nicht nur als „Vater" uns zugewandt und als „Sohn" mit uns verbrüdert hat, sondern dass er uns auch so nah sein will wie unsere intimsten Gedanken und Gefühle. Der Kirchenlehrer Augustinus hat dies einmal so ausgedrückt: „Du (Gott) bist mir innerlicher als mein Innerstes und höher als mein Höchstes" (Confess. III, 6): Gott, der uns als Geist in unserem Innersten, unserem Geist, berührt.

Vielleicht wird nun klar, welchen Sinn es hat, vom dreifaltigen Gott zu reden, wie wir es im Glaubensbekenntnis, im „Ehre sei dem Vater ..." und bei anderen Gelegenheiten tun. Es hat den Sinn, dass wir uns etwas von den vielfältigen *Beziehungen* in Erinnerung rufen, die Gott uns anbietet und die wir zu ihm unterhalten können. Was Gott für uns ist und sein will, können wir nie in einem einzigen Wort aussprechen – gleich, ob wir ihn „Gott", „Schöpfer", „Allmächtiger" oder sonst wie nennen. Wir können dies auch nicht in den drei Begriffen „Vater", „Sohn" und „Geist". Aber diese drei Bezeichnungen halten schon mal das Wichtigste von dem fest, was uns der eine Gott durch seine Schöpfung, durch die Menschwerdung in Jesus und durch sein Wirken in unserem Innersten über sich und seine Beziehung zu uns mitteilen wollte.

Wenn wir persönlich beten, brauchen wir nicht immer an die ganze dreifaltige Fülle dieser Beziehung zu denken. Da können wir einfach „Gott" sagen oder „Du" oder „Vater" oder „Jesus". Wir können uns auch auf die Art beschränken, in der uns Gott gerade bewusst wird: Vielleicht denken wir, wenn in der Familie ein Kind geboren wurde oder wenn wir die Natur erleben, stärker als sonst an Gott als Schöpfer und *Vater*. Wahrscheinlich haben wir in einer Eucharistiefeier oder wenn wir einen Bericht aus den Evangelien gehört haben, eher Jesus, den wahren Menschen und *„Sohn"*

Gottes, vor Augen und beten mit ihm zum Vater. Und wenn wir in einer Meditation nach innen hören oder um Klarheit und Mut in einer wichtigen Entscheidung bitten, rufen wir wohl Gott als „Heiligen Geist" an. *Jeder* Zugang und Blickwinkel hat hier sein Recht; das Bekenntnis zum dreifaltigen Gott erinnert uns aber daran, dass es jeweils noch andere Zugänge und Blickwinkel gibt. Es zeigt uns, dass Gott immer größer ist, als wir ihn gerade denken und erleben – immer größer.

2. Sonntag im Jahreskreis
Jesus: Messias, Herr, Befreier, Punkt Omega, Weiser oder ...?

Zu Joh 1,35–42

Nehmen wir einmal an, wir würden mit einem Kind über Jesus Christus sprechen und wollten ihm einen Titel geben. Da stünde uns eine breite Auswahl zur Verfügung. Würden Sie den Ausdruck „der liebe Heiland", der früher sehr verbreitet war, gebrauchen? Oder wäre er Ihnen zu verniedlichend für das, was Ihnen Jesus bedeutet? Und falls Sie für Ihr ganz persönliches Gebet eine Anrede für Jesus suchen, gleichsam eine Zusammenfassung, eine Kurzformel? Wie würden Sie Jesus am liebsten nennen und ansprechen?

Bereits die ersten Christen haben vielerlei Titel für Jesus verwendet. Im heutigen Evangelium, das berichtet, wie die ersten Jünger Jesus kennen lernten, kommen bereits drei solche Bezeichnungen vor: Johannes der Täufer nennt Jesus das *„Lamm Gottes"*; seine beiden Jünger sprechen ihn als *„Rabbi"*, das heißt als Lehrmeister an, und der eine von ihnen, Andreas, nennt ihn seinem Bruder Simon Petrus gegenüber den *„Messias"*. Lamm Gottes, Rabbi, Messias – an anderen Stellen des Neuen Testaments finden wir weitere Bezeichnungen.

In den frühesten Gemeinden von Juden, die zu Christen geworden waren, nannte man Jesus vor allem den „Menschensohn", den „Sohn Davids" oder den „Messias". *Menschensohn* – mit diesem Ausdruck hat der Prophet Daniel (7,13–27) einen Heilbringer angekündigt, der die Unterdrückung durch menschliche Herrscher beenden und die Erwählten Gottes in ein „ewiges, unvergängliches Reich" führen würde. Frommen Juden war diese Prophetenvision bekannt, und diejenigen unter ihnen, die an Christus glaubten, konnten damit ihre Hoffnung auf das Wirken Jesu bei seiner

Wiederkunft ausdrücken. Ebenso vertraut wie die Vorstellung von einem Menschensohn war den Judenchristen die Erwartung eines *Messias*, wörtlich: eines Gesalbten, griechisch: eines Christós. Gesalbte – das waren Könige und Hohepriester, und zur Zeit Jesu hofften viele Juden auf einen besonderen Gesalbten, der ein Reich der Freiheit und der Gerechtigkeit errichten würde. Die Judenchristen erwarteten von Jesus keine politische Befreiung von der Römerherrschaft, sondern ein Reich, in dem der Geist Gottes herrscht. Die Ausdrucksweise „Jesus, der Christus" war zunächst sehr beliebt, doch verblasste der Titel „Christus" allmählich zum Eigennamen, so wie wir sagen: Jesus Christus.

Sohn Gottes – Herr – Bruder
Wenn wir heute verstehen wollen, was die Bezeichnungen Menschensohn und Messias/Christus bedeuten, müssen wir zuerst im Alten Testament und in einem Bibellexikon nachschauen. Ähnliche Schwierigkeiten hatten schon die Gläubigen, die in den frühen Gemeinden vom Heidentum zum Christentum gekommen waren und die heiligen Schriften der Juden nicht kannten. Sie haben denn auch, wie schon der Apostel Paulus, in ihren Gebeten Jesus eher als „Sohn Gottes" oder „Herr" angesprochen.

Sohn Gottes – damit konnte man ausdrücken, dass Jesus auf einzigartige Weise mit Gott, seinem Vater, verbunden war – mehr als ein Prophet oder Rabbi. Man konnte damit daran erinnern, dass er Sünden vergab, ein ewiges Leben versprach und Menschen beauftragte, seine Frohbotschaft zu verkünden, das heißt so handelte, „als stünde er selbst an Gottes Stelle" (Ernst Fuchs), kurz: dass in ihm Gott zu uns gekommen ist.

Noch häufiger aber nannte man Jesus *Herr*, griechisch: Kyrios. Dieser Würdetitel hatte einen guten Klang. So wenn Paulus der Gemeinde in Rom schreibt: „Alle (Juden wie Griechen) haben denselben Herrn; aus seinem Reichtum beschenkt er alle, die ihn anrufen" (Röm 10,12). Während griechische Adlige behaupteten, sie stammten von einem Gott ab, und römische Kaiser sich als göttliche Wesen verehren ließen, sagte den Christen das Bekenntnis: „Jesus Christus ist der Herr", dass nur Jesu Liebesgebot letztlich maßgeblich ist, und dass nur er unzerstörbares Leben schenkt und einen nicht enttäuscht wie die Götter. „Aus seinem Reichtum beschenkt er alle, die ihn anrufen." „Jesus Christus ist der Herr" hieß also: *Er* soll in unserem Leben das Sagen haben und nicht irdische Machthaber, und *er* ist unsere höchste Hoffnung, nicht trügerische Götzen.

In vielen Gebeten unseres Gottesdienstes sprechen wir auch heute Jesus als „Herrn" an. Manche befürchten, dieser Ausdruck könne auch an Herrschsucht und Herrscherwillkür erinnern oder vergessen lassen, dass Jesus für uns Mensch wurde. Darum ergänzen manche Priester das Wort

„Herr" zur Sicherheit durch die Bezeichnung „*Bruder*" und sagen zum Abschluss der Gebete: „Durch Christus, unseren Herrn und Bruder."

Dies alles könnte uns dazu anregen, uns immer wieder zu überlegen, wie wir die überlieferten Titel für Jesus Christus persönlich verstehen wollen, und wie wir u.U. für unser privates Gebet auch eine eigene Anrede wählen, damit sich unsere Jesusbeziehung weiterentwickelt. Dafür gibt es zahlreiche Vorbilder. Denn immer wieder haben Christen, die über ihre Beziehung zu Jesus nachgedacht haben, die biblischen Bezeichnungen für Jesus durch eigene neue Ausdrücke und Schwerpunkte ergänzt, ohne sie damit ersetzen zu wollen.

Beispielsweise nannte die Psychologin und Feministin Hanna Wolff Jesus den ersten („nicht-animosen") Mann, der die weiblichen Werte des Gefühls in seinem Wesen voll zur Geltung kommen ließ und mit männlichen Werten in Einklang brachte. Darum habe er Frauen partnerschaftlich begegnen und alles Patriarchalische und Frauenfeindliche vermeiden können. Aus einem ganz anderen Blickwinkel sah der bekannte Naturforscher und Jesuit Pierre Teilhard de Chardin auf Jesus. Fasziniert vom Gedanken, dass sich das Universum zu pflanzlichem, tierischem und menschlichem Leben hin entwickelt hat, und in Erwartung, dass sich die Menschheit weiter entwickeln werde, sah er in Christus das Ziel, das der gesamten Weltentwicklung Richtung und Sinn gibt. Er nannte ihn nach dem letzten Buchstaben im griechischen Alphabet den *„Punkt Omega".*

Befreier – Weiser – Häuptling

Wieder von einer anderen Erfahrung gingen Theologen in Lateinamerika aus. Wenn in einem Kontinent, so sagten sie sich, so viel Ungerechtigkeit, Armut und Unterdrückung herrscht wie in ihrem und wenn die Mehrheit der Weltbevölkerung darunter leidet, dass ihnen die Menschenwürde vorenthalten wird, dann sieht man auch Jesus neu und anders als in einem wohlhabenden Rechtsstaat. Dann werde die Beobachtung wichtig, dass Jesus besonders auf die Verachteten und Armen zuging und ihnen Hoffnung und innere Kraft vermitteln wollte – obwohl er nicht als politischer Messias auftrat. So könne sich heute jede Bewegung, die eine Gesellschaft der Unterdrückung in eine Gesellschaft der Geschwisterlichkeit umformen will, in Übereinstimmung mit Jesu Ideal des Reiches Gottes fühlen. Auch wenn keine irdische Gesellschaft das Reich Gottes sei, könne man doch das uneigennützige Füreinander-Dasein, die Freiheit und die Freude als Zeichen des auferstandenen Christus und seines endgültigen Reiches werten und fördern. Darum könne man Jesus auch den *„Befreier"* nennen.

Wieder anders bezeichnete ein Theologe, der aus China stammt und stark vom Ideal der Weisheit nach Konfuzius geprägt ist, Jesus als *„Weisen".*

Freilich war er kein Weiser, der in einer Gelehrtenstube Abhandlungen verfasste, sondern einer, der sich für die armen und an den Rand der Gesellschaft gedrängten Menschen eingesetzt hat und dafür starb. Auf die Frage, wer er sei, könnten konfuzianisch denkende Menschen Ostasiens antworten: „Du bist der Weise, der Sohn des Herrn im Himmel, der vollkommene Menschlichkeit und Göttlichkeit verkörpert, der die Nähe des Weges zum Himmelsherrn erkennt und verkündet. Mit deinem Leben, Leiden und Tod am Kreuz zeigst du uns, was der Weg des Herrn des Himmels bedeutet, und lädst uns ein, dich und deine bevorzugte Option für die Armen und Marginalisierten nachzuahmen, indem wir uns dir anschließen ..."[9] Als letztes Beispiel sei ein Afrikaner genannt. Für uns klingt es vielleicht etwas klischeehaft, bei diesem Nigerianer aber mag es ganz andere Saiten zum Klingen bringen, wenn er in einem Gedicht schreibt, er wolle die Melodie des auferstandenen Jesus zur Grundmelodie seines Herzens machen, und dann werde er sein *„Häuptling und sein Medizinmann".*[10]

Droht da nicht die Gefahr, dass sich jeder nach Belieben den Jesus zurechtdenkt, der ihm gerade gefällt? Das sollte nicht geschehen, und davor sollte uns das genaue Hinhören auf das Zeugnis des Neuen Testaments bewahren. Doch wenn wir die Ausdrücke der Bibel- und Kirchensprache nie für uns ergänzen würden, drohte die umgekehrte Gefahr, dass unser Denken und Empfinden bezüglich Jesus zu wenig persönlich würde. Wir feiern „alle Jahre wieder" Weihnachten, Ostern und Pfingsten, und die Botschaft dieser Feste ist immer die gleiche. Aber *wir* sind nicht immer die Gleichen. Unsere Freuden und unsere Schwierigkeiten, unsere Aufgaben und unsere Enttäuschungen wandeln sich. Fragen wir uns also immer wieder von der Situation aus, in der wir uns befinden, was uns Jesus gerade jetzt sagen will und wie wir ihn am besten ansprechen.

---

[9] Siehe Annette Meuthrath, Asiatische Gesichter Christi, in: Stimmen der Zeit 222 (2004) 713–715.
[10] Ozioma Nwachukwu, 7 und 70mal gelebt. Erfahrungen eines Nigerianers in Europa, Hermagoras Verlag, Klagenfurt 1997.

3. Sonntag im Jahreskreis
Reich Gottes – weder Moralsystem noch Einzelgängertum

Zu Mk 1,14–20

Wenn heute jemand öffentlich auftritt, fragen wir: „Was ist seine Botschaft"? Das heutige Evangelium schildert, wie Jesus öffentlich zu wirken begann, und fasst die Botschaft, die er uns durch seine Worte und Taten vermitteln wollte, in dem Kernsatz zusammen: „Die Zeit (für das Handeln Gottes) ist erfüllt, das Reich Gottes ist nahe. Kehrt um, und glaubt an das Evangelium! (Es ist eine Frohbotschaft.)" In diesem Anfang und dieser Zusammenfassung zeigen sich bereits zwei Besonderheiten, die auch für Jesu Botschaft heute maßgebend sind: Erstens ihr froher, verheißungsvoller Grundzug und zweitens die Verbindung dieser Botschaft mit der Berufung von Jüngern und dem Aufbau einer Glaubensgemeinschaft.

Die erste Besonderheit besteht in dem *frohen, verheißungsvollen Grundzug von Jesu Botschaft*. Viele heutige Europäer empfinden Religion fast als Gegensatz zu Lebensfreude und Genuss, wo dieser doch in unserer Zeit nahezu als Höchstwert gilt. Wir verbinden alles, was mit Religion zu tun hat, so schnell mit moralischen Forderungen, Geboten und Appellen, dass wir bei diesem Begriff in erster Linie an unsere Pflichten vor Gott denken und erst in zweiter Linie an Verheißungen, Hoffnungen und Freuden. So bedeutet ja auch das Wort „predigen" in der Umgangssprache so viel wie: jemandem ins Gewissen reden, etwas einschärfen, einen ermahnen – und nicht: aufbauen, ermutigen, begeistern. Nicht wenige reagieren, wenn sie an Gott oder Kirche denken, zunächst ähnlich, wie wenn sie beim Autofahren von einem Polizeifahrzeug überholt werden; sie erforschen sogleich ihr Gewissen: Zu schnell gefahren? Verbotenerweise überholt oder abgefahrene Reifen? Bei Jesus ist das anders. Gewiss erhebt auch er Forderungen, nämlich solche, die er im Gebot der Gottes- und Nächstenliebe zusammenfasst. Und es ist ihm damit sogar so ernst, dass er sich zu der Übertreibung hinreißen lässt, es sei besser, sich seine Hand abzuhauen (was ja verboten ist), als sich von ihr zum Bösen verführen zu lassen. Aber als Erstes und Wichtigstes verkündet Jesus keine Pflichtenlehre und kein Moralsystem, sondern eine Zusage Gottes, eine Verheißung, eine Hoffnung: „Das Reich Gottes ist nahe." *Diese* Frohbotschaft sollen wir ihm glauben und zu *diesem* Gott umkehren und uns hinkehren – und was immer wir an Gewissensforderungen, Geboten und Pflichten zu beachten haben, sind Zugänge zu dem himmlisch guten Reich, das Gott mit uns Menschen herbeiführen will.

So erhält alle vernünftige Pflicht und alle Moral durch die Botschaft vom Reich Gottes einen neuen, frohen, verheißungsvollen Sinn und Klang. Gott sagt uns nämlich durch Jesus: Ich brauche euch als Mitarbeiterinnen und Mitarbeiter beim Aufbau einer menschlicheren Menschheit. Dieses Werk soll jetzt schon beginnen, und ich werde es am Ende der Zeit in Herrlichkeit vollenden. „Das Reich Gottes ist nahe" – dies heißt doch, dass Gott uns eine Beziehung und Gemeinschaft anbietet, die „näher" und enger ist als die des Schöpfers zum Geschöpf. Dass er uns als „Vater" zu seinen Töchtern und Söhnen macht, die einander als Schwestern und Brüder betrachten und behandeln. Dass er uns damit die erleuchtende Kraft mitteilen will, um an einer menschlicheren Welt zu arbeiten – wenn wir nur mit ihm mitwirken. Wenn wir also im Sinne der Gebote „Vater und Mutter ehren" und uns um Solidarität zwischen den Generationen bemühen, wenn wir das Recht aller Menschen auf Leben und Gesundheit wahren, den Wert der Ehe anerkennen und das Recht der anderen auf einen guten Ruf und auf Eigentum respektieren, verhalten wir uns nicht nur pflichtbewusst; nein, wir drücken dann durch unser Tun auch unsere Zustimmung und Hoffnung aus: „Dein Reich komme; ich will meinen kleinen Beitrag dazu leisten." Ebenso ist es, wenn wir Nächstenliebe üben und Menschen in Not unterstützen. Stets ist dann unser Einsatz für das Gute wie ein Mitwirken mit dem, der seine göttliche Menschlichkeit durch uns zum Siege führen will, und wir sagen gleichsam:
- „Dein Reich komme" – und nicht die Herrschaft des blanken Eigennutzes.
- „Dein Reich komme" – und nicht das angebliche Recht des Stärkeren.
- „Dein Reich komme" – und nicht der Schrecken der Menschenverachtung.
- „Dein Reich komme" – und nicht die Kälte der Gleichgültigkeit gegenüber Leidenden.
- „Dein Reich komme" – und nicht die Allmacht der Raffgier und Angeberei.
- „Dein Reich komme" – und nicht die Diktatur zerstörerischer Genusssucht.

Mit alledem spricht Jesus keine neuen Gebote oder Verbote aus, sondern gibt dem, was unser Gewissen als richtig erkennt, eine neue, hoffnungsvolle Sicht: Es gibt also nicht nur unsere Willensentschlüsse und unsere Tatkraft, sondern auch die Zusage Gottes, dass nichts Gutes vergebens ist, dass die Unterdrückung von Schwächeren und die Brutalität der Rücksichtslosen letztlich nicht siegen werden, sondern dass nur die Menschlichkeit und Geschwisterlichkeit, die Gott will, Bestand und Ewigkeitswert haben.

Die Ich-AG braucht die Wir-AG

Eine zweite Besonderheit von Jesu Verkündigung besteht darin, dass er sogleich *Jünger beruft:* „Kommt her, folgt mir nach!" Markus schildert die Berufung von vier Jüngern und erwähnt später den Kreis der Zwölf. Jesus tut fast alles zusammen mit den Zwölfen – ausgenommen das einsame Beten vor wichtigen Entscheidungen. Und nachdem ihn diese Jünger, die er formen wollte, nach der Gefangennahme feige verlassen haben, sammelt er sie erneut nach der Auferstehung in Galiläa und sendet sie in alle Welt. Lukas erwähnt, dass außer den Zwölfen auch „eine große Schar" von Jüngern Jesus folgten (Lk 6,17), darunter auch Frauen (Lk 8,1ff), und am Ende des Matthäusevangeliums werden alle Christen „Jünger" genannt, wenn Jesus die Zeugen seiner Auferstehung aussendet mit den Worten: „Geht zu allen Völkern und macht alle Menschen zu meinen Jüngern" (Mt 28,19). Dies zeigt: Jesu Frohbotschaft drängt zur Jüngergemeinschaft. Wer sie ernst nimmt und mit Gott zusammenarbeitet, der kann und soll dies nicht als Einzelgänger tun, sondern in einer Gemeinschaft, deren Mitglieder durch die ständige Verbindung mit Jesus zu Gleichgesinnten werden und missionarisch ausstrahlen.

Das ist der Sinn von Kirche – und auch der Grund, warum sie unentbehrlich ist. Wir sind heute gegen viele Risiken so abgesichert, dass wir uns fragen: Soll ich mich über das notwendige und vorgeschriebene Maß hinaus irgendwo freiwillig engagieren? Viele fragen sich dies auch in Bezug auf die Kirche. Manche fühlen sich auch von Leitern und Mitarbeitern in der Kirche bitter enttäuscht. Außerdem sagen sie sich, dass der Glaube doch eine höchst persönliche, intime Beziehung zu Gott ist. Wozu also noch Kirche? Kann man nicht auch ohne sie beten und Nächstenliebe üben? Das kann man, und diejenigen, die sich ernsthaft darum bemühen, verdienen Respekt. Aber das volle Jüngersein, wie es Jesus gewollt hat, ist dies nicht. Sich im Glauben gegenseitig bestärken, auf Dinge aufmerksam werden, die dem Einzelnen in seiner Einseitigkeit entgehen würden, den Glauben an die nachwachsende Generation weitergeben, Hilfsaktionen durchführen und gemeinsam Eucharistie feiern – das können wir nicht allein. Darum wird lebendiges Christsein immer auch auf lebendige Gemeinden und Gruppen in lebendigen Gemeinden angewiesen sein. Da braucht die Ich-AG eben die Wir-AG.

Die vier Jünger, von denen das heutige Evangelium berichtet, und auch der Zwölferkreis wurden von Jesus dazu berufen, ihm in dem Sinn „nachzufolgen", dass sie ihn buchstäblich bei seiner Tätigkeit als Wanderprediger begleiteten, seine Gedanken in sich aufnahmen und sie später als Wanderprediger und Gemeindeleiter weiterverkündeten. Unsere Aufgabe als Jüngerinnen und Jünger ist vielfältiger, und niemand von uns wird heute als

Wanderprediger wirken. Und doch hat es sich im Laufe der Frömmigkeitsgeschichte eingebürgert, das Ideal echten Christseins als „Nachfolge Jesu" oder „Christusnachfolge" zu bezeichnen, gleich welche besondere Aufgabe ein Christ zu bewältigen hat. Vielleicht haben manche von uns mit dem Ausdruck „Nachfolge Jesu" ihre Schwierigkeiten, weil wir ja nicht buchstäblich mit unseren Füßen im alten Palästina hinter Jesus hergehen und dieses Bild auch schwer auf unsere Beziehung zu Jesus heute übertragen können. Jesus nachfolgen: Welchen Sinn hat dieser bildhafte Ausdruck für unsere Situation? Es ist wohl dies, dass wir da, wo wir angesichts der Aufgaben, die wir zu meistern haben, und in einer Zeit, die uns eine Vielfalt von Meinungen, Lebensstilen und Werten anbietet, uns also viel Freiheit gewährt, aber auch verwirrt, immer wieder fragen: *In welche Richtung* will Jesus mit uns gehen, und wie kann ich mit ihm *zusammenwirken?* Das ist Jüngerschaft und Jesusnachfolge: Da, wo wir stehen, seine Richtung suchen und mit ihm zusammenwirken. Und welches ist seine Richtung und sein Aktionsprogramm? Dass wir und möglichst viele Menschen in unserem Umkreis durch unser Denken und Tun ahnen und erfahren: „Das Reich Gottes ist nahe."

4. Sonntag im Jahreskreis
Jesus und die Dämonenfurcht

Zu Mk 1,21–28

Das Evangelium, das wir soeben gehört haben, zeigt uns den Jesus, der von Synagoge zu Synagoge zieht, um allen Menschen die Botschaft von der Nähe Gottes, vom „Reich Gottes" zu verkünden. Der Evangelist meint, das Befreiende und Aufrichtende, das von Jesus ausging, sei nicht nur in seinen Worten zu erkennen gewesen, sondern auch darin, dass er Kranke heilte und Dämonen austrieb. Immer wieder berichten die Evangelien, dass Jesus nicht nur körperlich Kranke, sondern auch so genannte Besessene geheilt hat. Ja, sie schildern das Frohmachende seiner Frohbotschaft und seines Tuns geradezu als Sieg über die Dämonen bzw. die Dämonenfurcht. So kann Jesus sagen: „Wenn ich aber die Dämonen durch den Geist Gottes austreibe, dann ist das Reich Gottes schon zu euch gekommen" (Mt 12,28).

Können wir dieser Ansicht so einfach zustimmen? Stellen wir uns Jesus bzw. den Geist, mit dem er uns beseelt, als Sieg über „unreine Geister", „Mächte" und „Gewalten" vor, die uns bedrohen? Darüber denken wir wahrscheinlich verschieden. Manche Christen, die man gern als fundamentalistisch oder konservativ bezeichnet, meinen, der Kampf gegen dämonische Mächte sei auch heute aktuell und wir müssten ihn durch Fasten, Gebet und vielleicht auch durch Beschwörungen führen. Andere – und sie machen wahrscheinlich die Mehrheit der Kirchenmitglieder aus – glauben hingegen nicht an böse Geister und empfinden die biblischen Erzählungen von Jesu Dämonenaustreibungen als nichtssagend oder sogar als peinlich.

Ich möchte nun Folgendes zeigen: Ob wir an Dämonen glauben oder nicht – die biblischen Berichte von Jesu Dämonenaustreibungen verkünden eine Botschaft, die für Traditionalisten wie auch für „Aufgeklärte" gilt; sie wollen uns nämlich ermutigen und sagen: „Habt keine Furcht. Ich bin bei euch!"

Zur Zeit und in der Umgebung Jesu erklärte man fast jedes Übel mit dem Einfluss von bösen Mächten, von Dämonen. Ob Blinddarmentzündung oder Aussatz, epileptische Anfälle oder Attacken eines Wahnkranken – man konnte sich diese Übel kaum anders denken denn als das Zerstörungswerk von übelwollenden Geistern. Wenn wir heutzutage von Krebserkrankungen oder Folterungen hören, sagen wir ja auch oft unwillkürlich: „Das ist teuflisch!" Allerdings nehmen wir diese Ausdrucksweise meistens nicht wörtlich, sondern als ein Zeichen unseres Abscheus. In der Umgebung Jesu aber urteilte man über alle Übel: „Das ist teuflisch", und meinte es wörtlich. Man dachte sich die Welt voll von Dämonen, die irgendwie vom Teufel oder Satan angeführt werden. Dass Judas Jesus verraten wollte – das musste ihm doch (so meinte der Evangelist Johannes) der Satan eingegeben haben. Dass Irrlehrer die Botschaft Jesu verfälschten, war für Paulus das Werk böser Mächte. Überall lauerten demnach Dämonen, die das Gute bekämpften – in der Unterwelt und in der Luft, bei Tag und bei Nacht. Es herrschte ein Dämonenglaube, wie wir ihn auch heute noch bei vielen Naturvölkern finden. Und bei diesen Naturvölkern sehen wir auch, wie Dämonenangst das ganze Leben begleiten kann. Beispielsweise muss man in ländlichen Gegenden Vietnams heute noch nach der Geburt eines Kindes laut sagen, das Baby sei abscheulich – damit die bösen Geister nicht neidisch werden und ihm schaden. Aus dem gleichen Grund gibt man dem Kind zusätzlich zum normalen Namen einen hässlichen. Und auf Java darf man, wenn man sich auf dem Klo den Hintern putzt, dies auf keinen Fall mit der falschen Hand tun, weil sonst die Dämonen in den Körper eindringen könnten.

Jesus hat sich offensichtlich an die Auffassungen seiner Umgebung angepasst – sonst hätte man wohl gemeint, dass er die Leiden der Menschen nicht ernst nimmt oder nichts davon versteht, das heißt, man hätte seine Botschaft wahrscheinlich gar nicht verstanden. Auch die Kirche hat jahrhundertelang gelehrt, dass es irgendwie einen Satan und Dämonen gibt.

Allerdings sprachen die Bibel und die Kirche recht allgemein davon und haben den Teufel nie genau beschrieben. Nie haben sie genau angegeben, wie viele Dämonen auf welche Weise am Werk sind. Auch war der Kirche der Gedanke an die Dämonen nicht so wichtig, dass sie ihn in ihr Glaubensbekenntnis aufgenommen hätte. Sie wollte vor allem herausstellen, dass böse Mächte – selbst wenn wir sie fürchten – nicht allmächtig, sondern nur geschaffene Geister sind, die Gott nicht schrankenlos gewähren lässt. Dahin zielte das Reden von Dämonen, die Botschaft lautete: „Habt keine Furcht. Gott ist bei euch!"

„ ... weder Engel noch Mächte können uns trennen"

Angaben über die Zahl und das Wirken von Dämonen finden wir heute vor allem in den Kleinschriften extremer Gruppen, die Glauben und Kirche in einer tödlichen Bedrohung sehen. Sie sprechen davon mit einer auffallenden, gänzlich unbiblischen Angst. Da erregt sich beispielsweise ein Artikelschreiber darüber, dass es in der Kirche zu Fragen wie Handkommunion und Pflichtzölibat gegensätzliche Ansichten gibt. Er sieht die Einheit bedroht und meint: „Ein teuflischer Pluralismus ist in die Kirche eingedrungen." Andere sehen im Materialismus, in Gewalt und gottloser Aufklärung Wirkungen satanischer Verführung.

Nun kann man über manche Entwicklungen in Kirche und Gesellschaft sehr besorgt sein. Aber zur Frohbotschaft Jesu gehört doch auch die Zusage: „Ich bin bei euch alle Tage" und: „Die Pforten (das heißt: die Macht) des Totenreiches werden sie (die Kirche) nicht überwältigen."

Die Theologen sind heute in dieser Sache – so wie auch das Kirchenvolk – verschiedener Meinung. Die einen denken, die Lehre von den dämonischen Mächten gehöre wesentlich zum christlichen Glauben. Die anderen aber sagen: Das biblische und kirchliche Reden von Dämonen und vom Teufel war zeitbedingt. Wir können es heute aufgeben, ohne die Frohbotschaft zu verfälschen. Denn körperliche Krankheiten lassen sich medizinisch erklären, ohne dass man zusätzlich noch das Wirken von Dämonen annehmen müsste. Und das Gefühl, man werde von einer fremden, bösen Macht gesteuert, ist aus der Behandlung von psychischen Störungen – vor allem von Schizophrenien – wohlbekannt und in diesem Zusammenhang auch verständlich. Schließlich halten es auch gemäßigt konservative Christen für richtig und geboten, sich bei ernsthaften Beschwerden um eine ärztliche oder psychiatrische Behandlung und nicht um eine Dämonenaustreibung zu bemühen. Allerdings – und da stimmen alle Theologen und Laien wieder überein – kann der Glaube an Gottes Nähe, eben das Reich Gottes, und das Gespräch mit einem Seelsorger uns zusätzlich etwas geben, was Medizin und Psychiatrie nicht vermögen: das Wissen, dass wir von Gott

4. Sonntag im Jahreskreis

angenommen sind, den Mut und das Vertrauen in unsere Zukunft – was immer auch kommen mag, den Tod inbegriffen.

Das ist es: Wenn die Bibel von bösen Geistern und Besessenheit redet, will sie den Menschen nie Furcht einjagen, sondern sie gerade von Dämonenangst befreien. Sie möchte uns mit Jesus versichern: „Selbst wenn es vielerlei böse Mächte und drohendes Unheil geben mag (wie die Menschen glaubten, zu denen Jesus sprach) – habt keine Furcht; ich bin bei euch." Darauf kommt es der Frohbotschaft an – gleich, ob wir an Dämonen glauben oder nicht.

Das wusste auch ein Paulus. Obwohl er sich – wie viele Menschen seiner Zeit – von vielerlei „Mächten" bedroht fühlte, bekannte er: „Weder Tod noch Leben, weder Engel noch Mächte, weder Gewalten der Höhe oder Tiefe können uns trennen von der Liebe Gottes, die in Christus Jesus ist, unserem Herrn" (Röm 8,38f). Wenden wir doch diese Aussage an auf die Bedrohungen, die uns am meisten ängstigen. Dann könnte dieser Satz auch lauten: „Weder Familienprobleme noch Arbeitslosigkeit, weder Mobbing von Gegnern noch Treulosigkeit von Freunden, weder Erkrankung noch Altern oder was uns sonst noch den Boden unter den Füßen wegzuziehen droht – auch nicht der Tod: nichts kann uns trennen von der durch Jesus offenbarten Liebe Gottes, die uns immer bleibt und Halt gibt." Diese Überzeugung mag optimistisch klingen, doch war sie die Kraftquelle unzähliger Schwestern und Brüder im Glauben. Gerade verängstigten Menschen könnten wir sie vermitteln. Wir sollten ihnen ihre vielleicht übertriebenen Ängste nicht zum Vorwurf machen, sondern ihnen einen Weg zur Überwindung zeigen: das Vertrauen in den Gott Jesu.

5. Sonntag im Jahreskreis
Ijob oder: Im Leid an Gott glauben?
Zu Ijob 7,1–4.6–7

Stellen wir uns einmal vor, in unseren Gottesdiensten wären nur Lesungen und Lieder zu hören, die Zustimmung zum Leben ausdrücken und Gott danken – nie aber Fürbitten, die auch von den Nöten der Menschen reden. Immer nur Lobpreis und Jubel – nie aber Leid und Sorge: Das würden wir sicher als einseitig empfinden, als Blick durch eine rosa Brille.

In dieser Eucharistiefeier tragen wir nicht nur Fürbitten vor; nein, wir haben auch eine Lesung gehört, die ohne jede Beschönigung über Leid und Not klagt. Die Bibel sagt ja, wenn es uns schlecht geht, nicht: „Seid tapfer und schweigt." Nein, sie lässt im Buch Ijob einen Menschen zu Wort kommen, der sich geschlagen und geschunden fühlt. Diesem Ijob, der ein Vorbild an Gerechtigkeit und Frömmigkeit war, nahmen Räuberbanden und Blitzschlag seinen großen Viehbestand weg; ein Sturm zerstörte ein Haus und begrub darunter seine sieben Söhne und drei Töchter, und schließlich begann der Aussatz, seinen Körper zu zerfressen. Alles, was uns Wohlbefinden und Sicherheit geben kann, hat er verloren: Besitz, Nachkommen und Gesundheit. Was ihm blieb, waren seine Freunde sowie sein Glaube an Gott, den er allerdings nicht mehr verstehen kann, dem er aber trotzdem vertraut und sein Leid klagt.

Die Erzählung von Ijob liest sich wie ein lehrhafter Roman, aber sie übertreibt nicht. Wir kennen sicher ähnliche Fälle von gehäuftem Leid oder – wie die Psychologen sagen – von Mehrfachbelastungen. Da hat beispielsweise eine Frau drei Töchter, die wegen einer schweren Störung oft in der psychiatrischen Klinik behandelt werden müssen. Sie muss diese Last, bei zunehmenden eigenen Gelenkschmerzen, allein tragen, weil ihr Mann sie verlassen hat und sich nicht um die Kinder kümmert. Oder da hat ein Mann bei einem Unfall beide Beine verloren und kann sich nur noch mit dem Rollstuhl bewegen. Nach einigen Jahren erblindet er und muss sich wegen einer Nierenerkrankung auch noch jede Woche dreimal einer ermüdenden Blutwäsche, einer Dialyse, unterziehen. Ijob-Schicksale gibt es genug.

Aber auch wenn es uns nicht so hart trifft, kennen wir wohl alle Situationen und Stunden, in denen wir am Sinn des Lebens zweifeln und mit Ijob sagen möchten: „Ist nicht Kriegsdienst des Menschen Leben hier auf der Erde? Sind nicht seine Tage die eines Tagelöhners? Ich mag nicht mehr. Ich will (hier) nicht ewig leben. Erwürgt zu werden, zöge ich vor, den Tod diesem Totengerippe (das ich jetzt bin). Mit betrübter Seele will ich klagen" (Ijob 7,1.16.15.11).

Das sind starke Worte: „Ich mag nicht mehr. Erwürgt zu werden, zöge ich vor." Aber manchem hat es gut getan, zu erfahren, dass dieses Lebensgefühl, über das man nicht gern mit anderen redet, der Bibel nicht fremd ist; mancher hat sich darum von ihr verstanden gefühlt.

Allerdings, wer von solcher Mutlosigkeit erfasst wird, kommt auch leicht ins Grübeln. Vielleicht denkt er – wie die Freunde Ijobs –, Leid sei u.U. eine *Strafe Gottes* – fragt sich aber auch empört: „Habe ich das verdient? Warum trifft diese Strafe gerade mich und nicht Menschen, die andere offensichtlich betrügen, unterdrücken, vergewaltigen oder ermorden, aber bei bester Gesundheit sind? Was ist das für ein ungerechter und grausamer Gott, der so zuschlägt?"

Leid – eine Strafe Gottes?

Ist Leid, das uns trifft, eine Strafe Gottes? Das Alte Testament stellt dies oft so dar. Aber wenn das heutige Evangelium (Mk 1,29–39) schildert, wie Jesus Kranke heilt, zeigt es, dass er ganz anders denkt. Jesus hat Krankheit nie als Strafe und Sühneleistung erklärt. Wir werden ihm da gern zustimmen. Denn wofür soll beispielsweise ein Kind, das an Leukämie erkrankt, büßen? Es ist ja noch schuldunfähig. Jesus hat die Krankheit nie gutgeheißen, sondern *bekämpft*, und er hat gefordert, dass wir einen Kranken nie als einen von Gott Verurteilten betrachten, wie es damals üblich war, sondern dass wir für ihn sorgen und ihn beispielsweise besuchen, als wäre er Gott selbst: „Ich war krank, und ihr habt mich besucht." Nach Jesus und dem biblischen Schöpfungsglauben sollen wir ja die Zuwendung Gottes mit allen Fasern unseres Leibes und unserer Seele erfahren – nicht nur mit unserem Kopf, sondern bis in unseren Bauch. Wir sollen Gottes Wohlwollen uns gegenüber auch in unserem leibseelischen Wohlbefinden erleben. Deshalb hat Jesus seine Seelsorge immer mit Leibsorge verbunden. Und darum sind für ihn Krankheit und andere Schicksalsschläge nichts Positives, weder eine Strafe noch eine Erziehungsmaßnahme Gottes, sondern schmerzliche, unvermeidliche Grenzen des verletzlichen, irdischen Lebens.

In Krankheit und anderen Nöten beten wir meistens spontan um Heilung und Befreiung, und das Neue Testament empfiehlt uns dies auch. Da fragen wir nicht, ob wir jetzt ein wunderbares, besonderes Eingreifen Gottes erflehen oder nur den normalen, naturgesetzlichen guten Ausgang, den wir ja auch dem Schöpfer verdanken – oder ob wir einfach Kraft schöpfen wollen im Gespräch mit Gott. Natürlich wissen wir, dass Wunder nur selten geschehen. Warum eigentlich? Vielleicht weil Gott kleinlich ist? Das würde dem Glauben an den Schöpfer und der Botschaft Jesu widersprechen. Oder ist es vielleicht so, dass die Naturgesetze nicht aufgehoben und durchbrochen werden können, obwohl Gott es eigentlich möchte? Das ist sehr wahrscheinlich, aber wir wissen es nicht mit Sicherheit. Denn wir haben als Menschen nicht den Einblick und Überblick, den nur der Schöpfer haben kann. Darum sagt Ijob seinen alles erklärenden Freunden, dass er nicht weiß, warum er leiden muss, dass er aber dem guten Gott vertraut. Und darum belehrt uns auch Jesus nicht, warum und wozu es Leid gibt, sondern *macht den Leidenden Mut* zum Leben und Ertragen, so wie er selbst aus dem Gebet am Ölberg Kraft geschöpft hat.

Wir blicken oft zu einseitig auf die wunderbaren Taten, die die Evangelien von Jesus berichten, und sehen zu wenig, dass es ihm dabei vor allem auf die Ermutigung der Verzweifelten ankam. Auch heute will uns Jesus vor allem ermutigen und Kraft schenken, sooft wir zu ihm beten. Er sagt uns gleichsam: „Gott ist nicht vergeltungssüchtig, und ihm ist dein Leid auch nicht gleichgültig, wie du in deiner momentanen Bedrücktheit vermutest. Nein, er steht zu dir und kämpft mit dir – er lässt dich nicht im Stich. Zieh dich nicht grübelnd und enttäuscht von ihm zurück, sondern klag ihm deine Not; er versteht dich und leidet mit dir."

„Und bete ins Dunkel, dass es zerreißt"
Wir wissen: Wenn wir in Notsituationen die Kontakte mit Bekannten meiden, statt das Gespräch mit ihnen zu suchen, nehmen wir uns die Möglichkeit, von ihnen praktische Ratschläge zu erhalten und menschliches Verständnis zu finden. Ein solcher „sozialer Rückzug" schadet uns nur. Ähnlich ist es, wenn wir uns in Zeiten der Bedrängnis verbittert von Gott zurückziehen. Dann berauben wir uns ja der Chance, im Gebet zu erfahren, dass er bei uns ist und dass er uns Halt geben will. Und dieser Halt könnte uns doch gerade zu einer Haltung ermutigen, die die Fachleute „Kampfgeist" nennen. Er könnte uns auch – wenn sich die Lage nicht bessert – zum Ertragen des Unvermeidlichen befähigen, so dass wir an unserem Leid nicht zerbrechen.

Forscher, die untersuchen, was Kranken hilft, ihre Situation ohne Verbitterung zu bewältigen, sprechen hier von der „Suche nach Halt in der Religion". Ein Beispiel dafür finden wir bei dem Schauspieler Ernst Ginsberg, der mit 59 Jahren auf dem Höhepunkt seiner glanzvollen Karriere an multipler Sklerose erkrankte. Wenige Wochen vor seinem Tod, als er schon an Armen und Beinen gelähmt war, diktierte er noch folgendes Gedicht, dem er die Überschrift „Beklemmung" gab[11]:

> Der Engpass
> wird enger
> Das Atmen
> wird schwer
> Mein Engel
> blickt strenger
> Kaum kenn ich
> ihn mehr ...
>
> Vertrautes
> entzieht sich
> Das Nahe
> wird fremd
> Die Nacht vielleicht
> sieht mich im Sterbehemd –

---

[11] Ernst Ginsberg, Abschied. Erinnerungen, Theateraufsätze, Gedichte. Hg. v. Elisabeth Brocksulzer. ©1965, 1991 by Verlags AG Die Arche, Zürich.

> Ich falte
> die Hände
> die lahmen
> im Geist
> und bete
> ins Dunkel
> dass es
> zerreißt.

Möge jedes Dunkel, in das wir oder unsere Angehörigen geraten, auf diese Weise zerreißen.

6. Sonntag im Jahreskreis
In Jesus will uns Gott berühren
Zu Mk 1,40–45

Vielleicht kann uns folgende schlichte Begebenheit auf ein Detail im Bericht von der Aussätzigenheilung aufmerksam machen, das wir nicht übersehen sollten. Eine Mutter hat ihrer zwölfjährigen Tochter an mehreren Tagen geholfen, die linke Hand zu waschen, weil sie die rechte gebrochen hatte und sich die gesunde Hand nicht selbst waschen konnte. Die Mutter tat dies möglichst einfühlsam und liebevoll. Es war in dieser Situation ganz natürlich, dass sie jedes Mal mit ihren Händen auf intensive Weise die Hand der Tochter berührte. Es war aber auch ungewohnt, so dass sie sich ihre Gedanken über dieses Erlebnis machte – und plötzlich dachte sie an Jesus, der doch auch die Kranken mit seinen Händen berührt hat.

Ja, so erzählt es Markus: „Jesus hatte Mitleid mit ihm (dem Aussätzigen); er streckte die Hand aus, *berührte* ihn und sagte: Ich will es – werde rein!" Bei dieser Heilungsgeschichte sowie bei ähnlichen Berichten der Evangelien kann man vielerlei erwägen – konzentrieren wir uns heute einmal auf diese eine Bemerkung: dass Jesus den Aussätzigen und andere Kranke nicht auf Distanz durch sein befehlendes Wort, sondern auch durch seine Berührung geheilt hat. Was sagt dies über die Einstellung Jesu zu uns Menschen, und was könnte dies für uns bedeuten?

Dass Jesus Kranke berührt hat, erwähnt Markus mehrmals: Als er die Schwiegermutter des Petrus vom Fieber heilte, „fasste er sie an der Hand und richtete sie auf" (Mk 1,31). Den Blinden von Betsaida nahm Jesus bei der Hand, bestrich seine Augen mit Speichel und legte ihm die Hände auf

(Mk 8,23). Einem Taubstummen legte er die Finger in die Ohren (Mk 7,33). Jesus ließ sich auch von vielen Menschen berühren, die sich an ihn herandrängten (Mk 3,10; 5,27-31; 6,56). Wenn Jesus die Hand ausstreckte und die Kranken berührte, wollte er sicher zeigen, dass er ihnen in der Vollmacht des Gottgesandten seine heilende Kraft überträgt und schenkt. Allerdings hat Jesus auch Gesunde berührt, wenn er seine Jüngerinnen und Jünger begrüßte oder den Kindern, die man zu ihm brachte, die Hände auflegte, sie segnete und in seine Arme nahm (Mk 10,16). Damit drückte er seine Freundschaft und Nähe aus, und so wollte er wohl auch die Kranken seine Zuneigung und sein Mitgefühl spüren lassen, wenn er sie berührte. Er trat nicht als Wundertäter auf, der abgehoben und menschenfern seine Macht demonstriert. In ihm wollte Gott offensichtlich Mensch werden, um uns nicht nur durch die Wortsprache seiner Verkündigung, sondern auch durch die Körpersprache der Gesten und des Körperkontakts seine Freundschaft kundzutun. Dies sollten wir immer mit bedenken und uns lebendig vorstellen, wenn wir von Jesu Heilungen und seinen anderen Begegnungen mit Menschen hören oder lesen. Denn wahrscheinlich steckt dahinter eine bestimmte Absicht.

Warum Gott auf Körperkontakt Wert legte
Welche Absicht? Achten wir einmal auf unseren *Tastsinn*. Er beruht auf etwa einer halben Million Zellen, die in unserer Haut über den ganzen Körper verteilt sind und Druck- und Berührungsreize aufnehmen können. Man kann diesen Tastsinn ansprechen, indem man uns die Hand drückt, auf die Schulter klopft, die Wange küsst oder die Arme streichelt – um nur diese Formen von Körperkontakt zu nennen, die in unserer Kultur am gängigsten sind. Jede körperliche Berührung löst bei uns eine Gefühlsregung aus, berührt uns also auch seelisch – nämlich angenehm oder unangenehm. Schon der Säugling, der unsere Worte noch nicht versteht, kann empfinden und damit verstehen, ob unser Kontakt mit ihm herzlich, oberflächlich oder feindselig ist. Ebenso der Schwerkranke, der kaum die Kraft zum Reden aufbringt, sowie der geistig Verwirrte (Demente). Auch Gesunde spüren dies; wir brauchen uns nur einmal zu fragen, wer uns in den letzten 24 Stunden berührt hat und ob wir dies als angenehm oder unangenehm empfunden haben. Haben wir uns vielleicht über ein distanzloses Herumtätscheln geärgert, waren wir von einem scheinhöflichen Händedruck enttäuscht oder haben wir uns über eine herzliche Streicheleinheit oder einen aufmunternden Klaps gefreut? Wenn sich jemand, den wir gern haben, verletzt hat und an Schmerzen leidet, berühren wir ihn oft spontan mit der Hand, als wollten wir ihn stützen und trösten. Oder wir legen einem, der einen nahen Angehörigen verloren hat, mitfühlend die Hand auf

seine Schulter, nehmen seine Hand in unsere Hände oder umarmen ihn. Bei manchem Gespräch, zumal mit Leidenden oder Sterbenskranken, kann das Halten der Hände ebenso wichtig sein wie die Worte, die wir sprechen.

In all diesen Fällen wirkt die Berührung nicht lästig oder angsterregend, sondern drückt Anteilnahme, Wohlwollen und Nähe aus – und unter Liebenden auch Zärtlichkeit. Und auf dieses Ausdrucksmittel wollte der Mensch gewordene Gott nicht verzichten. Er hat Menschen körperlich berührt und ließ sich von ihnen berühren, weil er ihnen und allen, die sich ihm heute zuwenden, seine gottmenschliche Wärme und Nähe mitteilen wollte. *In Jesus will uns Gott berühren* – durch seine ermutigenden Worte und seine Gesten.

Der auferstandene Jesus Christus kann uns freilich nicht im buchstäblichen Sinn körperlich berühren, wie er es bei Aussätzigen oder bei den Kindern, die er in die Arme nahm, getan hat. Doch wenn wir uns im Gebet an ihn wenden, dürfen wir sicher sein, dass er uns ebenso nah sein will, wie wenn er uns körperlich berühren würde. Und schließlich geschieht etwas Ähnliches wie Berühren in den *Sakramenten*, die ja nicht nur mit Worten gespendet werden, sondern sich auch an unseren Leib wenden, also auf ihre Art auch eine Körpersprache verwenden. In der Taufe wird unsere Stirn mit Wasser übergossen und mit geweihtem Öl gesalbt. Letzteres geschieht auch in der Firmung. Noch eindrucksvoller ist wohl die Krankensalbung, zumal wenn sie einmal im Jahr bei einem Seniorengottesdienst älteren Menschen gespendet wird. Hier legt der Priester oder Diakon jedem, der vortritt, zuerst die Hand auf den Kopf und salbt dann in Kreuzesform Stirn und Handinnenflächen mit den Worten: „Durch diese heilige Salbung helfe dir der Herr in seinem reichen Erbarmen. Er stehe dir bei mit der Kraft des Heiligen Geistes." Es ist ein Körperkontakt und ein hautnaher Zuspruch, der Menschen tief ergreifen kann. Am stärksten leibbezogen und ganzheitlich ist freilich das Sakrament der Ehe. Die Partner spenden es sich selbst durch ihr Jawort und durch die Beziehung, die sie leben in ihren Worten, ihrer gegenseitigen Unterstützung und ihrer Zärtlichkeit einschließlich des sexuellen Austauschs. Auch in der Eucharistie, in der sich uns der Auferstandene zur Speise gibt, spricht er unseren Leib an. Betrachten wir die Sakramente also auch einmal von dieser Seite: In jedem Sakrament fragt uns Gott gleichsam, ob wir uns von seiner gottmenschlichen Wärme und Nähe berühren lassen wollen, und es hängt von unserer Sammlung und Bereitschaft ab, ob diese Berührung oberflächlich oder tiefgehend verläuft.

Unsere Kontakte mit Mitmenschen
Wenn uns nun bewusst wird, wie groß die Kontaktbereitschaft Gottes uns gegenüber ist – was könnte uns dies zu unseren Kontakten mit den Mit-

menschen sagen? Die Kontaktbereitschaft Gottes will uns sicher ganz nachdrücklich daran erinnern, dass uns das Gebot der Nächstenliebe zum grundsätzlichen Wohlwollen gegenüber jedem Menschen verpflichtet, auch wenn wir ihm nie die Hand reichen oder auf die Schulter klopfen. Solange wir niemanden, der Not leidet und unsere Unterstützung braucht, aus unserer Hilfsbereitschaft und unserem Wohlwollen ausschließen, ist es allerdings natürlich und legitim, dass wir zwischen nahe Stehenden und ferner Stehenden unterscheiden und denen, die uns näher stehen, mit herzlicheren Umgangsformen begegnen als Fernstehenden. Zu diesen Umgangsformen macht uns der Glaube keine Vorschriften.

Doch wie sollen wir es mit den Schwestern und Brüdern im Glauben halten, mit denen wir gemeinsam Eucharistie feiern und denen wir vor der Kommunion den *Friedensgruß* geben sollen? In den ersten Christengemeinden war es wohl üblich, dass sich die Mitfeiernden umarmt und geküsst haben, so wie Paulus der Gemeinde in Rom schreibt: „Grüßt einander mit dem heiligen Kuss" (Röm 16,16). „Andere Länder und Zeiten, andere Sitten." In unserem lateinischen Ritus bestimmen die Bischofskonferenzen, in welcher Form die Gläubigen den Friedens- und Segenswunsch austauschen sollen. Im deutschen Sprachraum tun wir das, indem wir uns die Hand drücken. Manche empfinden selbst diesen nüchternen, zurückhaltenden Körperkontakt als problematisch. Liegt es an unserer westeuropäischen Steifheit, oder fragen wir uns, ob so viel Herzlichkeit auch immer ehrlich sein kann? Ehrlich gegenüber einem „Wildfremden" oder gegenüber einem, den ich nur zu gut kenne und über den ich mich schon mehrmals geärgert habe? Wenn Gläubige die Eucharistie in einer überschaubaren und harmonischen Gruppe feiern – etwa innerhalb einer Jugendgruppe, eines Familienkreises oder am Ende eines Besinnungstags –, erleben sie diese Schwierigkeit nicht, und ihr Händedruck fällt meistens ausgesprochen herzlich aus oder wird spontan durch eine Umarmung ersetzt. So oder so – zu einem Handschlag sollte es auch im Gemeindegottesdienst immer noch reichen; wir praktizieren ihn ja auch, wenn wir bei einer Party Fremden vorgestellt werden. Im Gottesdienst könnte er unseren Glauben ausdrücken, dass uns Gott zu einer Gemeinschaft von Schwestern und Brüdern verbindet, die trotz unserer Fremdheit, unserer sozialen Unterschiede und vielleicht auch trotz unserer gefühlsmäßigen Vorbehalte gegen den einen oder anderen besteht. Denn mag uns auch vielerlei trennen, so können wir uns doch nicht mehr ganz fremd sein, weil uns eine Erfahrung verbindet: In Jesus hat uns Gott berührt.

7. Sonntag im Jahreskreis
Eine Gewissensbesinnung soll uns aufrichten
Zu Mk 2,1–12

„Der (gelähmte) Mann stand sofort auf, nahm seine Tragbahre und ging vor aller Augen weg." Eine solche Heilung bewegt sicher auch uns; und vermutlich beeindruckt uns das Gesundwerden und Gehenkönnen des Gelähmten noch mehr als die Vergebung der Sünden, die er doch auch erfahren hat. Denn es ist menschlich, dass wir lieber an Gesundheit und Wohlbefinden denken als an Gewissen und Schuldbewältigung. Und doch möchte uns die Erzählung zeigen, dass das Reich Gottes, das mit Jesus beginnt, den *ganzen* Menschen erlösen will: unseren Leib dereinst von Krankheit und Tod und unseren Geist schon jetzt von Sünde und Schuld. Der Bericht will belegen: Jesus, „der Menschensohn hat die Vollmacht, hier auf der Erde Sünden zu vergeben" – wie es nur Gott selbst kann.

Wie gehen wir mit diesem Angebot um; welchen Wert legen wir auf die Sündenvergebung, die uns Gott durch Jesus schenken will? Diese Seite von Jesu Frohbotschaft hat mit unserem *Gewissen* zu tun, und den Umgang mit dem Gewissen erleben nicht alle Menschen froh und frohbotschaftlich, sondern recht unterschiedlich. Engagierte Christen haben einmal in einem Gesprächskreis still für sich überlegt, wie sie ihr Gewissen erfahren, und dann auf einem Blatt ohne Namen bildhafte Vergleiche, so genannte Metaphern, dazu niedergeschrieben, die alle mit den Worten begannen: „Gewissen ist für mich wie ..." Sie nannten so unterschiedliche Erfahrungen wie: „Gewissen ist für mich wie ein schwerer Stein." Aber auch: „Gewissen ist für mich wie ein Freund, der mir die Wahrheit sagt." „Gewissen ist für mich wie ein Blick von einem Aussichtsturm." Und: „Gewissen ist für mich wie eine Rosenknospe, die sich entfalten muss."

Der Vergleich mit der Rosenknospe kann vielleicht am besten ausdrücken, was jede Art von Gewissensbesinnung bewirken soll – gleich, ob wir sie beim gewöhnlichen Rückblick auf eine Tat oder einen Tag vornehmen oder bei der Vorbereitung auf eine Bußfeier oder Beichte. Jede Art von Gewissensbesinnung soll uns dabei helfen, unsere Menschlichkeit in Gottverbundenheit zu entfalten, so wie das Sonnenlicht und das Gießen und Beschneiden durch den Gärtner einem Rosenstock das Wachsen, Knospen und Blühen ermöglicht. Es wäre ein Irrtum zu meinen, eine Gewissensbesinnung und Beichtvorbereitung diene in erster Linie der Fehlersuche und sei darum immer eine Art Selbstquälerei. Nein, von Jesu Botschaft vom Reich Gottes her verstanden, sollen wir unser Denken und Handeln überprüfen, damit wir *liebesfähig* werden und bleiben können im Sinne des Hauptgebots der Selbst-, Nächsten- und Gottesliebe. Da müssen wir zwar unsere Neigung zur Selbstgerechtigkeit überwinden und ehrlich über mögliches Fehlverhalten nachdenken – aber wir sollten es stets im Hinblick auf eine positive Weiterentwicklung tun. Wer sein Gewissen in dieser Absicht erforscht, sagt sich nicht: „Ich bin ein Unkraut; die Knospe ist schlecht", sondern: „Ich bin dazu bestimmt, eine Rose zu werden; an dieser oder jener Stelle muss sie allerdings Schatten vermeiden, sich mehr dem Licht zuwenden und besser genährt, gedüngt werden." Dazu sollen wir uns fragen: „Wie könnte ich für mich und andere Gutes tun – entsprechend meinen Möglichkeiten?" Am besten blicken wir dabei auf Jesus: Er konnte sich über die Lilien des Feldes und über Einladungen zu Gastmählern freuen – wie habe ich mich mir selbst gegenüber verhalten, habe ich eine Lebenskunst gepflegt, zu der auch Dankbarkeit gehört? Jesus war gut zu den ausgestoßenen Kranken – wie war mein Verhältnis zu den Mitmenschen? Jesus hat aus dem nächtlichen Gebet Kraft geschöpft – wie war meine Beziehung zu Gott in Gebet und Gottesdienst?

Was heißt „vollkommen sein" und „umkehren"?

Wenn wir immer wieder an uns Schwächen beobachten, bei denen wir nur den Schaden begrenzen, sie selbst aber nicht beseitigen können, dürfen wir uns sagen, dass Gott uns auch mit diesen Schwächen annimmt. Das hat uns Jesus versichert, und diese Zusage kann uns auch mit uns selbst versöhnen. Mit dem Aufruf: „Seid vollkommen, wie es auch euer himmlischer Vater ist" (Mt 4,48), wollte Jesus in der Bergpredigt nicht sagen: „Seid fehlerfrei", sondern: „Seid großzügig wie der Vater, der seine Sonne über Guten und Bösen aufgehen lässt. Seid liebesfähig."

Wir sollten auch nicht gleichsam von außen nur feststellen, *was* wir falsch gemacht haben, sondern uns auch von innen her fragen, *warum* wir etwas falsch gemacht haben. Um ein Beispiel zu nennen: Warum haben wir gelogen? Aus Angst vor einer Blamage, aus Angeberei, oder um einen Vorteil für uns herauszuschinden, der uns nicht zusteht? Darüber sollten wir nachdenken, damit wir uns besser verstehen lernen. Schließlich können wir uns nur gegen Schwächen wappnen, wenn wir sie kennen.

Wenn wir ein Fehlverhalten oder eine falsche Einstellung bedauern und bereuen, sollten wir dies ehrlich und angemessen tun, ohne uns in eine übertriebene „Ich-bin-ein-großer-Sünder"-Stimmung hineinzusteigern. Die Evangelien zeigen uns Vorbilder von großen, dramatischen Bekehrungen: den Steuereintreiber Zachäus, der viele Menschen ausgepresst hat; den so genannten verlorenen Sohn sowie „Zöllner und Dirnen". Die Bibel spricht dabei von „Umkehr", um uns zu sagen, dass uns Gott selbst nach so schwerwiegenden Vergehen wie diesen einen Neubeginn und einen besseren Weg ermöglicht. Doch wenn sich der Durchschnittschrist bemüht, in Familie und Arbeit ein erträglicher Mensch zu sein und seine Pflichten zu erfüllen, und bei alldem gelegentlich überreagiert oder kleinlich und herzlos ist, sollte er sich nicht mit Zachäus, dem verlorenen Sohn oder der Ehebrecherin vergleichen, sondern eher mit den Jüngern, die Jesus wenigstens bis zu seiner Gefangennahme nachfolgten, aber auch ihre Fehler hatten und beispielsweise in ihrem Ehrgeiz diskutierten, wer von ihnen der Größte sei. Übertragen wir die biblische Botschaft realistisch auf unsere Situation. Wenn wir bereits in die richtige Richtung gehen, sollen wir ja gar nicht einen ganz anderen Weg einschlagen und radikal „umkehren", sondern prüfen, wo wir vom rechten Weg etwas abgewichen sind, ihn aus den Augen verloren haben oder aus Trägheit stehen geblieben sind. Dabei können wir dasselbe erfahren wie die Jünger: die hat Jesus zwar kritisiert, aber nicht weggeschickt. Er, der Menschensohn, der die Vollmacht hat, „hier auf der Erde Sünden zu vergeben", kam ja nicht, um das geknickte Rohr zu brechen oder lahmende Knospen wegzuschneiden, sondern um ihnen zu weiterem Wachstum und zur Blüte zu verhelfen.

Wer sich diese frohbotschaftliche Sicht zu Eigen macht, wird Fehlverhalten und Schuld eher mit *Humor* bekennen – sei es im Gespräch mit Gott, sei es in der Beichte. Denn er weiß ja, dass Gott nur eines will: dass er sich im Geiste Jesu weiterentwickelt. Als die Bußgeldstelle eines hessischen Regierungspräsidiums einen Autofahrer – wie üblich – aufforderte, zu einer Anzeige wegen zu schnellen Fahrens Stellung zu nehmen, hat der Temposünder mit einem Gedicht geantwortet, dessen Humor auch für andere Schuldbekenntnisse Vorbild sein kann (http://www.rp-kassel.de/themen/verkehr/):

> Im Außendienst, da hat man's schwer,
> da fährt man hin, da fährt man her.
> Kaum geparkt – muss man schon starten;
> die Zeit, die eilt, die Kunden warten.
> Ich fuhr nach Haus mit Frau und Kind,
> doch leider etwas zu geschwind.
> Bei Oberbiel, da hat's geblitzt,
> der Polizist, der lacht verschmitzt.
> Sie schnappte zu, die Radarfalle,
> die Dummen werden niemals alle.
> Mea culpa – meine Schuld,
> erbitte Milde und Geduld.
> In Flensburg bin ich unbekannt,

noch nie ein Punkt ich mein genannt.
Einhundertzwölfe – oh du Schreck,
der Führerschein ist zwar nicht weg,
doch werd' ich künftig in mich geh'n
und besser auf den Tacho seh'n.
Und die Moral von der Geschicht:
Geschwindigkeit nicht überschreite,
sonst bist du irgendwann mal pleite.

Wer vor Jesus sein Gewissen erforscht und sein Denken und Handeln überprüft, den will er nicht niederdrücken, sondern aufrichten, wie er den Gelähmten im heutigen Evangelium aufgerichtet hat. Der war durch die Begegnung mit Jesus so gestärkt, dass er sogar seine Tragbahre mitnehmen konnte.

8. Sonntag im Jahreskreis
Fasten oder: Wie gelingt ein Beten mit Leib und Seele?
Zu Mk 2,18–22

Im Evangelium des heutigen Tages stoßen gegensätzliche Meinungen zum *religiösen Fasten* aufeinander, und zu diesem Thema haben wahrscheinlich auch wir unterschiedliche Ansichten. Fasten? Mancher erschrickt vielleicht schon, wenn er dieses Wort nur vernimmt, und hört gleich seinen Magen knurren. „Fasten", denkt ein anderer, „das ist etwas ganz anderes als Hungern, nämlich ein achtsames Sich-Ernähren, das einem wohl tut an Leib und Seele."

Die Kirche lässt uns in dieser Sache praktisch volle Freiheit. Verpflichtend ist das Fasten nur am Aschermittwoch und Karfreitag, und auch da lediglich für gesunde 18- bis 60-Jährige, sofern sie keine schwere Arbeit leisten müssen. Es gibt bei uns keinen Ramadan wie bei den Muslimen; das Christentum setzt hier auf Freiheit, nicht auf Gesetz. Dies entspricht der Absicht, die Jesus im heutigen Evangelium äußert. Jesus hat sicher das gesetzlich vorgeschriebene Fasten etwa am Versöhnungstag gehalten und in der Bergpredigt ein Fasten ohne Heuchelei ausdrücklich gelobt. Aber er empfahl seinen Anhängern nie die strenge Askese, wie sie die Jünger des Täufers Johannes und die Pharisäer übten. Seiner Ansicht nach erforderte die neue Gemeinschaft mit Gott, die er verkündete – das Reich Gottes –, keinerlei Bußfasten, weil Gott ja einen Liebesbund mit den Menschen eingehen will, gleichsam eine Hochzeit mit ihnen feiert und Hochzeitsgäste bekanntlich nicht fasten. Der „neue Wein" der beglückenden Gottesnähe soll nicht in die alten Schläuche eines starren Gesetzes gefüllt werden. Nein, wenn Christen fasten – und die aus dem Judentum kommenden ersten Gemeinden haben dies nach jüdischem Brauch an zwei Tagen in der Woche getan –, sollen sie es aus *freien Stücken* tun. Das Fasten soll sich ungezwungen aus ihrem Glauben entwickeln, wenn sie es als nützlich empfinden.

Wie sollen wir es also halten? Was könnte sich aus unserer Freiheit und unserem Glauben entwickeln? Freisein heißt ja nicht nichts tun, und wir GottesdienstteilnehmerInnen tun wahrscheinlich nicht nur das, was die Kirche ausdrücklich vorschreibt, sondern gehen und suchen auch unseren ganz persönlichen Glaubensweg.

Fragen wir uns doch offen und frei, ob es uns bei der Lebendigerhaltung des Glaubens hilft, wenn wir über die beiden gebotenen Fasttage hinaus fasten. Wenn dies unsere Beziehung zu Gott und den Mitmenschen nicht verlebendigt, brauchen wir uns auch nicht damit zu befassen, es sei denn, wir tun es wegen Gewichts- und Gesundheitsproblemen. Doch haben Christen, denen das Fasten zu einer Hilfe wurde, verschiedene Arten entwickelt, über die nachzudenken sich lohnt.

- Eine recht familienfreundliche Form übt man beispielsweise in jenen Pfarrgemeinden, wo man an einem Sonntag in der Fastenzeit eine *Fastensuppe* anbietet und den Erlös an ein Hilfsprojekt in der Dritten Welt überweist.
- Ein ähnliches Fasten aus Solidarität mit den Hungernden praktizieren manche Familien und Gruppen, die zum Beispiel an allen Freitagen in der Fastenzeit oder auch das ganze Jahr über an jedem ersten Freitag im Monat ein ganz *einfaches Essen zubereiten* und das Ersparte einem Hilfswerk zur Verfügung stellen.
- Manche nehmen auch an Besinnungstagen mit ärztlich überprüftem Fasten teil. Oder es treffen sich in einer Gemeinde Interessierte zu einer Fastenwoche, die zwar der Entschlackung dient, die sie aber mit einem täglichen Gruppengespräch über ein religiöses Thema verbinden.

Bei all diesen Formen gilt der Grundsatz: „Wem's hilft." Wem hilft's denn? Manche berichten, sie würden durch ein überlegtes Fasten seelisch ausgeglichener; manche erleben auch eine ausgesprochen gehobene Stimmung. Dies beruht vielleicht darauf, dass das Fasten die Dichte von stimmungsaufhellenden Stoffen im Gehirn fördert – allerdings nur, wenn man es freiwillig tut, nicht aus Zwang und weil man zu wenig zu essen hat. Auch reagieren da nicht alle Menschen gleich. Doch manche fühlen sich beim Fasten einfach freier und können leichter über sich und den Glauben nachdenken – so wie wenn man von einer Sache so gefesselt wird, dass man darüber das Essen vergisst. Der Körper denkt und fühlt sozusagen mit.

Über das Fasten hinaus: Beten mit Leib und Seele?
So wirft das Thema Fasten noch eine viel allgemeinere Frage auf: Welche Rolle spielt unser Leib beim Beten, Meditieren und Gottesdienst-Feiern? Anders gesagt: Können wir das: Beten mit Leib und Seele? Viele Menschen achten ja heute stärker als früher auf Verspannungen und Störungen, die sich im Körper bemerkbar machen. Sie interessieren sich für Entspannungsübungen und Meditationstechniken, die ihnen helfen, Stress abzubauen, eine ungesunde Lebensweise auszugleichen und das Wohlbefinden zu steigern.

Unser körperliches Befinden könnte aber sehr wohl auch mit unserem Beten zu tun haben. Der Herzspezialist Herbert Benson, der viele Bluthochdruck-Patienten zur Entspannung angeleitet hat, berichtet, dass manche von ihnen während der Entspannung ganz von sich aus zu beten anfingen. Entspannung fördert also offenbar das Beten. Und umgekehrt verlangt das Beten Entspannung. Im „Gotteslob" (Nr. 6) wird das so genannte Jesusgebet erklärt, das in den Ostkirchen verbreitet ist. Bei dieser Gebetsweise wendet man sich wiederholt im Rhythmus des Atems oder auch des Herzens an Jesus mit der Anrufung: „Herr Jesus Christus, erbarme dich meiner." Dazu heißt es: „Dieses Gebet ist eine Meditation, an der auch der Körper beteiligt ist. Der ganze Mensch soll frei sein von Unrast. Man muss sich zur Ruhe kommen lassen. Die Muskulatur soll völlig entspannt sein."

Dies ist eine allgemeine Erfahrung: In entspannter Körperhaltung fällt es uns leichter, an etwas Frohmachendes und Religiöses zu denken, als wenn wir verkrampft sind. Wir ballen ja auch nicht die Fäuste, wenn wir an einen lieben Menschen denken oder ein frohes Lied singen. Darum könnten wir uns Folgendes überlegen:

1. Habe ich schon herausgefunden, *in welcher Haltung* ich am besten beten kann – sei es in der Kirche, sei es zu Hause, etwa abends bei einem kurzen Rückblick auf den Tag? Ist es für mich besser zu knien, zu stehen oder zu sitzen – und wie sitze ich da am besten? Hilft es mir, zuerst auf das Ruhigwerden meines Atems und auf meine Gefühle zu achten und sozusagen zuerst mit meinem Körper und meinen Gefühlen ins Gespräch zu kommen, um dann umso echter mit Gott sprechen zu können? Könnte mich u.U. auch eine Einführung in Entspannung und Meditation, wie sie in Kursen der Diözesen und in Klöstern angeboten wird, einen Schritt weiter bringen?

2. Gottesdienstteilnehmer stellen mitunter fest: „Ich habe mehr vom Gottesdienst, wenn ich so rechtzeitig in die Kirche gehe, dass ich mich ein-

stimmen kann." Ähnlich geht es uns, wenn wir ein Konzert besuchen. Wir können den Gottesdienst nur intensiv erleben, wenn wir *umzuschalten* vermögen. Das ist aber nicht möglich, wenn wir nach dem Motto handeln: „Rein ins Auto, raus aus dem Auto, rein in die Kirche." Da ist dann oft nur unser Leib in der Kirche, während die Gedanken und Gefühle noch in der Küche oder vor dem Fernsehgerät verweilen. Was das nun heißt: rechtzeitig und ganz ankommen und am Gottesdienst teilnehmen – das muss wieder jede und jeder für sich überlegen.

Ob wir aber nun über den Sinn des Fastens oder über die körperliche Grundlage unseres Sprechens mit Gott nachdenken – das Fernziel müsste immer dasselbe sein: ein Beten mit Leib und Seele.

11. Sonntag im Jahreskreis
Reich Gottes und zweitausend Jahre Christentum
Zu Mk 4,26–34

Ein etwa 15-jähriger Schüler hat im Religionsunterricht einmal gefragt: „Warum ist das Christentum so schwach?" In unserer Zeit herrsche doch so viel Gleichgültigkeit gegenüber den Mitmenschen und Gott, dass er sich frage, ob der Glaube eine nennenswerte Kraft in der Menschheit sei. Wahrscheinlich hat dieser Jugendliche auch an all die Menschenverachtung und Brutalität gedacht, die sich Menschen bei Verbrechen und in Kriegen zufügen und die einen an der Menschheit verzweifeln lassen können.

„Warum ist das Christentum so schwach?" – vermutlich hat man auch Jesus schon Ähnliches gefragt und eingewandt: Du sagst, das Reich Gottes sei nahe gekommen. Müsste da die Menschheit nicht mit einem Schlag umgewandelt werden? Müsste da nicht Feuer vom Himmel fallen, die Bösen hinwegraffen und die Guten zu Helden und Heiligen umformen? Doch was merkt man schon davon? – Darauf hat Jesus erwidert: So dürft ihr euch das Kommen des Reiches Gottes nicht vorstellen. Es bricht nicht mit Gewalt von außen herein, vielmehr ist es auf die freie Zustimmung der Menschen angewiesen. Es kommt unscheinbar, aber sicher – so wie die Saat auf dem Acker unbemerkt zur wunderbaren Ernte heranwächst. Gerade in seinen Anfängen mag euch der Einflussbereich Gottes so klein erscheinen wie das sprichwörtlich winzige Senfkorn – Gott ist dennoch am Werk, und wer darauf vertraut, erkennt dies auch. Das Senfkorn kann zur drei Meter hohen Staude heranwachsen, die die anderen Gemüsekräuter überragt.

Ähnlich müssten also auch wir antworten, wenn andere oder wir selbst fragen: „Warum ist das Christentum so schwach?" Das Reich Gottes will eine Gemeinschaft der Liebe aufbauen, eine Menschheit, die versucht, mit Gott mit zu lieben. Liebe kann aber niemand erzwingen – keine Organisation, keine Kirche und selbst Gott nicht. Wenn wir zu diesem Reich gehören, muss dies zwar auch an unserem Handeln zu beobachten sein, doch ist vieles an unserer Verbundenheit mit dem Guten und Heiligen so innerlich, dass es kaum erkennbar und schon gar nicht messbar ist. Wer könnte mit Sicherheit sagen, wie seine Arbeitskollegen oder Vereinsfreunde, ja die eigenen Familienmitglieder letztlich denken? Die Gemeinschaft der Liebe kann auch außerhalb der Kirchen wachsen: in anderen Religionen, die auf ihre Weise dem Ideal der Nächsten- und Gottesliebe nachstreben, oder auch bei religiösen Zweiflern, die sich aber für das Wohl ihrer Mitmenschen einsetzen. Das Reich Gottes ist also *mehr* als die Kirche, doch soll es in der Kirche so wirksam werden, dass sie wie eine Stadt auf dem Berg und ein Zeichen der Hoffnung auf diese Gemeinschaft der Liebe hinweist.

Kann die Kirche das: auf die Gemeinschaft der Liebe hinweisen und das Wirken des Geistes Gottes bezeugen, das Jesus mit den Gleichnissen vom Getreide- und Senfkorn zugesagt hat? Versperren wir Christen durch unsere Schwächen dem Geist Jesu nicht den Zugang durch Türen, die doppelt und dreifach verriegelt sind? Und ist die Geschichte der Kirche nicht voll von solchen Schwächen und solchem Versagen? Manche Autoren und Medien malen die Geschichte des Christentums so schwarz in schwarz, dass man meinen könnte, es habe da nie ein Senfkorn gegeben oder es sei sofort verdorrt. Doch ist dies auch wahr?

Die Christentumsgeschichte: Licht und Schatten
Wahr und gleichzeitig bedrückend ist, dass im Namen des Christentums schreckliches Unrecht begangen wurde: bei den Kreuzzügen, durch die Judenverachtung, die Inquisition, die Hexenprozesse, die Konfessionskriege. Gewiss, zu jedem dieser Themen wäre geschichtlich viel zu erklären, doch dürfen wir sicher Papst Johannes Paul II. zustimmen, der sich am Aschermittwoch des Jahres 2000 stellvertretend für viele Christen früherer Zeiten für solches Unrecht entschuldigt hat. Allerdings sollten wir auch nicht übersehen, dass es neben diesen dunklen Schatten auch Licht gab in der Christentumsgeschichte. Betrachten wir einmal zwei Bereiche, in denen der Geist Jesu trotz menschlicher Widerstände auch gesellschaftlich wirksam geworden ist: den Einsatz für die Rechte der Schwachen und die tätige Nächstenliebe.

Zum *Einsatz für die Rechte der Schwachen*: Die Kirche hat zwar nicht von Anfang an die fertige Idee der Menschenrechte im heutigen Sinn vertreten.

Nein, oft genug haben die Verantwortlichen zur Unterdrückung geschwiegen oder sind selbst autoritär aufgetreten. Aber der Glaube hat im Laufe der Jahrhunderte immer mehr Christen geholfen, sich der Rechte der Menschen bewusst zu werden, besonders der Schwachen. So hielt man es im Römischen Reich für erlaubt, Neugeborene auszusetzen und verhungern zu lassen – meistens Mädchen, die den Eltern damals keine Alterssicherung boten. Man hat auch Kinder verkauft – sogar als Sklaven –, wenn man Geld brauchte. Gewiss geschah dies meistens aus Armutsgründen. Doch die Christen haben es konsequent als Unrecht betrachtet und vermieden, obwohl sie selten zu den Reichen gehörten. Darum verschwand mit der Ausbreitung des Christentums diese kinderfeindliche Praxis. Wenn Christen heute nach der Liberalisierung des Abtreibungsparagraphen mit einfühlsamem Engagement versuchen, schwangeren Frauen zu helfen, wollen sie ebenfalls in dieser Linie immer auch das Recht von Schwachen, von Ungeborenen, schützen.

Den Sklavenstand hat die junge Christenheit noch nicht grundsätzlich abgelehnt, aber bereits einmal gefordert, dass man die Sklaven menschlich behandele. Im Mittelalter ging man einen Schritt weiter und verbot, Christen zu Sklaven zu machen (etwa, weil sie ihre Schulden nicht bezahlten). Aber als die Europäer Amerika und Afrika eroberten, lebte die unselige Sklaverei wieder auf. Gegen den damaligen Zeitgeist haben drei Päpste die Versklavung grundsätzlich verurteilt, was allerdings kaum Wirkung zeigte. Ordensleute wie Bartolomé de las Casas und Francisco de Vitoria forderten – obwohl sie deswegen von den Kolonisatoren angefeindet wurden –, dass die Indios und Afrikaner human behandelt würden, und im 18. Jahrhundert kämpften protestantische Gesellschaften, etwa der unermüdliche William Wilberforce, für die Abschaffung der Sklaverei. Sie erreichten, dass das Unterhaus in London 1807 den Sklavenhandel auf britischen Schiffen verbot. Um den Bogen ins 20. Jahrhundert zu schlagen: Dort waren an der „Allgemeinen Erklärung der Menschenrechte" durch die Vereinten Nationen 1948 maßgeblich Christen beteiligt – so wie auch beim Kampf für die Rechte der Schwarzen in den USA und Südafrika oder der verarmten Schichten in Lateinamerika.

Das Zeugnis tätiger Nächstenliebe
Noch klarer zeigte sich die Wirkung von Jesu Botschaft in der tätigen Nächstenliebe. Zwar gab es auch in der griechischen und römischen Welt, in die das Christentum hineinwuchs, Gastfreundschaft für Fremde, milde Gaben für Bettler und Stiftungen für Bäder und Theater, durch die sich Reiche beliebt machten. Aber Barmherzigkeit galt nicht als Tugend. Kranke, die keine Familie hatten oder sich die teure Behandlung durch einen Tem-

pelpriester nicht leisten konnten, blieben unversorgt. Die erste Krankenbetreuung, die uneigennützig für alle Bedürftigen bestimmt war, rief im Jahr 370 Bischof Basilius in Caesarea in der heutigen Osttürkei ins Leben. Um eine Kirche herum baute er viele kleine Häuschen für die Kranken, die vor allem an Lepra litten. Die Pflege übertrug er seinen Mönchen, so dass Gottesdienst und Dienst am Notleidenden, Gebet und tätige Nächstenliebe eine Einheit bildeten. Solche Hospitäler, die gleichzeitig auch Herbergen für mittellose Fremde, also Sozialzentren, waren, verbreiteten sich von dort aus im ganzen Reich. Kaiser Julian, der das Reich wieder heidnisch machen wollte, schrieb denn auch: „Die gottlosen Galiläer (Christen) füttern außer ihren eigenen auch noch unsere Armen durch. Gerade diese Dinge haben das meiste zur Verbreitung des Christentums beigetragen."

Im 16. Jahrhundert modernisierte Kamillus von Lellis und sein Orden die Krankenpflege. Diese Kamillianer sorgten so wirkungsvoll für Kranke, Behinderte und Häftlinge, dass sie überall bekannt und beliebt wurden: Das rote Kreuz, das sie auf ihrem Ordensgewand trugen, wurde darum im 19. Jahrhundert vom Internationalen Roten Kreuz übernommen. Auch dieses Rote Kreuz, das wir alle kennen, war eine Erfindung aus christlichem Geist: ausgehend von dem protestantischen Schweizer Henri Dunant, offen für alle Konfessionen und Konfessionslose.

Christliche Nächstenliebe war aber nicht nur Vorläuferin der heutigen Krankenpflege, sondern auch der Sorge um die Bildungschancen und die gesellschaftliche Eingliederung von Kindern aus armen Schichten. So gründeten etwa die „Armen Schulschwestern" oder die Schulbrüder des Johann Baptist von La Salle Armenschulen, noch bevor der Staat eine Schulbildung für alle ermöglichte. Und die „Schwestern vom guten Hirten" und die Salesianer Don Boscos kümmerten sich um verwahrloste und straffällig gewordene Jugendliche, bevor der Staat Jugendämter einrichtete und heilpädagogische und ähnliche Heime finanzierte.

Heute machen die Kirchen auf Lücken in unserem Sozialstaat aufmerksam, wie es beispielsweise Armutsberichte von Caritas und Diakonie getan haben. Christen sind auch engagierte Anwälte armer Länder: Sie arbeiten nicht nur in zahlreichen Dritte-Welt-Gruppen mit, sondern haben auch dazu beigetragen, dass zur Jahrtausendwende 36 besonders armen Ländern Schulden im Umfang von 70 Milliarden Dollar erlassen wurden.

Es ist für unser Geschichts- und Selbstverständnis als Christen sicher hilfreich, auch einmal einen Blick auf diese Lichtseiten zu werfen: Nicht um uns über andere zu erheben, wohl aber um uns nicht von einer übertriebenen Kritik, die die Kirche zur kriminellen Vereinigung machen möchte, lähmen zu lassen. Ein Blick in die Geschichte und Gegenwart zeigt uns zwar unübersehbare Schwächen von Christen. Aber er kann uns auch bewusst machen: In der Kirche wirkte immer auch ein Stück Reich Gottes, in ihr wuchs immer auch eine Gemeinschaft der Liebe, wie aus einem Getreide- und Senfkorn heraus. Und so kann und soll es auch in Zukunft sein.

12. Sonntag im Jahreskreis
Angst und „Schützengrabenreligion"
Zu Mk 4,35–41

Diese Szene – die Jünger mit Jesus in einem Boot, das in den aufgepeitschten Wellen unterzugehen droht – haben im Laufe der Jahrhunderte unzählige Christen wie ein Meditationsbild betrachtet und Kraft und Sicherheit daraus geschöpft. Die Gemeinde, für die Markus sein Evangelium schrieb, sah in der Seesturm-Erzählung wohl in erster Linie ein Bild für die Gefahr, die ihr in der Zeit der Christenverfolgung drohte. Die Erzählung sollte sie zur Treue ermahnen mit der Frage Jesu: „Warum habt ihr solche Angst (vor Verfolgung)? Habt ihr noch keinen Glauben?" Spätere Generationen von Christen, die ihren Glauben frei bekennen durften, erblickten in der Szene jedoch ein Bild für alle möglichen Stürme des Lebens, die uns ähnlich wie die Jünger in Angst und Schrecken versetzen und vielleicht auch rufen lassen: „Meister, kümmert es dich nicht, dass wir zugrunde gehen?" Am besten betrachten auch wir die Erzählung in dieser Sicht. Fragen wir uns also, wie uns der Glaube an Gott und Jesus helfen kann, Ängste, die uns bedrängen, so zu bewältigen, dass sie uns nicht mehr lähmen und am Boden zerstören. Denn die Erzählung verspricht uns ja nicht, dass Gott die Stürme unseres Lebens stets auf wunderbare Weise beenden wird, so dass wir vor ihnen verschont bleiben würden, doch versichert sie uns, dass wir Wege finden können zu einer ähnlichen Gelassenheit, wie Jesus sie hatte, der in größter Gefahr sogar schlafen konnte.

Sehen wir einmal ab von den außergewöhnlichen Ängsten: der Angst, die jemand erlebt, der einmal von einem Bankräuber als Geisel genommen wurde oder einer Flut- oder Brandkatastrophe entronnen ist. Oder der Angst, Straßen und Plätze zu betreten. Oder jenen Angstattacken, die sensible Menschen ohne jeden äußeren Anlass heimsuchen. In all diesen Fällen sollten wir fachliche Hilfe in Anspruch nehmen, damit wir lernen, mit diesen Beschwerden so umzugehen, dass sie nicht mehr unser ganzes Leben beherrschen.

Wie aber gehen wir mit den sozusagen ganz gewöhnlichen Ängsten um: mit den Stürmen, die uns erfassen, wenn wir Angst haben vor einer Krankheit, einer Behinderung, dem Älterwerden, dem Scheitern einer Beziehung, dem Verlust des Arbeitsplatzes, vor finanzieller Verschuldung oder vor den Folgen und Herausforderungen einer ungewollten Schwangerschaft?

Das Gefährlichste an der Angst ist, dass sie uns das Selbstvertrauen rauben und unser Denken ausschalten kann. Da eröffnet die 20-jährige Marion ihrem Freund, dass sie schwanger ist, und bekommt von ihm zu hören, dass ihn das nicht interessiere, weil er ohnehin mit ihr Schluss machen wollte. Wie soll die junge Frau die Probleme, die nun auf sie zukommen, bewältigen? In ihrer Angst sieht sie vielleicht nur noch Berge von Schwierigkeiten. Kein Gedanke, dass sie sich an eine Schwangerschaftsberatungsstelle, an eine Freundin oder an ihre Eltern wenden könnte. Kein Gedanke, dass sie das Kind aufziehen und durch seine Liebe einen neuen Lebensinhalt finden könnte oder dass sie es u.U. zur Adoption freigibt. Sie kennt nur noch ihre Angst und versucht, diesem unerträglichen Druck und ihrem Leben mit Tabletten ein Ende zu machen.

Psychologische Angstbewältigung und Glaube
In akuter Angst, so erklären uns Fachleute, neigen wir dazu, das Problem, das uns bedrängt, zu einem Untergangsszenario zu verzerren. Wir „katastrophisieren" die Situation. Unser Denken wird blockiert und kann nicht mehr nach möglichen Lösungen suchen. Das wichtigste Mittel, um solche Kurzschlussreaktionen zu vermeiden, ist sicher das Gespräch mit einem verständnisvollen Menschen. Selbst wenn der andere kein Experte für die betreffende Notlage ist, kann uns das Gespräch mit ihm doch helfen, die Angst auszuhalten, unsere Lage wieder klarer zu sehen, unsere Lähmung zu überwinden und unsere Kräfte für eine Lösung einzusetzen. So hängt das Leben eines Menschen manchmal am seidenen Faden eines Gesprächs zur rechten Zeit. Darum könnten wir Bekannte, die verzweifelt dreinschauen, unaufdringlich fragen, wie es ihnen geht.

Wenn nötig, sollten wir auch eine Beratungsstelle oder einen Psychotherapeuten aufsuchen. Das verlangt nicht nur unser Selbsterhaltungstrieb, sondern auch die Verantwortung, die wir für unser Wohlergehen haben. Unserem Glauben müssen solche Hilfen gegen die Angst willkommen sein, denn er kann und will sie nicht ersetzen, sondern unterstützen. Wenn wir eine Schuldenberatung, eine Eheberatung, eine Schwangerschaftsberatung, eine Entziehungskur oder ein Anti-Angst-Training brauchen, müssen wir diese Hilfen dort suchen, wo sie angeboten werden. Der Glaube ist kein Ersatz für solche Hilfen, sondern drängt uns, dass wir sie suchen. Er bestärkt uns in unserem Kampf gegen unsere Ängste und bietet uns dabei eine Hilfe eigener Art an.

Wie hilft der Glaube, wenn wir versuchen, unsere Ängste zu überwinden? Nun, wir können – zusätzlich zu den menschlichen Hilfen, die wir anwenden – unsere Not auch ins Gebet nehmen. Wir dürfen beten: „Hilf mir!" Wir dürfen das so gewiss, wie es Jesus am Ölberg getan hat. Jesus hat seine Angst nicht unterdrückt, sondern zugelassen und vor Gott ausgesprochen: „Da ergriff ihn Furcht und Angst ... Und er warf sich auf die Erde nieder und betete: Abba, Vater, alles ist dir möglich. Nimm diesen Kelch von mir!" (Mk 14,33–36). Allerdings wissen wir auch, dass solche Gebete selten ein Wunder bewirken. Meistens verbessert das Gebet die Situation, die uns bedrängt, nicht ohne unsere tätige Hilfe und zaubert auch unsere Angst nicht einfach weg. Aber das Gebet macht uns bewusst, dass wir in unserer Bedrängnis *nicht allein sind*. Es zeigt uns: Selbst wenn das Schlimmste eintreten sollte – eines bleibt uns immer: das Ja Gottes zu uns; die Tatsache, dass er uns als seine Freunde betrachtet. Dieses Ja kann uns Wert und Selbstachtung geben, selbst wenn wir suchtkrank, arbeitslos, behindert oder von Menschen im Stich gelassen werden. Und dieses Ja kann uns auch neue Kraft zum Kämpfen verleihen, weil wir wissen: Gott kämpft mit uns.

Im Gebet kann uns aufgehen: Uns kann zwar schmerzlicher Verlust treffen, aber es gibt *keine Letzt-Katastrophe*, solange wir uns nicht selbst von Gott lossagen. Wir können nach menschlichem Urteil abstürzen, aber wir fallen nicht ins Bodenlose, sondern sind immer von Gott gehalten. So sagte einmal eine Frau, die an Brustkrebs litt und operiert werden musste, zu ihrem Arzt: „Herr Doktor, walten Sie Ihres Amtes, dafür bin ich hier. Tiefer als in Gottes Hand kann ich nicht fallen." Dies kann unser Gebet immer bewirken: dass wir wieder gefasst werden und uns bestärkt fühlen wie Jesus, der angesichts des sicheren Todes sagen konnte: „Aber nicht, was ich will, sondern was du willst, soll geschehen."

„Lass IHN dich aufrichten ..."

Wir können einen Halt finden, wie es ein Jude, der das KZ Auschwitz überlebt hat, einmal beschrieben hat. Da habe ihn, meinte er, eine „Schützengrabenreligion" getragen: keine akademische Hörsaalreligion und auch keine Festgottesdienstreligion, sondern ein Glaube, der uns in größter Bedrohung und Angst standhalten lässt – Schützengrabenreligion. Diesen Halt kann jede und jeder von uns finden. Als einmal Schülerinnen und Schüler eingeladen wurden, in einem Text oder Bild auszudrücken, wo für sie der Glaube bedeutsam wird, schrieb eine 18-Jährige namens Claudia folgende Zeilen, in denen sie das abgenutzte Wort „Gott" durch das großgeschriebene persönliche Fürwort „ER" bzw. „IHN" ersetzte[12]:

---

[12] Gerhard Ettl (Hg.), Mit einem Senfkorn Glauben im Gepäck. Texte junger Christen. ©Verlag Ludwig Auer, Donauwörth 1985, 46.

> Und wenn du wieder einmal meinst,
> es geht nicht mehr weiter,
> wenn du wieder einmal meinst,
> es gibt nur Kurven, keine Straßen,
> dann denk an IHN
> und hör IHN reden – tief in dir.
> Und wenn du dich wieder klein machst,
> um der Welt möglichst
> wenig Angriffsfläche zu bieten,
> wenn du dich zusammenrollst,
> um die Angst über dich gleiten zu lassen,
> damit sie nicht mit voller Kraft
> auf dich prallt, dann warte, und
> lass IHN dich aufrichten
> zu deiner vollen Größe und mehr.

Diese Schülerin weiß, was Angst ist, zumal die Angst, sie könnte vor den Aufgaben versagen, die auf sie zukommen werden. Aber sie hat auch schon herausgefunden, was ihr hilft, ihre Ängste zu bewältigen – menschlich und vom Glauben her. Gerade wenn die Angst unerträglich zu werden droht und uns in Panik versetzen könnte, empfiehlt sie: „Warte", halte der Angst stand, ohne zu fliehen. Und versuche zu hören, was Gott zu dir sagt, wie er zu dir hält: „Und lass Ihn dich aufrichten zu deiner vollen Größe und mehr." Vielleicht überlegen wir in dieser Sicht, wovor wir öfter Angst haben, was wir immer wieder befürchten. Wie wir diese Situation ohne Scheu und Panik anschauen können und welches Stoßgebet, Bibelwort oder Sinnbild uns den Halt geben könnte, den uns der Glaube schenken will. „Warum habt ihr solche Angst? Habt ihr noch keinen Glauben?"

13. Sonntag im Jahreskreis
Spenden – wofür und wie viel?
Zu 2 Kor 8,7.9.13–15

Die heutige Lesung spricht von der ersten internationalen Spendenaktion, die Christen durchgeführt haben. Paulus hat diese Sammlung mit großem Einsatz initiiert, nachdem ihn Jakobus, Petrus und Johannes beim Apostelkonzil gebeten hatten, die Armen der Urgemeinde in Jerusalem zu unterstützen (Gal 2,10). Paulus gab diesen Wunsch weiter an die finanziell besser gestellten Heidenchristen in Galatien, Mazedonien und Korinth und brachte die Summe, die zusammenkam, selbst nach Jerusalem. Freiwillig sollten die Gemeindemitglieder spenden, nicht so, als habe er ihnen ein Gesetz auferlegt, schrieb er ihnen. Auch soll niemand überfordert werden und durch seine Spende in Not geraten, vielmehr sollte ein Ausgleich zwischen dem Überfluss der Reicheren und dem Mangel der Ärmeren zustande kommen. Und alles Spenden wollte Paulus verstanden wissen als Ausdruck des Dankes für das Geschenk der neuen Gemeinschaft mit Gott, mit der Jesus die Gläubigen reich gemacht hat.

Das Almosen-Geben war für Juden und Christen ein wichtiger Liebesdienst, und in den christlichen Gottesdiensten hat man schon früh Kollekten, Sammlungen abgehalten: einerseits für die Armen, Witwen und Waisen und andererseits für den Unterhalt der Gemeindevorsteher. Gesammelt hat man sowohl Geldspenden als auch (auf einem besonderen Tisch) Naturalien. Die Tradition dieser Kollekten wurde fortgesetzt, und heute begegnen wir innerhalb und außerhalb der Kirchen einem umfangreichen Spenden-Sammelwesen. Wie denken wir darüber?

Die vielen Sammlungen, die durchgeführt werden, empfinden manche als lästig. So entstanden auch dementsprechende Witze. Beispielsweise, so erzählt man, saßen einmal drei Einheimische in einer Wirtschaft und tranken ihr Bier. Ein Fremder setzte sich dazu und versuchte, mit ihnen ins Gespräch zu kommen. Er redete über das Wetter, das Bier, über Fußball und Politik; doch jeder Versuch scheiterte. Die drei Einheimischen ignorierten ihn, als wäre er Luft. Da kam ein Mann mit einer Sammelbüchse zum Tisch, zeigte seinen Ausweis und sagte, er sammle für das Rote Kreuz. Der Fremde warf vier Euro in die Büchse. Der Sammler bedankte sich und sah die drei Einheimischen fragend an. Worauf einer schnell sagte: „Wir vier gehören zusammen."

Wer sammelt wofür Spenden?

Spenden werden gesammelt von kleinen Initiativen auf Gemeinde- oder Betriebsebene wie auch von überregionalen Hilfsorganisationen. 250 bis 300 Hilfswerke sind bundesweit bekannt; von den kleineren Initiativen gibt es jedoch Tausende. Die Spendenzwecke reichen von Blindenhilfe über Denkmalpflege, Entwicklungshilfe, Jugendhilfe, Katastrophenhilfe und Mission bis zu Umweltschutz. Der Wettbewerb um Spenden hat sich verschärft, und weil auch dieser Bereich nicht gegen Missbrauch gefeit ist, ist Vorsicht geboten. Organisationen, die Spenden sammeln und ihre Seriosität nachweisen wollen, können dem „Deutschen Zentralinstitut für soziale Fragen" (Berlin) die Unterlagen ihrer Geschäftsführung vorlegen und sich durch ein Spenden-Siegel bestätigen lassen, dass sie ihre Mittel sparsam und satzungsgemäß verwenden. Dieses Siegel muss jedes Jahr neu beantragt und belegt werden.

Für humanitär-karitative Zwecke spenden die Deutschen schätzungsweise über zwei Milliarden Euro im Jahr. Für kirchliche Werke und Aktionen wie Caritas, Diakonie, Brot für die Welt, Adveniat, Misereor und Renovabis spenden Menschen besonders großzügig – wohl auch deshalb, weil sie über die Verwendung dieser Mittel informiert sind, den Organisatoren vertrauen und christliches Engagement unterstützen wollen. Das ist umso erstaunlicher und erfreulicher, als diese Gelder größtenteils von Kirchenmitgliedern gespendet werden, die auch Kirchensteuer bezahlen. Bei einer Umfrage (2001) wurde gefragt: „Wenn Sie alles zusammenzählen, was Sie innerhalb der letzten zwölf Monate gespendet haben, wie viel haben Sie dann insgesamt für gemeinnützige Zwecke (ohne Kirchensteuer) gespendet?" Darauf antworteten von den Deutschen, gleich ob sie Mitglieder einer Kirche waren oder nicht:

19 Prozent, sie hätten nur bis zu 50 DM (also 25 Euro) gespendet; aber

29 Prozent, sie hätten zwischen 50 und 100 DM (25 und 50 Euro) gegeben; und

24 Prozent, bei ihnen seien es bis zu 250 DM (125 Euro) gewesen, während

22 Prozent meinten, sie hätten mehr als 250 DM gespendet.

Sie fragen sich sicher auch manchmal: Wofür soll ich spenden und wie viel? Das *Wieviel* hängt – wie schon Paulus schrieb und jeder leicht einsieht – von den finanziellen Möglichkeiten ab, wobei Familienverpflichtungen Vorrang haben, weil wir ja für die Familie selbst sorgen sollen und dies normalerweise nicht anderen überlassen dürfen. Allgemein sind wir immer nur zu dem verpflichtet, was wir auch können. Aber *wofür* soll ich spenden? Wer ist nicht gelegentlich verwirrt, wenn er an die vielen Spendenaufrufe denkt, die ihn erreichen! Wir können nicht der ganzen Welt helfen, sondern müssen wählen. Dazu sollten wir uns aber informieren. Doch das ist nur in groben Zügen möglich und muss dann auch genügen. Denn wer kann schon einen genauen Bedarfsplan der gesamten Weltbevölkerung aufstellen?

Ein wichtiger Grundsatz dürfte lauten, dass Bedürftigere zuerst das *Lebensnotwendige* erhalten sollen. Bedürftiger sind offensichtlich Menschen, bei denen eine Verzögerung von Hilfe nicht wieder gutzumachende Folgen hätte: etwa Erblindung, die Verschlimmerung der Lepra oder anderer Krankheiten oder der Hungertod. Doch um das Lebensnotwendige zu bekommen, müssen Menschen nicht nur mit Nahrung und Medikamenten versorgt werden, vielmehr brauchen sie auch gesundes Wasser, Wissen um Hygiene, wirtschaftliche Entwicklung, Bildung und anderes. Daraus ergeben sich wieder zahlreiche weitere Spendenzwecke, die mehr oder weniger eng mit dem Lebensnotwendigen verbunden und darum ebenfalls wichtig sind. Wird damit die Lage nicht unüberschaubar? Nun, wir, die wir mögliche Spender sind, können diese Vielfalt an Lebensnotwendigem auch positiv deuten und sagen: Es gibt vielerlei Möglichkeiten und Notwendigkeiten, bei denen unsere Hilfe ansetzen kann. Und wenn wir bei einem Projekt sicher wissen, dass unsere Spende ankommt und Notleidenden hilft, ist es ohne Zweifel richtig und nie falsch, es zu unterstützen.

Tipps für Spender
Eine weitere Überlegung könnte sein, dass wir nicht nur fallweise die Katastrophenhilfe unterstützen, die gerade durch eindrucksvolle Fernsehbilder in den Vordergrund gerückt wird. Es ist zwar gut, dass die Medienberichte von Flut- und Erdbebenkatastrophen regelrechte Wellen der Hilfsbereitschaft in der Bevölkerung auslösen – aber wer denkt an die Buschkrankenhäuser, Elendsviertel, die Kinderprostitution und anderes Elend, das nie im Fernsehen zu sehen ist? Ein weiterer Grundsatz könnte besagen, dass wir Projekte bevorzugen, die Hilfe zur Selbsthilfe anbieten, so dass die Notleidenden allmählich zur selbstverantwortlichen Meisterung ihrer Schwierigkeiten befähigt und von fremder Hilfe unabhängig werden. Darüber hinaus ist sicher noch manche andere Frage zu bedenken. Vielleicht können uns folgende Tipps, die das erwähnte Zentralinstitut für soziale Fragen zusammengestellt hat, zu weiteren Überlegungen anregen. Es heißt da:
1. Spenden Sie überlegt, nicht impulsiv. Die Zahl der Spendenorganisationen und die Intensität der Werbung nehmen ständig zu. Umso überlegter sollten die Spenderinnen und Spender entscheiden, welchen Zweck und welche Organisationen sie unterstützen.
2. Misstrauen Sie übertrieben dringlichen Spendenaufrufen. Seriöse Hilfswerke haben für Not- und Katastrophenfälle vorgesorgt und können die erste Hilfe ohne Rücksicht auf den Spendeneingang starten. Die Spenden sind dann wichtig, um weitergehende Maßnahmen zu finanzieren und die Katastrophenmittel wieder aufzufüllen.
3. Konzentrieren Sie Ihre Spenden auf wenige Organisationen. Das erleichtert die Seriositätsprüfung und mindert den Werbe- und Verwaltungsaufwand. Wer vielen Hilfswerken spendet, wird von all diesen Organisationen als „aktiver Spender" registriert und umso mehr Werbung erhalten.
4. Geldmittel können von den Hilfswerken flexibler und effizienter eingesetzt werden als Sachspenden. Sachspenden sind jedoch dann empfehlenswert, wenn seriöse Organisationen gezielt um sie bitten.

In dem Brief an die Gemeinde in Korinth, dem die heutige Lesung entnommen ist, schreibt Paulus: „Jeder gebe, wie er es sich in seinem Herzen vorgenommen hat, nicht verdrossen und nicht unter Zwang; denn Gott liebt einen fröhlichen Geber." Wie wird man aber ein fröhlicher Geber? Wahrscheinlich in erster Linie dadurch, dass man sich lebendig vor Augen stellt, wie Menschen aus Leid und Verzweiflung befreit werden, wie sie aufatmen und wieder hoffnungsvoll in die Zukunft schauen können dank der Hilfsaktionen, die wir unterstützen.

Das Ergebnis der Kollekte, die man nach alter Überlieferung und Praxis während unserer Eucharistiefeier durchführt, wird gewöhnlich vor dem Altar niedergelegt – als Zeichen unserer Dankbarkeit gegenüber dem, von dem die heutige Lesung sagt: „Er, der reich war, wurde euretwegen arm." Bei den Spenden, die wir außerhalb des Gottesdienstes vielleicht durch eine Banküberweisung oder sonst wie tätigen, ist diese sinnbildliche Handlung nicht möglich. Doch wir können sie nachholen, indem wir alles, was wir anderen an Gutem tun, in Gedanken ebenfalls an den Altar oder auf den Altar legen – als Dank an Gott, der uns das Leben schenkt und für uns Mensch geworden ist.

14. Sonntag im Jahreskreis
Gottes Gegenwart – verborgen in Jesus, verborgen in uns

Zu Mk 6,1–6

Wenn in unserer Nachbarschaft ein „Neuer" einzieht, fragen wir meistens: *„Was ist er?"* Und erhalten dann oft eine Antwort, die den Betreffenden nach seinem Beruf und vielleicht auch nach seiner Familie beschreibt – etwa: „Elektrotechniker (ist er) – ein Schwiegersohn vom Bäcker Kunz." Dies ist wie ein Etikett und eine erste Bewertung. Ähnlich haben die Menschen in Nazaret reagiert, nachdem sie Jesus in der Synagoge seines Heimatortes gehört hatten. Während ihn die Hörer in Kafarnaum und anderen Orten als großen Propheten bewunderten, haben ihn seine früheren Mitbürger so taxiert: „Das ist doch der Zimmermann. Das ist doch der Sohn der Maria" – und weiter nichts: weder ein Prophet noch ein Heilbringer und schon gar nicht Gottes Sohn!

Markus will in seinem Evangelium immer wieder zeigen, dass das Göttliche an Jesus, seine Gottessohnschaft, *verborgen* war hinter seinem echten Menschsein. Dass Jesus nicht mit flammenden Zeichen am Himmel oder einem riesigen Heiligenschein aufgetreten ist und nicht gleich als der

Gesandte Gottes zu erkennen war. Nein, dieses Tiefere mussten seine Hörer allmählich in seinen Worten und Taten entdecken. Wer es wahrgenommen hat, wusste, dass Gott uns in ihm eine neue Gemeinschaft und Freundschaft anbietet. Die Ungläubigen in Nazaret und anderswo aber erkannten dies nicht; sie taten, als ob mit Jesus und Gott nichts gewesen wäre.

Wenn wir im Credo oder in unseren Kirchenliedern bekennen, dass wir Töchter und Söhne Gottes sind, so erleben wir etwas Vergleichbares: Auch unsere Gottesbeziehung, die uns doch Jesus ähnlich macht, zeigt sich nicht in einem Heiligenschein oder in übermenschlichen Fähigkeiten, sondern ist anderen und auch uns selbst *zunächst verborgen*. Dass wir Töchter oder Söhne Gottes sind, unsere „Gotteskindschaft", wie es der Katechismus nennt – das müssen wir immer wieder entdecken hinter einem Schleier von menschlichen Eigenheiten und Armseligkeiten, die zu beweisen scheinen, dass wir genauso sind wie alle Welt. Und diese Erfahrung lässt uns leicht zweifeln und fragen: War da wirklich etwas – hat sich durch das Kommen Jesu, durch unsere Taufe und all die Gottesdienste, die wir mitgefeiert haben, eigentlich etwas an uns verändert? Können wir wirklich mit dem Psalmvers singen: „Ja, Großes hat der Herr an uns getan" (Ps 126,3)?

„Was sind wir?" Auf diese Frage antworten wir dann vielleicht ähnlich wie die Mitbürger Jesu in Nazaret: „Ich bin Handwerker, Angestellte, Freiberufler. Meine Eltern stammen aus X, Arbeitgeber ist Y." Weiter nichts. Kein Gedanke daran, dass uns die Bibel doch Kinder Gottes und seine Freunde und Abbilder nennt und uns versichert: „Er (Jesus Christus) liebt uns und hat uns ... zu *Königen* gemacht" (Offb 1,6).

Es scheint, dass dies schon der Kirchenvater und Papst Gregor als Schwierigkeit mancher Christen gesehen hat, sonst hätte er seine Gläubigen nicht aufgefordert: „Christ, erkenne deine Würde!" (PL 54, 190ff). Warum ist das eine Schwierigkeit und eine Aufgabe? Es geht sicher nicht darum, dass wir Christen uns einbilden sollen, wir seien besser als andere Menschen. Aber wir sollten auch nicht verkennen, dass uns die Beziehung zu Gott, die uns Jesus angeboten hat, eine unvergleichliche Kraft und Würde gibt, die wir ohne diese Beziehung nicht hätten. Und wenn uns klar geworden ist, wie normal und durchschnittlich wir sind, sollten wir auch an diese Würde denken, an der wir so leicht zweifeln.

Wie Gottes Gegenwart uns ändern kann

Und warum zweifeln wir an ihr? Ein Grund ist sicher die ganz natürliche Neigung, uns das Wirken und die Nähe Gottes – das, was Jesus das „Reich Gottes" nannte – als etwas ganz Außergewöhnliches vorzustellen, das von außen hereinbricht und eingreift. Wir sagen uns etwa: Gott ist doch allmächtig – also müsste er die Autoritären unter uns partnerschaftlich machen, die Depressiven froh und die Egoisten hilfsbereit. Ganz sicher entspräche ein solches Eingreifen Gottes unseren Wünschen – aber sind diese denn realistisch? Eine Gemeinschaft von solchen wunderbar verwandelten Gläubigen bestünde doch aus lauter Wesen, die gewaltsam und wie von einer fremden Macht, eben Gott, umgeformt worden wären – fremdgesteuert wie Roboter. Die Hinwendung zu den Mitmenschen und zu Gott wäre nicht *unsere* Einsicht, *unser* Entschluss und Frucht *unserer* Arbeit an uns, sondern Werk eines anderen. Wenn sich aber unser Wesen wirklich und auf menschliche Weise umwandeln soll, müssen wir dies zuallererst selber wollen. Eine solche Umwandlung muss auch nicht irgendwo, sondern bei unseren Stärken und Schwächen ansetzen.

Wie sich bei Jesus das Göttliche durch sein begrenztes Menschsein hindurch zeigte, will sich Gottes Gegenwart in unserem tatsächlichen Denken, Empfinden und Handeln auswirken, so wie es ist. Die Verbundenheit mit Gott und Jesus verändert nicht mit einem Schlag unser autoritäres Bestimmenwollen, wenn es sich aufgrund von Anlage und Erziehung einmal eingespielt hat – aber diese Verbundenheit bestärkt uns wahrscheinlich in der Absicht, partnerschaftlicher zu werden, sobald uns diese Aufgabe einmal klar geworden ist. Die Taufe oder der Empfang der Kommunion wirken nicht wie ein Medikament gegen Depressionen oder Ängste, sondern lassen unser störanfälliges Nervensystem, so wie es ist – aber die Freundschaft mit Gott, die wir in Gebet und Sakrament erleben, kann das quälende Gefühl der Verlassenheit und Wertlosigkeit lindern. Der Glaube macht uns auch nicht plötzlich zu Engeln der Nächstenliebe, aber er holt uns dort ab, wo wir in puncto Hilfsbereitschaft sind, und animiert uns zu weiteren Schritten.

So wirkt die Beziehung zu Gott, die uns Jesus schenkt, unscheinbar, aber wirklich. Die meisten Lebensqualitätsforscher anerkennen heute, dass religiöser Glaube für viele Menschen eine Hilfe ist, um besser mit Krankheit, Angst und Trauer um liebe Verstorbene fertig zu werden und das Leben positiver zu sehen, zufriedener. Von den Europäern, die sich als religiös bezeichnen, erklären (1999) 81 Prozent, dass sie „aus dem Glauben persönlich Trost und Kraft ziehen".

Manche Psychotherapeuten leiten Klienten, die religiös sind, dazu an, bei ihrem Bemühen um ein Leben ohne Angst und Trauer auch ihren Glauben einzusetzen. Da lernen sie etwas, das für uns alle hilfreich sein kann: Man lernt, zuerst einmal auf ein Problem oder eine innere Aufgabe aufmerksam zu werden – etwa auf lähmende Angst oder zu geringes Selbstwertgefühl. Dann sucht man dazu einen Gedanken, ein Stoßgebet oder ein Sinnbild des Glaubens und meditiert dies, damit man lernt, seine Angst, seine Ungeduld, seine Trauer oder sein ständiges Gekränktsein auch vom

Glauben her günstig zu beeinflussen. Ein Alkoholkranker, der dies versucht hat, meinte einmal, er habe dabei über seinen katholischen Glauben mehr gelernt als in 13 Jahren Religionsunterricht.

Glauben wir also sozusagen an das Göttliche in uns: an das Wirken der Nähe Gottes in unserem Leben und Zusammenleben – auch wenn es wie verborgen ist. Diese Gegenwart Gottes verleiht uns einen Wert, den uns Menschen weder geben noch nehmen können. Sie schenkt uns auch die Kraft zu einer Entwicklung, in der uns nicht nur unsere Erzieher, Ehepartner, Kinder, unser Bekanntenkreis und die Medien beeinflussen, sondern neben alldem auch Gott und Jesus. Zu dieser Quelle in uns hat sich der Theologe Karl Rahner einmal mit folgenden Sätzen bekannt:

Ich glaube an den Heiligen Geist.
Ich glaube, dass er meine Vorurteile abbauen kann.
Ich glaube, dass er meine Gewohnheiten ändern kann.
Ich glaube, dass er mir Phantasie zur Liebe geben kann.
Ich glaube, dass er mich vor dem Bösen warnen kann.
Ich glaube, dass er mir Kraft in meinem Leiden geben kann.
Ich glaube, dass er mein Wesen durchdringen kann.

Doch, wir sind Töchter und Söhne Gottes. Wir haben eben nicht nur einen Beruf, eine Familienherkunft und ein paar Stärken und Schwächen, sondern auch diesen Geist Gottes. „Christ, erkenne deine Würde!"

15. Sonntag im Jahreskreis
Was heißt missionarisch sein?
Zu Mk 6,7–13

Nach dem Bericht, den wir soeben gehört haben, wollte Jesus, dass seine Frohbotschaft weiter verkündet wird, sobald seine Jünger dazu imstande wären. An uns heute könnte dieses Evangelium die Frage richten: „Sind wir zum Weitersagen der Frohbotschaft bereit, sind wir *missionarische Christen* oder wie können wir es werden?"

Das Wort „missionarisch" wird heute oft negativ verstanden und bedeutet dann so viel wie „aufdringlich". Vielleicht denken wir dabei an Zeugen Jehovas oder an Mormonen, die von Haus zu Haus gehen und uns ungefragt ihren Glauben bezeugen. Oder wir erinnern uns an Straßenprediger, die an belebten Plätzen der Stadt laut von ihrem Glauben reden, gleich, ob sich die Vorübergehenden dafür interessieren oder nicht.

Missionarisches Wirken im Sinne Jesu muss etwas anderes sein. Jesus und seine ersten Jünger haben die Frohbotschaft nicht auf aufdringliche Weise verkündet. Nein, sie traten großenteils in den Synagogengottesdiensten auf, zu denen sich die jüdischen Gemeinden am Sabbat versammelt haben und wo das Zeugnis von Wanderpredigern und durchreisenden Gästen vorgesehen und willkommen war. Die ersten Christen im Römischen Reich sprachen im gelegentlichen Zwiegespräch mit anderen von ihrem Glauben, so dass sich das Christentum auch durch Mund-zu-Mund-Propaganda verbreitete. Das heißt, die ersten Christen sprachen dann von der Frohbotschaft der Nähe Gottes und des Auferstandenen, wenn die Gelegenheit dazu günstig war.

Missionarisch sein bedeutet also, dass wir das rechte Wort des frohmachenden Glaubens im rechten Augenblick sprechen. Wir alle sollen dies versuchen, nicht nur die hauptamtlichen MitarbeiterInnen der Kirche, sondern jeder auf seine Weise. Die dafür ausgebildeten MitarbeiterInnen der Kirche tun dies in Religionsunterricht, Erstkommunion- und Firmvorbereitung, Besinnungstagen und Gottesdiensten. Die Kirchenleitungen suchen nach Gelegenheiten, um auch in der breiten Öffentlichkeit auf den christlichen Glauben hinzuweisen: in Rundfunk- und Fernsehsendungen, die die Kirchen gestalten können, sowie in Stellungnahmen der Kirchen zu aktuellen Fragen, in denen es um Krieg und Frieden, Menschenwürde und Gerechtigkeit geht.

Entscheidend ist das rechte Wort von Mensch zu Mensch

Man hat darüber hinaus weitere Versuche unternommen, Menschen, die den Kirchen entfremdet sind, unsere Ziele und Anliegen nahe zu bringen. Beide großen Kirchen haben beispielsweise in den vergangenen Jahren Werbeagenturen beauftragt, Zeitungsanzeigen und Plakate zu entwerfen, auf denen für Momente der Stille und des Gebets, für das Lesen in der Bibel, für Gottesdienste und andere Angebote der Kirchen geworben wurde. Der Erfolg solcher PR-Aktionen ist schwer zu messen, und es wurden auch Zweifel an ihnen laut. Die Unsicherheit, ob sich der Aufwand lohnt, war so groß, dass man diese Werbekampagnen nicht im großen Stil weitergeführt hat. Es ist überaus schwierig, über den gewohnten Rahmen hinaus auf die Angebote von Glauben und Kirche aufmerksam zu machen. Das mag ein Beispiel beleuchten, das fast komische Züge hat. In Lübeck, wo viele Menschen kaum noch wissen, wie eine Kirche von innen aussieht und was eine Gemeinde tut, haben sich im März 2000 an einem Sonntag vier Pastoren und eine Pastorin von ihren Kirchtürmen abgeseilt – wie an einer Felswand und wohlvorbereitet durch Übungen beim Alpenverein. Eine solche Aktion lockt immer Schaulustige an, zumal wenn zuvor die Medien auf sie hinweisen. So hofften die fünf Theologen, dass sie damit etwas Neugier auf ihre Kirchen und ihre Gottesdienste wecken könnten. Auch ihr Erfolg war wohl nicht überwältigend, denn man hat die Aktion andernorts nicht nachgeahmt.

Die Kirchenleitungen mögen weiter Wege erkunden, wie sie auch bei Bürgerinnen und Bürgern, die den Kirchen fern stehen, Aufmerksamkeit für die Frohbotschaft erregen können. Was immer sie ausprobieren – eines steht fest: Wichtig ist stets das *rechte Wort von Mensch zu Mensch*. Wichtig ist unser aller Zeugnis; und dieses Wort muss im rechten Augenblick erfolgen, damit es nicht peinlich wirkt, sondern ankommt. Wie erspüren wir aber den rechten Augenblick, und wie finden wir das rechte Wort?

Den rechten Augenblick werden wir nur treffen, wenn wir warten können, bis sich irgendwann die nötige Aufgeschlossenheit für Glaubensfragen einstellt. Das kann lange dauern. Am Arbeitsplatz, im Verein und am Stammtisch redet man ausgesprochen selten von Religion, weil man sie als Privatsache betrachtet, die leicht zu Meinungsverschiedenheiten führen könnte. Am ehesten spricht man von der Außenseite der Kirche, zumal vom Verhalten des so genannten Bodenpersonals – etwa von Papstreisen oder Priesterskandalen. Diese Zurückhaltung sollten wir respektieren. Und doch erfährt man auch in unserer säkularisierten Zeit irgendwann einmal, wo der Arbeitskollege oder Nachbar in religiöser Hinsicht steht. Ob er gläubig ist oder nicht und wie er es mit der Kirche hält. Es gibt also wohl doch auch Augenblicke, wo wir auf ganz natürliche Weise davon reden können, wie *wir* es halten mit Glauben und Kirche: dass wir beispielsweise zum Gottesdienst, zum Pfarrfest, zu einem religiösen Vortrag oder einem Besinnungstag gehen. Wir brauchen dazu keine Ruhmrede auf den Glauben zu halten – die Gesprächspartner merken meistens an unserer Stimme und unserem Gesicht, dass uns so etwas wichtig ist.

Manchmal mag allerdings auch eine tiefergehende Bemerkung angebracht sein: eine Bemerkung – keine Predigt. In der Verwandtschaft oder in der eigenen Familie wurde ein Kind geboren – vielleicht wollen wir auch sagen, dass wir dies als Geschenk betrachten. Wir haben ein Ehrenamt übernommen – vielleicht deuten wir auch an, dass dies für uns ein Versuch ist, etwas Nächstenliebe zu üben. Eine Krankheit hat uns getroffen – vielleicht wollen wir unserem Lage- und Liegebericht hinzufügen, dass uns auch das Gebet eine Hilfe ist. Ein Bekannter ist gestorben – möglicherweise äußern wir die Hoffnung, dass mit dem Tod nicht alles aus ist. Wer gegenteiliger Ansicht ist, sagt dies ja auch – warum dann nicht auch wir?

Mut zu eigenen Sprechversuchen
Wie finden wir nach dem rechten Augenblick auch das *rechte Wort?* Nun, mit der Übung verbessert sich auch die Fähigkeit, solche Bemerkungen so zu formulieren, dass sie zu uns passen und nicht falsch klingen. Wir müssen es uns nur zutrauen, dass wir auch ohne Theologiestudium ein paar Stichwörter entdecken, die ausdrücken, was uns der Glaube bedeutet. Eine Prise Humor und etwas Untertreibung kann die Sache würzen und erleichtern. In einem Bus haben sich einmal zwei Männer getroffen, die sich lange nicht mehr gesehen hatten. Der eine erklärte dem anderen, was er als Rentner alles tue. „Und dann", sagte er, „habe ich auch noch den Mesnerdienst in der Dorfkirche übernommen. Weißt du, in der Zeit, wo ich in der Kirche bin, tue ich nichts Böses." Da mussten auch die anderen Fahrgäste schmunzeln, die es gehört haben. Manchmal sollten wir uns viel frohgemuter zu unserer Einstellung bekennen. Niemand kann etwas dagegen haben, wenn wir etwa sagen: „Ich bin katholisch, und wie mir scheint, tut mir das sogar gut."

Am besten beginnen wir mit unseren Sprechversuchen in der eigenen Familie. Denn die Schwierigkeit, über den eigenen Glauben vier oder fünf Worte zu sagen, beginnt ja bereits im vertrautesten Kreis. Man hat etwas spöttisch bemerkt, was man in religiöser Hinsicht denkt und empfindet, sei bei vielen Ehepaaren und Eltern das am besten gehütete Geheimnis. Das ist kein Vorwurf. Es ist einfach so, dass wir im Familienkreis – und dann auch anderswo – über Politik, Gesundheit und vieles andere leichter reden als über Glaubensfragen, das Gebet und die Art, wie wir Gottesdienste erleben. Und doch: Es geht auch anders. Man kann lernen, sich ohne Frömmelei zu einem Fest im Kirchenjahr, zu einem Gottesdienst oder einer religiösen Fernsehsendung zu äußern – sei es vor jüngeren und älteren Kindern, sei es vor dem Ehepartner. Und wenn wir die erste Scheu einmal überwunden haben, erfahren wir vielleicht, dass das gelegentliche Gespräch über den Glauben die Familienmitglieder miteinander verbinden kann. Freilich müssen wir auch da warten können und nichts übers Knie brechen.

Ob wir in der Familie oder darüber hinaus bei Bekannten anfangen, vom Glauben zu sprechen – immer gehört zum rechten Wort im rechten Augenblick auch die richtige Grundeinstellung. Welche Einstellung? Nun, wir sollten nie vom Glauben reden, um andere zu belehren oder ihnen etwas aufzuzwingen. Nein, *missionarisch sein* heißt, dass wir das, was *uns* trägt, was *uns* freut und den Weg weist, nicht egoistisch für uns behalten wollen, sondern auch anderen zugänglich machen möchten, damit auch sie an dieser Frohbotschaft und an diesem Schatz teilhaben können – wenn sie es denn wollen.

16. Sonntag im Jahreskreis
Bewusst in der Weltkirche leben
Zu Eph 2,13–18

Von allen christlichen Kirchen betont die katholische am stärksten, dass sie nicht nur Kirche eines einzelnen Volkes oder Landes, sondern Weltkirche ist. In dieser Weltkirche gibt es zwar nationale Bischofskonferenzen, und die Katholiken jeden Landes sind natürlich geprägt von den Traditionen, den Denkgewohnheiten und dem Nationalstolz ihres Landes, aber die Einheit mit dem Bischof von Rom, dem Papst, erinnert sie daran, dass sie mit den anderen Ortskirchen in der Welt eine Gemeinschaft bilden sollen – stärker, als es etwa die evangelischen Landeskirchen oder die orthodoxen Kirchen gewohnt sind, obwohl auch sie sich als übernationale Gemeinschaft verstehen. In China konnten die Kommunisten zwar Katholiken dazu bewegen, eine Nationalkirche zu bilden, die keine Verbindung mit dem Papst und dem Ausland unterhält, doch sind viele chinesische Katholiken um der Einheit mit Rom und der Gesamtkirche willen in den Untergrund gegangen, und manche haben dafür eine langjährige Haft auf sich genommen.

In der Lesung, die wir gehört haben, sagt Paulus, worin der innerste Kern und Grund dieser Einheit über alle Volks- und Kulturgrenzen hinweg besteht. Er hat ja auf dem Apostelkonzil dafür gekämpft, dass die Botschaft Jesu nicht nur Juden, sondern auch Heiden verkündet wird, dass sich der Glaube nicht nur in der Kultur der Juden verwurzeln kann, sondern auch in der der Heiden, die die Beschneidung sowie die Reinheits- und Speisevorschriften der Juden ablehnten und als trennende Mauer empfanden. Vielleicht waren nun in seinen Gemeinden auch Judenchristen, die sich noch an diese Gesetzesweisungen hielten, aber bei den Heidenchristen, die damit nichts zu tun haben wollten, wenig Verständnis erlebten oder sogar verachtet wurden. Dieser Gemeinde erklärt nun Paulus, dass Christus die „trennende Wand" zwischen Juden und Heiden niederriss, dass durch ihn die Gesetzesvorschriften und damit die wichtigsten Unterschiede bedeutungslos wurden, weil er beide Menschengruppen mit Gott, dem Vater, und miteinander versöhnen wollte: „Er kam und verkündete den Frieden: euch, den Fernen (den Heiden), und uns, den Nahen (den Juden). Durch ihn haben wir beide in dem einen Geist Zugang zum Vater" (Eph 2,18). Dieser Zugang ist allen Menschen angeboten, und in der Kirche soll die von Jesus gestiftete Einheit aller Menschen sichtbar werden: Sie soll Glaubensgemeinschaft für alle, das heißt Weltkirche sein. Damit verschwinden die nationalen und ethnischen Unterschiede zwar nicht, aber sie sind nicht mehr alles;

sie treten hinter Wichtigerem zurück. Was bedeutet nun für uns diese Aufgabe und diese Vision, dass wir Weltkirche sein sollen?

Die Weltkirche ist „multikulturell"
Zunächst sollten wir uns wohl einfach *freuen*, dass wir einer Weltkirche angehören dürfen, die mit gut einer Milliarde Mitgliedern die zahlenmäßig größte einheitliche Glaubensgemeinschaft der Welt bildet und in fast allen Kulturen verwurzelt ist. Zwar hat unsere Kirche auch außerhalb Europas immer noch ein stark europäisches Gepräge, aber es gibt längst auch ein afrikanisches, indisches, chinesisches, indonesisches, philippinisches, japanisches und koreanisches katholisches Christentum, um nur diese Beispiele zu nennen, und inzwischen leben drei Viertel der Katholiken außerhalb von Europa. Der Begriff „multikulturell" ist als Programm für die Innenpolitik der Bundesrepublik zwar umstritten; aber die *Weltkirche* ist grundsätzlich multikulturell, und wenn sich transnationale Unternehmen ihrer Verbindungen in fast alle größeren Länder rühmen, verfügt die Weltkirche über ein Netz von Beziehungen, die mehr sind als Geschäftsbeziehungen, weil sie auf gemeinsamer Glaubensfreude und oft auch auf gegenseitiger Unterstützung beruhen. Freuen wir uns, wenn wir im Fernsehen erleben, wie der Papst in zahlreichen Sprachen den Christen in aller Welt ein frohes Weihnachts- oder Osterfest wünscht, oder wenn in Großstädten Vertreter von Auslandsgemeinden in ihrer Landestracht an einem Gottesdienst oder einer Fronleichnamsprozession teilnehmen. Da sehen wir ein Stück Weltkirche.

Freuen wir uns aber vor allem, dass Jesu Geist alle Menschen erfassen und zu gleichrangigen Söhnen und Töchtern Gottes machen will. Wenn Vertreter der Vereinten Nationen an das erinnern, was uns trotz aller Unterschiede und Zerrissenheit gemeinsam ist, betonen sie, dass wir doch alle Menschen sind und ein menschliches Antlitz tragen. Dem kann unser Glaube nur zustimmen, wird aber noch etwas hinzufügen, was die Gemeinsamkeit steigert: Wir sind nicht nur alle Menschen, sondern auch Schwestern und Brüder Jesu, Töchter und Söhne Gottes, die sein Geist führen will – und dieses Angebot macht Gott jedem, ob er zu unserer Kirche gehört oder nicht.

Wenn uns heute die modernen Medien und der Tourismus Zugang zu vielerlei Ländern und Kulturen verschaffen, wenn die Welt zu einem „globalen Dorf" wird – könnte uns das Bewusstsein, in einer Weltkirche mit diesem Geist zu leben, ein *tieferes Interesse* an fremden Menschen und Kulturen eingeben – im Inland wie im Ausland. Reisebegleiter klagen oft, dass Touristen andere Länder nur oberflächlich bereisen und sich mit dem Besichtigen und Abfotografieren bekannter Naturschönheiten und Bauwerke begnügen. Wir könnten uns aber auch dafür interessieren, wie die

Einwohner der Länder, in die wir reisen, leben und denken – auch wie sie in religiöser Hinsicht denken und, wenn sie Christen sind, wie sie Gottesdienst feiern.

Von anderen lernen

Je besser wir die Katholiken anderer Länder kennen lernen, desto deutlicher werden wir aber auch Unterschiede bemerken. Niemand ist einfach nur Christ oder Katholik, sondern er ist es als Deutscher, Österreicher, Pole, Franzose, Amerikaner, Japaner usw. Die eine Botschaft Jesu hat sich in zahlreichen Kulturen, Lebensstilen und Denkgewohnheiten verwurzelt. Und jede Kultur hat – im Lichte der Frohbotschaft betrachtet – ihre Stärken und Schwächen, ihre positiven und negativen Seiten. Als Mitglieder einer Weltkirche sollten wir darum wissen, und die Begegnung mit anderen Christen könnte uns immer wieder veranlassen, unsere Art, zu denken und Christ zu sein, nicht für die einzig mögliche zu halten, sondern offen zu prüfen, was daran gut und was vielleicht einseitig oder fragwürdig ist. Beispielsweise denken die Schweizer Katholiken aufgrund ihrer basisdemokratischen Tradition ganz anders über die Einsetzung von Pfarrern und die Verteilung der Finanzen in einer Diözese als wir in Deutschland, und polnische Katholiken haben sowohl zur Geistlichkeit als auch zur eigenen Nation ein anderes Verhältnis als deutsche oder tschechische Katholiken. Wir können uns fragen, welche Folgerungen wir daraus ziehen wollen.

Bewusst in der Weltkirche leben heißt aber nicht nur, dass man sich in Frage stellen lässt und die eigene Art, den Glauben zu leben, neu überdenkt, sondern auch, dass man u.U. von anderen lernt. Auch wenn wir es nicht einfach nachahmen müssen, können wir uns doch beeindrucken lassen von der schlichten Freude lateinamerikanischer Christen, der Spontaneität von Afrikanern oder dem Zusammenhalt nordamerikanischer Gemeinden. Darüber hinaus hat beispielsweise die Art, wie Peruaner mit der ganzen Familie ein Kind auf die Erstkommunion vorbereiten, oder der Austausch über einen biblischen Text, wie er in Afrika entwickelt wurde, das so genannte Bibel-Teilen, auch bei uns Schule gemacht und Christen angeregt.

Als Weltkirche, die in vielen Kulturen lebt, aber durch gegenseitigen Austausch sowie vom Papst zusammengehalten wird, versuchen wir eine kulturelle *Einheit in Vielfalt* zu verwirklichen. Dies könnte uns Katholiken sowie andere, die unser Beispiel sehen, auch im weltlichen Bereich davor bewahren, fremde Kulturen für minderwertig zu halten und anderen Völkern einen westlichen Lebensstil und westliches Denken aufzudrängen – ohne Dialog, ohne Austausch, so dass selbstbewusste Gruppen in islamischen und asiatischen Ländern meinen, gegen einen westlichen Kulturimperialismus kämpfen zu müssen. Solange die Menschenrechte respektiert werden, kann es uns als Christen gleich sein, wie andere ihr Familien- oder Gemeindeleben organisieren, wie sie es mit der Marktwirtschaft halten und ob sie lieber Tee oder Coca Cola trinken.

Auf eine besonders intensive Weise leben jene bewusst in der Weltkirche, die eine Patenschaft mit einer ausländischen Gemeinde mittragen oder in einer Dritte-Welt-Gruppe oder einem Eine-Welt-Laden mitarbeiten. In der deutschen Kirche gibt es schätzungsweise 10 000 solcher Initiativen. Hier entwickelt sich eine weltweite Solidarität, eine Gegenbewegung zu einer Was-kümmern-mich-die-andern-Einstellung, die nur an den Wohlstand im eigenen reichen Land denkt. Hier setzen sich Angehörige der Weltkirche für Menschen ein, die benachteiligt sind und ausgegrenzt werden vom wachsenden Wohlstand, den die wirtschaftliche Globalisierung den reichen Ländern verschafft oder wenigstens verspricht. Hier versuchen Christen, wie Papst Johannes Paul II. einmal sagte, „der Globalisierung des Profits und des Elends eine Globalisierung der Solidarität entgegenzuhalten". Das tun auch unsere internationalen Hilfswerke Adveniat, Misereor und Renovabis, und wenn die Sternsinger jedes Jahr für Not leidende Kinder eines Entwicklungslandes sammeln, lernen auch erfreulich viele junge Menschen, weltkirchlich zu denken und über den eigenen Tellerrand hinauszuschauen.

Freuen wir uns, dass wir in einer Weltkirche leben dürfen, und dass der Geist Gottes die „trennende Wand" nicht nur zwischen Juden und Heiden, sondern zwischen allen Stämmen, Völkern und Kulturen niederreißen will, damit sie das Gemeinsame über das Befremdende und Trennende stellen. Und lassen wir uns immer wieder in der Eucharistiefeier an diese Frieden und Einheit stiftende Zuwendung Gottes erinnern. So wie die älteste Kirchenordnung, die Zwölfapostellehre, im gebrochenen Brot, das aus vielen gemahlenen Körnern gebacken wird, ein Symbol für die Einheit in Vielheit sieht und zu beten empfiehlt: „Wie dieses gebrochene Brot auf den Bergen verstreut war und zusammengebracht eins wurde, so möge deine Gemeinde von den Enden der Erde zusammengebracht werden in dein Reich. Denn dein ist die Ehre und die Macht durch Jesus Christus in Ewigkeit" (Kap. 9, 5).

17. Sonntag im Jahreskreis
Die zweckfreie Freundschaft mit Gott als Manna

Zu Joh 6,1–15

Der Bericht von der Brotvermehrung klingt wie die Erzählung von einer Zweierbeziehung, in der der eine Partner die Zeichen und Geschenke des anderen falsch versteht. Stellen wir uns vor: Ein ungleiches Paar hat sich zusammengefunden. Der eine Partner ist materiell reich und will mit dem anderen eine echte Freundschaft aufbauen; der andere Partner aber ist fast nur an materiellen Vorteilen und sozialem Aufstieg interessiert. Macht der Reichere ein Geschenk und versteht es als Zeichen seiner Zuneigung, so antwortet der Ärmere nicht mit Zuneigung seinerseits, sondern nimmt es nur als Hinweis dafür, dass ihm weitere materielle Zuwendungen und eine Zukunft in Wohlstand versprochen werden. Er versteht die Zeichen des anderen falsch, weil ihm an einer Liebesbeziehung nichts liegt.

Jesus wollte – so erzählt Johannes – den Scharen, die ihm nachzogen, mit der Brotvermehrung ein Zeichen geben. Diese Brotvermehrung war nicht nötig; die Menschen hätten sich auch selber versorgen können. Er wollte ihnen aber zeigen, wie Gott in der Schöpfung, im Kommen seines Sohnes und einst im Leben nach dem Tod eine Liebesbeziehung mit uns Menschen eingehen will – eine Beziehung, die uns seelisch stärken und nähren möchte, wie einst das Manna das Bundesvolk in der Wüste körperlich gestärkt und ernährt hat. Doch die meisten Anwesenden deuteten dieses Zeichen, die Brotvermehrung, ganz von ihren materiellen und politischen Interessen her und sagten sich: Dieser Jesus kann uns noch mehr Vorteile verschaffen – der muss König werden und uns ein Reich des Wohlstandes herbeiführen. Gott wollte ihnen das Brot der Freundschaft schenken, das das Herz nährt – sie aber waren nur am Brot interessiert, das den Magen sättigt. Gott wollte eine Freundschaftsbeziehung aufbauen – sie aber wünschten materielle Güter. Gott wollte ein Reich der Liebe mit ihnen gründen – sie aber wollten eine Wohlstandsgarantie.

Wir Christen heute haben uns sicher daran gewöhnt, dass uns Gott in der Frohbotschaft Jesu keine materiellen Güter versprochen hat. Wir wissen, dass wir ihm, dem Schöpfer, allen Besitz und alle Kräfte, über die wir verfügen, verdanken, von ihm also auch materiell beschenkt werden. Aber Jesus hat uns keine Garantie gegeben, dass Gott darüber hinaus immer punktgenau ein Wunder wirkt, wenn wir in Not geraten oder uns verbessern wollen. Die Gläubigen sind nicht immer die Erfolgreicheren und Vermögenderen; sie sind auch nicht immer diejenigen, die seltener von Unfällen oder Krankheiten heimgesucht werden. Aber so wie in der Beziehung zwischen zwei Ehepartnern oder zwischen Eltern und Kindern die materielle Hilfe nicht genügt, sondern auch persönliche Zuwendung und Aufmerksamkeit nötig sind, ernährt sich auch eine lebendige Beziehung zu Gott wesentlich von der *zweckfreien Freundschaft* mit ihm. Und diese wollte uns Jesus seinerseits, göttlicherseits zusichern: „Ich nenne euch nicht mehr Knechte, vielmehr habe ich euch Freunde genannt" (Joh 15,15).

Gott – nicht nur als Nothelfer
Wie denken wir über diese zweckfreie Freundschaft mit Gott? Manche Menschen verstehen dieses Angebot nicht. In Umfragen bestätigen nicht wenige Personen, dass sie nur in Notzeiten beten. Wenn es ihnen gut geht, haben sie offensichtlich kein Interesse an einem Gebetskontakt mit Gott. Wir brauchen diese Menschen nicht zu verurteilen; immerhin anerkennen sie wenigstens in der Not, dass sie von einem Höheren abhängen. Doch was wäre das – so können wir für unsere Person fragen – für eine Gottesbeziehung, die sich nur auf gelegentliche Bittgebete beschränkt?

Eine solche Beziehung wäre ohne Zweifel einseitig. Es wäre, wie wenn eine Tochter oder ein Sohn, die irgendwo ihre Ausbildung absolvieren und nicht mehr zu Hause wohnen, bloß noch bei Geldnot mit ihren Eltern Verbindung aufnehmen würden, sonst aber weder zu Weihnachten noch zum Geburtstag einen Gruß für sie übrig hätten. Lassen wir einmal außer Acht, dass die Eltern dieses Verhalten als grobe Undankbarkeit empfinden müssten. Fragen wir einmal, wie solche Kinder ihre Eltern erleben. Nun, sie wären für sie nur eine finanzielle und materielle Versorgungsstelle, die man durch eine Behörde ersetzen könnte. Sie würden nicht wahrnehmen, welche Güte, Anteilnahme und Uneigennützigkeit ihnen die Eltern u.U. entgegenbringen. Ähnlich wäre es, wenn wir uns nur in Notsituationen an Gott wenden oder fragen würden, was Jesu Frohbotschaft uns materiell bringt. Wir würden Gott nur als möglichen Nothelfer und Erfolgsgaranten erleben: sei es, wenn wir selber oder ein Angehöriger erkrankt, wenn das Flugzeug, mit dem wir fliegen, in Turbulenzen gerät, wenn wir vor einer Prüfung zittern oder um den Arbeitsplatz bangen. Im Übrigen aber würden wir nicht an Gott denken und hätten ihm nichts zu sagen. Er wäre für uns wie ein Regenschirm oder ein Ersatzrad im Auto – an die denkt man auch nur, wenn man sie braucht. Unsere Beziehung zu ihm würde verkümmern. Wir würden keinen Sinn entwickeln für seine freundschaftliche Verbundenheit mit uns, die uns nähren und stärken kann – wie eben Manna –, unabhängig davon, ob wir materielle Hilfe brauchen oder nicht.

Gewiss dürfen und sollen wir in jeder Notsituation zu Gott beten. Dies kann uns stärken, auch wenn kein Wunder geschieht. Wenn wir um die

Genesung eines krebskranken Angehörigen bitten, ändert dies zwar kaum direkt seine Abwehrkräfte, aber wir sehen die Lage vielleicht nicht mehr so verzweifelt. Wenn wir bei einem gefährlichen Flug um Hilfe bitten, ändert dies kaum unmittelbar die Wetterlage, aber wir können gelassener werden. Wenn wir um den Arbeitsplatz bangen, ändert dies nicht direkt die Wirtschaftslage und Personalplanung des Unternehmens, aber wir können unsere bedrohte Zukunft wenigstens mit den Augen Gottes sehen, ihn an unserer Seite wissen und gefasster kämpfen. In allen Schwierigkeiten dürfen und sollen wir also beten. Doch sollten wir auch versuchen, außerhalb von Notzeiten die Verbindung mit Gott zu pflegen. So kann uns bewusst werden: Gott ist mehr als ein Nothelfer. Ob wir uns in materieller Not befinden oder nicht – er will uns Vater und Freund sein. Wenn uns Eltern, Ehepartner und Freunde Güte, Anteilnahme und Uneigennützigkeit entgegenbringen – er tut dies auch. Er tut es als Schöpfer, der uns in jedem Augenblick das Leben schenkt und uns in unserem Herzen und Gewissen bejaht und zum Guten ruft. Darüber hinaus zeigt er uns seine Freundschaft durch Jesu Botschaft und die Treue, mit der er sie verkündete und für sie, nein, für uns starb. In Jesus sagt uns Gott: „Ich nenne euch nicht mehr Knechte, vielmehr habe ich euch Freunde genannt."

Praktizieren wir also nicht nur das Bittgebet in materieller Not, sondern pflegen wir auch in unserem Gebet die zweckfreie Freundschaft mit Gott. Freuen wir uns einfach über seine Gegenwart, danken wir ihm, staunen wir über ihn. Was diese Art, an Gott und Jesus zu denken, einem Gläubigen bedeuten kann, wie sie eine Art Manna werden kann, das einen tiefen Hunger stillt, mögen folgende Sätze aus einem Gebet des Theologen und Religionsphilosophen Romano Guardini deutlich machen. In ihnen spricht er keinerlei materielle Bitte aus, sondern sagt: „Immerfort empfange ich mich aus Deiner Hand. So ist es, und so soll es sein. Das ist meine Wahrheit und meine Freude. Immerfort blickt Dein Auge mich an, und ich lebe aus Deinem Blick, Du mein Schöpfer und mein Heil. Lehre mich, in der Stille Deiner Gegenwart das Geheimnis zu verstehen, dass ich bin. Und dass ich bin durch dich, und vor Dir, und für Dich."[13] Können nur Theologen so beten? Nein. Vom bekannten Pfarrer von Ars wird berichtet, ihm sei einmal in seiner Kirche ein Bauer aufgefallen, der vor dem Tabernakel kniete oder saß. Er hatte weder ein Gebetbuch noch einen Rosenkranz bei sich und bewegte auch die Lippen nicht. Da fragte er den Bauern neugierig: „Was machst du?" Der antwortete: „Ich schaue Ihn an und Er schaut mich an." So ist zweckfreie Freundschaft, die nährt.

---

[13] Romano Guardini, Theologische Gebete, Verlag Josef Knecht, Frankfurt 1960, 14.

18. Sonntag im Jahreskreis
Jesus – Hauptnahrungsmittel für uns?

Zu Joh 6,24–35

„Ich bin das Brot des Lebens; wer zu mir kommt, wird nie mehr hungern, und wer an mich glaubt, wird nie mehr Durst haben." Der Evangelist Johannes lässt Jesus oft betont selbstbewusst reden. Er formuliert die Sätze, die Jesus sagt, gern so, dass man sie auch als Bekenntnis des Evangelisten und seiner Gemeinde verstehen kann. Die Worte, die wir gehört haben, sind dann ein Bekenntnis zu Jesus, so als sagten sie: „Du (Jesus) bist (für uns) das Brot des Lebens; wer zu dir kommt, wird nie mehr hungern, und wer an dich glaubt, wird nie mehr Durst haben." Brot – das war im Umfeld, in dem Jesus und die Gemeinde des Johannes lebten, das Hauptnahrungsmittel, da man weder Kartoffeln noch Reis kannte. So rühmt dieses Bekenntnis die Gemeinschaft mit Jesus als Nahrung, ohne die der Gläubige Hunger leiden würde und nicht mehr die volle Lebensqualität erfahren könnte. Und dieses Bekenntnis meint nicht nur den Jesus, dem wir in der Eucharistie begegnen, sondern den, mit dem wir auch außerhalb des Herrenmahles in unserem Denken, Beten und Handeln in Berührung kommen können.

Vielleicht wenden wir gegen dieses Bekenntnis Folgendes ein: „Das ist aber recht hoch gegriffen, verehrter Johannes – eine so intensive Gemeinschaft mit Jesus pflege ich nicht. Ich bin da nur ein blutiger Anfänger und Durchschnittschrist." Darauf könnte Johannes erwidern: „Ich will euch Anfänger ja nur ermutigen, indem ich euch sage, wie viel euch Jesus einmal bedeuten kann, wenn ihr ihn weiterhin sucht: Brot des Lebens, Hauptnahrungsmittel kann er für euch werden." Wie ist das möglich, dass Jesus für uns ein wichtiges geistiges Nahrungsmittel wird?

Ganz einfach so: Blicken wir immer dann, wenn wir geistige Nahrung und innere Orientierung suchen, auf Jesus, wie wir ihn von den Evangelien her kennen und wie er uns heute inspirieren will, und fragen wir ihn, wozu er uns ermuntern und wovor er uns warnen möchte. Lassen wir uns nicht von der Tatsache abschrecken, dass die Bibel oft in ganz anderen Worten vom Sinn und Wert unseres Tuns spricht, als wir es heute tun. Gehen wir ruhig von den Fragen aus, die sich heute einem nachdenklichen Menschen stellen, und überlegen wir, wie Jesus sie durch sein Leben und seine Worte beantworten würde. Wir werden sehen: Er gibt uns keine fertigen Rezepte an die Hand, wohl aber eine Grundrichtung und einen Anstoß – auch wenn dies alles vor fast 2000 Jahren in einer ganz anderen Sprache ausgedrückt wurde.

Wenn wir mit Hilfe eines modernen Fragebogens überlegen würden, welche Eigenschaften uns derzeit wichtig sind, welche Fähigkeiten wir in nächster Zeit bei uns besonders fördern und entwickeln wollen, würden wir sicher verschiedenartige Vorzüge ankreuzen. Einige würden vielleicht „Selbstvertrauen/Selbstachtung" an die erste Stelle setzen, andere „Lebensfreude", wieder andere „soziales Verhalten", „Toleranz" oder etwas anderes. Diese Eigenschaften sind in heutiger Sprache formuliert und werden so in den Evangelien nicht erwähnt. Doch wenn wir fragen, was sie vielleicht Jesus bedeutet haben, erkennen wir bald, dass er uns dazu sehr wohl Antworten gibt – in seinem Tun und in seinen Worten.

Selbstvertrauen, Lebensfreude, soziales Verhalten, Toleranz?
Wenn uns beispielsweise die Frage beschäftigt, wie wir das richtige *Selbstvertrauen* und die richtige *Selbstachtung* entwickeln können, fällt uns vielleicht auf, wie wenig Jesus seiner Umgebung nach dem Mund redet, wie eigenständig und mutig er denkt, wenn er die Frohbotschaft verkündet und bei alldem ganz und gar nicht verbohrt wirkt. Damit sagt er uns zwar nicht, wie wir unsere Rechte erfolgreich durchsetzen können, wie wir mit den Wünschen anderer an uns umgehen sollen oder ohne Zittern und Zagen vor einer Versammlung reden können; das müssen wir selbst lernen. Aber er zeigt uns die Quelle, aus der er eine einzigartige Bestätigung bezog und aus der auch wir eine solche Bekräftigung beziehen können: die Beziehung zu Gott, dem Vater. Wahrscheinlich holte sich Jesus diese innere Kraft immer vor wichtigen Entscheidungen, indem er sich zum einsamen Gebet zurückzog. Vermutlich haben die Jünger dies bemerkt und ihn deshalb gebeten, er möge sie beten lehren, worauf er sie anleitete, Gott so anzusprechen, wie er es tat: „Vater unser". Jesus zeigt uns, wie unser Selbstvertrauen auch in unserer Beziehung zu Gott wurzeln kann, der uns zu seinen Töchtern und Söhnen macht. Es ist ein Selbstvertrauen, das ihn auch jene Lebensangst überwinden ließ, die uns lähmen will und die wir vielleicht durch Hektik und Genusswut zu überspielen versuchen. Jesus konnte beim Seesturm trotz der Bedrohung schlafen und vor seiner Gefangennahme im Garten Getsemani im Gebet Kraft schöpfen für seinen letzten Gang.

Einen anderen Vorzug würden wir vielleicht als *Lebensfreude* bezeichnen. Diese Seite im Leben und am Vorbild Jesu übersehen wir leicht, weil die Evangelien nur andeutungsweise davon reden. Jesus lebte in der heiteren Überzeugung, dass Speise und Trank, die Sonne, die über Guten und Bösen aufgeht, und die Pracht der Lilien Zeichen der Zuwendung Gottes sind. Und obwohl er sich ganz für den Auftrag einsetzte, die Nähe Gottes kundzutun, konnte er doch auch feiern und hat häufig an gemeinsamen Essen, an Gastmählern teilgenommen. Er wirkte überhaupt nicht genussfeindlich und hat es beispielsweise seinen Jüngern freigestellt, ob sie fasten, wie es bei frommen Juden üblich war, oder nicht. So beschimpften ihn denn auch seine Gegner als „Fresser und Säufer und Kumpan der Zöllner und Sünder" (Lk 7,34). Jesu Lebensfreude wurzelte sicher im jüdischen Schöpfungsglauben; die Gastmähler waren durch den Lobpreis über Speise und Trank immer auch eine Feier zu Ehren des Schöpfers. Doch diese Lebensfreude und dieses Genießen kreiste bei ihm nicht egoistisch um die eigenen Bedürfnisse, vielmehr wollte er von der Zuwendung Gottes auch möglichst viel weitergeben an die Kranken und Ausgestoßenen, um die er sich kümmerte.

Damit ist auch klar, dass uns Jesus sehr viel sagen kann zu einem anderen Wert, um den wir uns vielleicht Gedanken machen: *soziales Verhalten*, soziales Engagement, Mitgefühl oder wie immer wir es nennen wollen. Während wir versucht sind, sozial gleichgültig zu werden und nur an unser Wohl zu denken, setzte sich Jesus für die Kranken ein, für die es kaum Ärzte gab und die als von Gott gestraft galten. Während wir die Mitmenschen gern in Höherstehende und Tieferstehende einteilen und lieber herrschen, als dass wir für andere etwas tun, wäscht er den Jüngern demonstrativ die Füße und erklärt: „Ihr wisst, dass die, die als Herrscher gelten, ihre Völker unterdrücken und die Mächtigen ihre Macht über die Menschen missbrauchen. Bei euch aber soll es nicht so sein, sondern wer bei euch groß sein will, der soll euer Diener sein ... Denn auch der Menschensohn ist nicht gekommen, um sich dienen zu lassen, sondern um zu dienen ..." (Mk 10,42–45).

Und wie verhält es sich mit *„Toleranz"*, jener Eigenschaft, die heute so hoch geschätzt wird – sei es, weil wir wissen, wie wichtig sie für ein friedliches Zusammenleben ist, sei es, weil wir nur zu bequem sind, uns mit unterschiedlichen Auffassungen zu Lebensstil und Weltanschauung auseinander zu setzen? Was sagt Jesus zur Toleranz, er, der im Johannesevangelium erklärt: „Ich bin der Weg, die Wahrheit und das Leben" (Joh 14,6), und der die Pharisäer mit Kritik nicht verschont hat? Nun, Jesus wollte, dass man seine Frohbotschaft in Freiheit, ohne Zwang annehme, und hat seine Jünger für eine Verkündigung der gleichen Art und nicht für eine gewaltsame Ausbreitung seiner Botschaft vorbereitet. Mit dem Gleichnis vom barmherzigen Samariter hat er den Juden seiner Zeit zu verstehen gegeben, dass sich auch die Samariter, die man für Abtrünnige hielt, vorbildlich verhalten können, und seine Aufforderung, die Feinde zu lieben, enthält erst recht das Gebot, Andersdenkende zu respektieren. Denn wenn wir selbst denen Gutes wünschen sollen, die uns Böses tun, um wie viel mehr denen, die nur andere Auffassungen vom Sinn des Lebens haben.

Selbstvertrauen und Selbstachtung, Lebensfreude, soziales Verhalten und Toleranz – dies waren nur Beispiele und Stichworte für die Art, wie wir bei unserem Suchen und Fragen bei Jesus eine Antwort finden können. Vielleicht gehen Sie von einem anderen Stichwort und Anliegen aus, das Sie derzeit ganz persönlich beschäftigt. Und vielleicht erfahren Sie dann auch, dass Jesus Sie nicht hungrig wegschickt, sondern Ihnen Richtung und Kraft gibt. Wir erhalten von ihm kein leichtes, modisches Feingebäck – eher Schwarzbrot. Doch gerade das kann uns dauerhaft nähren. Und dann können auch wir erleben und bekennen: „Du (Jesus) bist (für uns) das Brot des Lebens; wer zu dir kommt, wird nie mehr hungern, und wer an dich glaubt, wird nie mehr Durst haben."

19. Sonntag im Jahreskreis
„Ist das nicht Jesus, dessen Vater und Mutter wir kennen?"
Zu Joh 6,41–51

Bei einer Meinungsumfrage erklärten von den westdeutschen Erwachsenen 29 Prozent, das heißt ein Drittel bis ein Viertel, Jesus sei für sie *Gottes Sohn;* 43 Prozent meinten, er sei nur ein *großer Mensch und ein Vorbild,* und 23 Prozent antworteten, Jesus sei für sie *bedeutungslos.*

Wir GottesdienstteilnehmerInnen gehören höchstwahrscheinlich zu den 29 Prozent, die an die Gottheit Jesu glauben und ihn nicht nur für einen vorbildlichen Menschen halten. Und doch müssen wir diesen Glauben an Jesus immer wieder erneuern und begründen. Denn er ist keineswegs selbstverständlich, und wenn wir uns mit Zweifeln auseinander setzen, können wir ihn u.U. auch eher vertiefen und festigen.

Leisten wir uns also für ein paar Minuten den Luxus, über den Einwand nachzudenken, den im heutigen Evangelium viele Hörer Jesu äußern. Es heißt da: „Sie murrten über ihn, weil er gesagt hatte: ‚Ich bin das Brot, das vom Himmel herabgekommen ist.' Sie aber sagten: ‚Ist das nicht Jesus, der Sohn Josefs, dessen Vater und Mutter wir kennen?'" Diese Menschen bringen also den gleichen Einwand vor, der auch die Mitbürger Jesu in seiner Heimatstadt Nazaret beschäftigte: „Ist das nicht der Zimmermann, der Sohn der Maria?" (Mk 6,3). Nur ein Mensch, gewiss ein erstaunlicher Mensch, aber sonst nichts weiter?

Die meisten von uns haben bereits als Erstkommunionkinder gehört, Jesus sei zwar auch Mensch, aber vor allem Gottes Sohn. Wir kennen es kaum anders. Wir haben dieser Sicht zugestimmt, und sie hat – hoffentlich – unser Gebet mit Wärme und Liebe erfüllt. Denn dadurch bekam der unsichtbare Gott für uns ein menschliches Gesicht, das Gesicht Jesu.

Doch wenn wir älter und kritischer werden, sagen wir uns vielleicht: Alle Gestalten der Weltgeschichte, die wir sonst kennen, waren nur Menschen. Warum soll Jesus mehr gewesen sein? Schon wenn wir hören, dass sich ein Sektengründer wie der Koreaner San Myung Mun als Heilbringer und Prophet der Endzeit ausgibt, halten wir das für eine maßlose Selbstüberschätzung. Wenn Bekannte von uns die hinduistische Vorstellung übernehmen, dass sich das Göttliche in heiligen Menschen, in Avataras, verkörpern kann und besonders in verehrten Gurus wie etwa Sathya Sai Baba in Indien erscheint, fragen wir befremdet: „Wie kann man so etwas nur glauben?"

Mehr als ein Mensch?
Und was ist bei Jesus anders? Was berechtigt ihn, im Namen Gottes zu sprechen und zu verkünden: „Mose hat euch im Gesetz gelehrt – ich aber sage euch ..." Und wie kann er den Anspruch erheben, „Brot des Lebens" für uns zu sein, das heißt, uns mit seinem Wesen und seiner Freundschaft so zu ernähren, wie es nur Gottes Nähe selber kann? Wenn wir es als Kinder übersehen haben, müssen wir es jetzt zur Kenntnis nehmen, dass Jesus ein echter Mensch war und seinen Hörerinnen und Hörern zunächst nur als Wanderprediger bekannt wurde. Wenn er heute in Nazaret leben würde, stünde in seinem Pass vielleicht: Name: Jeschua. Körpergröße: 1 Meter 76. Farbe der Augen: braun, Blutgruppe B, Beruf: Bauschreiner. Jesus wäre zunächst nur durch sein Geburtsdatum, seinen Geburtsort und (eventuell) eine DNA-Analyse von ähnlichen Männern zu unterscheiden. So wirklich ist er Mensch gewesen. Manchem wird das gerade bei einer Reise zu den Wirkungsstätten Jesu in Israel so richtig klar.

Und doch hat dieser Jeschua Dinge gesagt und getan, die viele Jüngerinnen und Jünger davon überzeugten, dass er nicht nur ein Gesetzeserklärer, ein Rabbi, war und auch nicht nur ein Rufer und Künder, ein Prophet, sondern, dass in ihm Gott selbst sprach und handelte. Diese Jüngerinnen und Jünger waren keine Schwärmer, sondern Menschen, die nüchtern geprüft, gezögert und gezweifelt haben (wie etwa der so genannte ungläubige Thomas). Gerade das macht ihr Zeugnis so glaubwürdig. Sie kannten auch nicht die erwähnte indisch-östliche Idee, wonach sich das Göttliche nicht wesentlich von Mensch und Welt unterscheidet, sondern sich in einen Menschen verwandeln und in ihm erscheinen kann. Im Gegenteil, für ihren strengen jüdischen Glauben an einen weltüberlegenen einzigen Gott war es überaus schwer, sich das vorzustellen, was wir heute als den Gott-Menschen Jesus bezeichnen. Und doch kamen sie genau zu dieser Überzeugung. Dafür müssen sie wichtige Gründe gehabt haben. Welche Gründe sprechen dafür?

Die Evangelien berichten so oft von Jesu Wundern, dass wir vielleicht meinen, diese seien der wichtigste Hinweis auf das Göttliche an Jesus. Die Wunderberichte sind gewiss eine Bestätigung des Christusglaubens – aber man sollte dies nicht überschätzen. Die Bibel rechnet ja ganz nüchtern damit, dass jemand auch in der Kraft Satans außergewöhnliche Taten, Wunder vollbringen kann. Wir nehmen das heute wahrscheinlich nicht mehr an – aber damals haben die Menschen eben noch nicht so scharf wie die modernen Naturwissenschaften zwischen natürlichen und wunderbaren Ereignissen unterschieden. Für sie war auch ein Regen, der eine Dürre beendet, ein Wunder. Lassen wir also einmal die Wunder Jesu beiseite. Es gibt wichtigere Argumente – betrachten wir zwei von ihnen.

Erstens sind die Berichte von *Jesu Erscheinungen nach seinem Tod* höchst glaubwürdig, auch wenn ich es hier nicht ausführlich darlegen kann. Erst die Begegnungen mit dem Auferstandenen haben jene Jünger, die verzweifelt und längst in ihre Heimat Galiläa zurückgekehrt waren, dazu veranlasst, sich wieder in Jerusalem zu versammeln und über das Verhältnis Jesu zu Gott neu nachzudenken. Erst da wurde ihnen vollends klar: Er ist Gott selbst, Gottes Sohn und Wort. Er will allen Menschen nahe sein; das müssen wir der Welt verkünden. Und für diese Botschaft sind sie als Blutzeugen in den Tod gegangen.

Zweitens hat Jesus durch seine Worte und durch sein Verständnis für die Ausgestoßenen und Kranken eine Menschlichkeit gezeigt, die ihn absolut glaubwürdig macht, wenn er sagt, dass er mehr ist als Jona oder Salomon und dass er – was nur Gott kann – Sünden vergeben darf. Ihm kann man das abnehmen. Denn bei ihm darf man zwei Quellen von Irrtum ausschließen: dass er sich selbst überschätzt und dass er die Menschen täuschen will.

Eine übermenschliche Menschlichkeit

Aber seine Menschlichkeit zeigt noch etwas anderes. Sein Eintreten für die Unterdrückten und sein Aufruf zu einer Geschwisterlichkeit, die selbst die Feindesliebe einschließt, sind so ursprünglich, rein und sicher, dass man ruhig annehmen kann, dass sie aus einer höheren Quelle stammen als aus unserem gewöhnlichen Empfinden und Denken. Jesus gleicht vollkommen dem, den wir in unserem Gewissen ahnen als einen, der uns sagt: „Tu das Gute!" Jesus offenbart eine Menschlichkeit, die übermenschlich ist und in der sich die Gerechtigkeit und Güte in Person – Gott – ausdrückt.

Der frühere Entwicklungshilfeminister Erhard Eppler hat einmal geschildert, wie er als junger Mann mit dem Jesus, den er in seiner pietistischen Erziehung kennen gelernt hatte, nichts mehr anfangen konnte. Er erschien ihm zu zauberhaft und unwirklich. Bis er nach dem Krieg Jesus neu entdeckt hat. Er hat beispielsweise betrachtet, wie er die Ehebrecherin vor der Heuchelei der Pharisäer schützt oder was er im Gleichnis vom Verlorenen Sohn über Gottes Einstellung zur Schwäche des Menschen sagt. Eppler schreibt dazu: „Lebendig und wichtig wurde Jesus für mich erst, als er in seiner umwerfenden Menschlichkeit zu wirken begann. Dann erst begann durch diese Menschlichkeit etwas hindurchzuschimmern, was sogar die dogmatischen Aussagen der frühen Christenheit verständlich macht" – dass nämlich Jesus wahrer Mensch und wahrer Gott ist.

Wenn wir so in der Menschlichkeit Jesu das Göttliche entdecken, kann es uns immer wieder ergreifen und das Beste in uns stärken. Sooft wir in unserem Denken und Beten auf Jesus blicken oder mit ihm die Eucharistie feiern, kann er uns mit der Wärme und Liebe Gottes erfüllen, kann er Kraft und Nahrung für uns werden – eben „Brot, das vom Himmel (von Gott selbst) herabgekommen ist", „Brot des Lebens".

20. SONNTAG IM JAHRESKREIS
Die Eucharistie – eine spürbare Geste

Zu Joh 6,51–58

In den Evangelientexten, die am letzten und vorletzten Sonntag gelesen wurden, ermutigt uns Jesus, im Blick auf ihn Sinn, Orientierung und Kraft zu suchen – so sehr, dass er für uns allmählich zu einem wird, von dem wir „zehren" können: geistige Nahrung, „Brot des Lebens". Im Abschnitt, den wir soeben gehört haben, lädt er uns ein, diese Beziehung zu ihm auch in einer *sichtbaren Zeichenhandlung,* in einer *spürbaren Geste* zu erleben und immer wieder zu erneuern: in der Eucharistiefeier.

Gesten sind meistens schön, aber vielleicht fragen wir uns auch, was uns die Geste der Eucharistiefeier und des Kommunionempfangs bringt. Ist es nur ein erbauliches Spiel, eine feierliche Inszenierung? Gerade ein religiös ernsthafter Mensch könnte Folgendes einwenden: Das Wichtigste an unserer Beziehung zu Jesus ist nicht eine Geste und Zeichenhandlung, sondern die geistige Verbundenheit mit ihm im Denken, Beten und Handeln gemäß seinem Liebesgebot. Was soll da noch der Empfang des verwandelten Brotes?

Das ist völlig richtig. Wenn jemand beispielsweise einen Schwerkranken oder ein Kind pflegen muss und dafür keine Ersatzkraft findet, muss er natürlich beim Kranken oder beim Kind bleiben und auf den Gottesdienst verzichten: Die tätige Nächstenliebe geht in diesem Konfliktfall vor und verbindet ihn wirklich mit Jesus.

Ebenso könnte man auch geltend machen, dass uns nicht nur die Eucharistiefeier, sondern auch das persönliche Beten und Meditieren mit Jesus verbinden kann. Bei einem Gottesdienst stört uns möglicherweise manches: ein Banknachbar, der falsch singt, oder auch ein Pfarrer, der zu lang predigt. Beim persönlichen Beten und Meditieren an einem ruhigen Ort können wir diese Störungen vermeiden. Auch das ist richtig.

Doch wahr ist auch etwas anderes, das wir nicht übersehen sollten: Wir alle brauchen in unserem Kontakt mit den Mitmenschen wie auch in unserer Beziehung zu Gott und Jesus spürbare Gesten und Zeichen, die unsere Sinne ansprechen. Wir wollen nicht nur wissen, sondern auch sehen, hören und spüren, dass uns andere wohlgesinnt sind.

Oft ist das private Telefongespräch eine solche Geste, die uns mit anderen verbindet: Wir rufen manchmal Menschen an, die uns nahe stehen, ohne dass wir ihnen etwas Wichtiges mitzuteilen hätten. Wir plaudern über belanglose Dinge, und am Ende sagt der Angerufene vielleicht dankbar: „Schön, dass du angerufen hast. Es hat mich gefreut, wieder einmal deine Stimme zu hören." Hier könnte man ebenfalls einwenden, dass man doch auch ohne Telefongespräch miteinander verbunden sein kann. Gewiss kann man das. Aber *mit* solchen Zeichen der Verbundenheit erleben wir ohne Zweifel sinnfälliger, dass der andere an uns denkt.

Eine andere Geste erleben wir etwa, wenn ein guter Bekannter oder Freund uns zu seiner Hochzeit oder seinem runden Geburtstag einlädt und sagt: „Zu meinem Fest musst du unbedingt kommen; da musst du dabei sein." Vielleicht können wir bei der Party nur wenige Worte mit ihm wechseln und haben ohnehin nichts Bedeutendes mit ihm zu verhandeln; doch allein die Tatsache, dass er uns eingeladen hat, enthält für uns eine wichtige Botschaft, ist für uns eine sprechende Geste.

Der Gang zur Kommunion – eine leere Gewohnheit?
So lädt uns Jesus im heutigen Evangelium und in jeder Eucharistiefeier zu einem *zeichenhaften Freundschaftsessen* ein.

Wenn wir uns bei einem Ferienlager, einem Familienkreis und ähnlichen Anlässen in einer kleinen Gruppe um einen Tisch setzen und so Eucharistie feiern, spüren wir dieses Eingeladensein, diese Freundschaftsgeste meistens unmittelbarer, als wenn wir in einer großen Kirche in festen Bänken hintereinander sitzen – weit weg vom Altartisch. Doch gleich, ob die Kirche groß oder klein ist – immer sollten wir die Eucharistiefeier als Einladung zum Tisch Jesu verstehen: Jesus will uns im Gespräch, das heißt in seiner Frohbotschaft, sowie im Brot, das er uns reicht, jene Freundschaft zeigen, die ihn Mensch werden ließ, die ihn die Nähe Gottes zu allen Menschen verkünden und dieser Botschaft bis zum Tod am Kreuz treu bleiben ließ. Darum gedenken wir bei diesem Freundschaftsessen auch seiner Lebenshingabe am Kreuz, und insofern ist dieses Freundschaftsessen auch ein Opfermahl. In ihm teilt uns Jesus seine Bereitschaft mit, für uns, seine Freunde, zu sterben. Dies besagt das Wort, das wir vorhin gehört haben: „Wer mein Fleisch isst (das heißt, wer meine Mensch gewordene und bis in den Tod getreue Freundschaft annimmt, in sich aufnimmt), der bleibt in mir, und ich bleibe in ihm. Wer dieses Brot isst, wird leben in Ewigkeit."

Dieser Satz bedeutet nicht, dass die konsekrierte Hostie auf automatische, magische Weise eine geheimnisvolle Lebenskraft in uns freisetzt und uns mit einer Energie verbindet, die uns vor Krankheit bewahrt. Nein, er besagt, dass Jesus seine Freundschaft mit uns erneuert, die uns jetzt schon belebt und die in Ewigkeit dauert.

Versuchen wir, die Eucharistiefeier und die Kommunion als ein solches Zeichen zu verstehen, damit der Gang zur Kommunion nicht zu einer bloß äußeren, leeren Gewohnheit wird. Empfangen wir die Hostie bewusst. Bitten wir doch einfach, dass Jesus nun mit seiner Freundschaft und Güte in unsere Gedanken und unser Empfinden eindringe wie Brot, das uns nährt: „Bleib du in mir, und lass mich in dir bleiben", würde der Evangelist Johannes sagen. „Bleiben" – so wie Menschen, die uns tief beeinflusst haben, etwa Eltern, die uns Selbstvertrauen und die Ausrichtung auf Werte mitgegeben haben, gleichsam in uns bleiben, wie eine Kraft, selbst wenn sie längst gestorben sind.

Eine solche Erneuerung der Freundschaft mit Jesus kann uns tief bewegen; mitunter erleben wir sie aber auch bloß schwach und flach. Das hängt von unserer Stimmungslage und Aufnahmebereitschaft ab. Erwarten wir also nicht jedes Mal eine besondere, ekstatische Erhebung – so wie man früher den Erstkommunionkindern etwas überzogen gesagt hat, die erste Kommunion werde der „schönste Tag", das schönste Erlebnis ihres Lebens sein. Nein, die Kommunion kann uns eine sehr *nüchterne, aber stärkende Botschaft* vermitteln – so wie uns der Telefonanruf, der Händedruck oder das Auf-die-Schulter-Klopfen eines Freundes mitten im Alltag freuen und aufrichten kann.

Und wie können wir die so genannte Danksagung nach der Kommunion gestalten? Versuchen wir nicht, wortreich auf Jesus einzureden und ihm viele fromme Gedanken vorzutragen. Hören wir lieber zuerst auf das, was *er* uns mit seiner Freundschaftsgeste sagen will, und lassen wir diese Botschaft auf uns wirken: Was er unseren Augen sagen will, die die ganze Feier und die Hostie sehen; unseren Ohren, die die Worte hören: „Der Leib Christi"; unserer Hand, die die Hostie ergreift wie in einem Händedruck, und unserem Mund, der sie isst wie eine Nahrung, die uns aufbaut. Lassen wir zuerst diese Geste Jesu eine Zeit lang zu uns sprechen – und antworten wir ihr dann mit unserem Dank, unseren Bitten und unseren Vorsätzen.

Wenn wir die Eucharistie so verstehen, verbindet sie uns nicht nur mit Jesus, sondern auch mit allen, die sich bemühen, aus seiner Freundschaft zu leben. So kann die Eucharistie heute das werden, was das Evangelium, das wir hörten, von ihr sagt: „Brot für das Leben der Welt", das heißt der Menschheit.

21. Sonntag im Jahreskreis
Die Ehe – eine Lebensaufgabe und „ein tiefes Geheimnis"

Zu Eph 5,21–32

In der Lesung aus dem Epheserbrief steht ein Satz, der sich bestens eignet als Reizwort für hitzige Debatten: „Ihr Frauen, ordnet euch euren Männern unter wie dem Herrn; denn der Mann ist das Haupt der Frau, wie auch Christus das Haupt der Kirche ist." Die Bibelwissenschaftler versichern uns zwar, dass Paulus damit keine einseitige Unterordnung der Frau unter den Mann meint, weil er ja beiden Partnern empfiehlt: „Einer ordne sich dem andern unter in der gemeinsamen Ehrfurcht vor Christus." Trotzdem bleibt der Eindruck haften, dass für Paulus die patriarchalische Rechtsordnung seiner Zeit, in der die Frau vom Mann abhing, selbstverständlich war, während für uns heute die Gleichberechtigung von Mann und Frau die einzig richtige Rechtsauffassung ist. Heute würde sich Paulus wohl auch anders ausdrücken, etwa so: Gleich, ob ihr in einer Rechtsordnung mit Patriarchat oder Gleichberechtigung lebt, in einer europäischen, afrikanischen oder asiatischen Kultur – für Christen kommt es immer darauf an, das Zusammenleben auf der Grundlage der Liebe zu gestalten, und heute würde ich auch nicht mehr das missverständliche Wort „unterordnen" verwenden, sondern sagen: Versucht, „füreinander da zu sein." Der Glaube sieht in der Ehe vor allem eine *Chance für die Liebe;* darum lohnt es sich, sich um ihr Gelingen zu bemühen – durch alle Veränderungen hindurch, die das Alter, das Heranwachsen von Kindern oder die Arbeit mit sich bringen mögen. Und deshalb könnten wir uns jetzt einige Gedanken über diese Chance machen.

Es werden zwar erschreckend viele Ehen geschieden, doch heiraten die meisten Geschiedenen ein zweites Mal, und wenn man junge Menschen zwischen 14 und 24 fragt, wie sie später leben möchten, antworten die allermeisten: „Mit einer Partnerin bzw. einem Partner und eigener Familie" und nur etwa sieben Prozent: „Ich möchte allein, als Single leben." Die Sehnsucht nach einem Glück zu zweit ist groß, und die Ehe besser als ihr Ruf in den Medien. Wenn nun der Glaube die Ehe als Chance für die Liebe hoch schätzt und als Sakrament betrachtet, in dem etwas von Gottes Zuwendung in unsere Beziehungen kommen kann, zeigt er uns ein *Ziel*, auf das wir hinarbeiten sollen, doch darf es uns nicht durch das Idealbild einer nie getrübten Harmonie entmutigen. Die Bibel weiß, dass wir uns nicht leicht ändern, dass wir uns zeitweise kräftig auf die Nerven gehen können und dass dies alles keine Katastrophe ist, solange wir das Ziel nicht aufgeben. Eine Ehefrau hat die richtige Einstellung dazu einmal in einem Bekenntnis ausgesprochen, das man – etwas Humor vorausgesetzt – in die Trauungszeremonie aufnehmen könnte. Sie sagte: „Ich liebe dich nicht immer, aber für immer."

Kommunikations- und Problemlösefähigkeit
Und wie kann man nun möglichst viel von dieser Chance für die Liebe verwirklichen? Eheberater und Psychologen würden uns wohl antworten, dass man sein Leben lang an zwei grundlegenden Fähigkeiten arbeiten soll: einerseits an der Kommunikationsfähigkeit, das heißt an der Fertigkeit, dem Partner die eigenen Gedanken, Gefühle und Absichten so mitzuteilen, dass Vertrauen, menschliche Wärme und Wertschätzung entsteht, und andererseits an der Problemlösefähigkeit, das heißt an der Kunst, die Konflikte, die in jeder Beziehung auftreten, auf eine Weise zu lösen, die beide Seiten befriedigt. Zu diesen beiden Fähigkeiten gehört sicher vielerlei. Beschränken wir uns auf wenige Punkte, die unser Nachdenken anregen könnten.

Partner sollten lernen bzw. darauf achten, dass sie bei aller Gleichwertigkeit von Frau und Mann die Rollen und Aufgaben so verteilen, dass sie den Fähigkeiten und Bedürfnissen der beiden entsprechen und Schwächen ausgleichen – und zwar so, dass keiner bevormundet oder überlastet wird.

Partner sollten akzeptieren, dass sie keine völlige Angleichung aneinander erreichen können. Sie dürfen verschieden bleiben und können einander trotzdem viel Zuneigung schenken. Harmonie bedeutet ja nicht Gleichklang von Gleichen, sondern Zusammenklang von Verschiedenen. Wenn diese Einsicht gefestigt ist, können sie auch mit größerer Sicherheit Kontakte über ihre Zweierbeziehung hinaus unterhalten, wie sie jeder Partner braucht: mit Kolleginnen und Kollegen, mit Menschen, die die gleichen Hobbys haben, sowie mit anderen Paaren. In manchen Pfarrgemeinden wurden dazu eigens Ehepaargruppen gegründet.

Partner sollten lernen bzw. darauf achten, dass sie Zärtlichkeit bewusst ausdrücken – und nicht nur, wenn es sie gerade spontan dazu drängt. Ebenso ist es wichtig, dass es genügend feste Gesprächszeiten füreinander gibt, dass man also das Gespräch nicht auf die Gelegenheiten beschränkt, wo man gerade dazu aufgelegt ist oder wo es sich zufällig ergibt.

Partner sollten sich von Zeit zu Zeit in einer Art Beziehungs-TÜV fragen: Was finde ich an der Zeit, die wir gemeinsam verbringen, erfreulich – und was ist für mich unbefriedigend und störend? Wäre es u.U. hilfreich, wenn ich meinem Partner das Unbefriedigende vielleicht als Wunsch mitteilen würde, dass er ein bestimmtes Verhalten unterlassen bzw. häufiger zeigen möge, also in einer Form, die ihn nicht gleich mit Vorwürfen belastet? Und welches Verhalten wünscht sich möglicherweise – umgekehrt – mein Partner bei mir anders? Äußert er vielleicht seit einiger Zeit Wünsche und Kritik, die er in Vorschlägen oder in spöttischen Bemerkungen wie „du magst es ja nicht, wenn wir ..." versteckt und denen ich bisher zu wenig Aufmerksamkeit geschenkt habe?

Eine weitere TÜV-Frage könnte lauten: Bemühe ich mich, aktiv zuzuhören, oder führe ich manchmal nur Scheingespräche und Monologe? Höre ich aktiv zu, indem ich wirklich hinhöre, was der Partner sagt, und versuche, es zu verstehen, und wenn nötig auch seine Aussage wiederhole: „Habe ich dich richtig verstanden, du meinst ...?" – und erst dann meine Antwort überlege und nicht, während der andere noch redet?

Es lohnt sich

Was finde ich an meinem Partner anerkennenswert? Und spreche ich die Anerkennung für solche Eigenschaften oder Handlungen, und zwar ehrlich gemeinte Anerkennung, keine überpädagogischen Streicheleinheiten, genügend oft aus? Oder sage ich nur etwas zu seiner Person, wenn es etwas zu kritisieren gibt? Ein Beispiel: Um das richtige Anerkennen einzuüben, leitet die aus den USA kommende Ehepaarbewegung „Marriage Encounter" Paare dazu an, sich täglich einen kleinen Brief zu schreiben, in dem sie positive Gefühle gegenüber dem anderen ausdrücken. Niemand muss das so intensiv und schriftlich tun, aber es sollte keine Woche verstreichen, ohne dass man seine Anerkennung und Zuneigung ausdrückt und den Partner durch ein Wort oder eine Geste wissen lässt, dass man seine Gegenwart nicht für selbstverständlich hält, als wäre er eine Art Kleiderschrank oder eine Kücheneinrichtung.

Eine letzte Anregungsfrage könnte lauten: Wenn mein Partner *störende Eigenschaften* hat, die er trotz guten Willens nicht verändern kann – welche

1 Tagessuppe

2 Odenwälder Kartoffelsu...
   mit Fleischwurst

3 Eine Bratwurst mit Kart...

4 Kleines Schnitzel mit Pomme...

5 Hawaii-Toast
   Gekochter Schinken, Ananas...
   und Salatgarnitur

guten Eigenschaften wiegen diese störenden auf? Um das Gemeinte durch ein dramatisches Beispiel zu verdeutlichen: Eine Frau, deren Mann Alkoholiker wurde, ohne gewalttätig zu werden, und die trotz der Hilfe, die sie in einer Selbsthilfegruppe erfuhr, keine entscheidende Besserung bei ihm erreichen konnte, sagte einmal über ihn: „Er ist für mich ein wertvoller Mensch, obwohl er alkoholkrank ist." Sie sah und schätzte eben auch gute Eigenschaften, die den Mangel ausgleichen konnten.

Weder die Psychologie noch unser Glaube können uns Rezepte an die Hand geben, die ein Gelingen der Ehe garantieren. Aber beide ermutigen jedes Paar zur geduldigen Arbeit an seinen Beziehungen – notfalls auch mit Unterstützung einer Eheberatungsstelle, die versucht, das Gespräch, das ins Stocken geraten ist, zu bringen. Diese Beziehungsarbeit lohnt sich. Der erinnern, dass dies die Chancen erhöht, zu den 71 zählen, die erklären, dass sie im Zusammensein mispartner Glücksgefühle erleben. Und der Theologe ws etwas von der Liebe erfahren lässt, die uns Gott den will. Oder um es mit dem letzten Satz der heutigDies ist ein tiefes Geheimnis; ich beziehe es auf Ch

22. Sonnreis
Traditionsensängstlichkeit und gesu

Zu Mk 7,1–8

Vielleicht hanhören auf dieses Evangelium auch gedacht: Wäre wir heute diese Probleme hätten. Wenn wir darüber wir in unserem Zusammenleben und in unserer Fröe und zu strenge Gesetze befolgen. Gewiss, in der mmer wieder einmal eine Vereinfachung der Steuergorschriften – aber im Übrigen will die Mehrheit degerlichen wie auch im religiös-kirchlichen Leben größ eine „permissive", fast alles erlaubende Gesellschafaditionalisten, Fundamentalisten und Verfechter vonbilden heute in Staat und Kirche zahlenmäßig eine

Wenn also Jesus im heutigen Evangelium die Reinheitsvorschriften der Gesetzesstrengen seiner Zeit ablehnt, kann er mit dem Beifall der meisten von uns rechnen. Denn wir sagen uns: Welcher Übereifer! Wie können die Pharisäer nur darauf bestehen, dass sich jeder vor dem Essen in einer rituellen Geste eine Hand voll Wasser über die Hände gießt – nicht um sie von Schmutz und Krankheitserregern zu säubern, sondern um wie die Priester im Tempel rein und würdig zu sein und so das Tischgebet sprechen zu können. Also nicht aus hygienischen Gründen, sondern weil man – nach einer Vorstellung vieler alter Religionen – meinte, man habe vielleicht Menschen oder Tiere berührt, die der Gottheit missfallen und den Beter unwürdig, „unrein" machen, und davon müsse man sich reinigen. Die Pharisäer übertrugen manche Reinheitsvorschriften, die ursprünglich nur für die Priester im Tempel galten, auf die Laien und ihren Alltag, so dass immer mehr rituelle Waschungen vorgeschrieben waren. Wenn nun Jesus diese Reinheitsvorschriften rundum zurückweist und alle Speisen für Gott wohlgefällig und „rein" erklärt, rennt er bei uns sicher offene Türen ein. Wer möchte schon einen solchen Gesetzeseifer!

Wir sollten aber Folgendes nicht übersehen: Jesus will den Eifer und den guten Willen der Gesetzesfrommen nicht bekämpfen, sondern in die richtige Richtung lenken. Er tut, was wir heute im Umgang mit Traditionalisten und gewissensängstlichen Mitchristen auch versuchen sollten. Die eher Reformfreudigen und Modernen in unseren Gemeinden sollten die gute Absicht und den Eifer der eher Konservativen anerkennen, auch wenn sie diese Kräfte für fehlgeleitet halten. Wenn beispielsweise eine Gruppe einen besonderen Gottesdienst gestaltet und dabei statt der vorgesehenen biblischen Lesung einen anderen Text wählt, weil er eben gut zum Thema und Evangelium passt, und wenn ein Konservativer darin bereits einen groben Gesetzesverstoß sieht, ist sein Urteil sicher falsch und übertrieben. Aber seine Absicht und seine Sorge, dass der Gottesdienst nicht zur beliebigen Unterhaltung gemacht wird, sind richtig und verdienen Respekt. Die Reformfreudigen können sich in diesem Anliegen mit den Traditionalisten einig wissen.

Woher kommt der Buchstabeneifer?
Warum aber kommt es trotz gleicher und guter Absichten oft zu einem Buchstabeneifer, der zu Spannungen führt? Die Gründe dafür sind verschieden. Da mag ein Traditionalist so sehr in festen Bräuchen aufgewachsen sein, dass er wie selbstverständlich erwartet, dass immer alles in den ihm vertrauten Bahnen verläuft. Ein anderer wird vielleicht von Unheilspropheten beunruhigt, die in Kleinschriften und Vorträgen alle Veränderungen im kirchlichen Leben als Niedergang und Zerstörung darstellen. Und

dann verunsichert manchen vielleicht auch jene *Gewissensängstlichkeit*, die stets befürchtet, man mache alles falsch und könne schwere Schuld nur dadurch vermeiden, dass man alle religiösen Bräuche, Regeln und Gebote buchstabengenau befolgt. Für solche Christen ist ein Gottesdienst kein Fest und keine freudige Antwort auf Jesu Frohbotschaft, sondern vor allem eine Pflicht – eine Kulthandlung, die bis ins Einzelne vorgeschrieben und Gott geschuldet ist. Darum empfinden sie Abweichungen vom Buchstaben der Tradition und Norm geradezu als Frevel und bringen es kaum fertig, sinnvolle Veränderungen von mutwilligen zu unterscheiden oder einzusehen, dass ein Wandel mancher Gottesdienst- und Gebetsformen den Glauben verlebendigen kann. Dass es beispielsweise sinnvoll ist, es den Gläubigen freizustellen, ob sie die Kommunion mit der Hand oder mit dem Mund empfangen wollen.

Aus der Sicht des Glaubens wird man einwenden, dass der Gewissensängstliche einem Gottesbild verhaftet ist, das eher einem unerbittlichen Richter als dem Vater Jesu gleicht. Tatsächlich betonen Traditionalistenkreise die Angst um das Seelenheil und den Sühnegedanken über Gebühr. In einem ihrer Marienlieder singt man: „Du forderst hier Buße und frommes Gebet, zumal vor dem Abgrund die Menschheit jetzt steht. Hilf beten und singen zum Heile der Welt, dass keins deiner Kinder der Hölle verfällt." Das klingt wenig frohbotschaftlich. In psychologischer Sicht muss man feststellen, dass uns Gewissensängstlichkeit unfähig macht, ruhig und klar über unser Verhalten nachzudenken. Denn in der Angst sieht man nur die Gefahr, sich zu versündigen, und klammert sich an den Buchstaben des Gesetzes, um das beruhigende Gefühl zu haben, man habe doch richtig gehandelt.

Jesu Gewissenskultur
Aber die Psychologie erinnert auch daran, dass es neben der skrupulösen Gewissensängstlichkeit auch eine *gesunde Gewissenhaftigkeit* gibt, ohne die wir unsere Menschlichkeit verlieren und zum Tier würden. Gesunde Gewissenhaftigkeit – das ist die Bereitschaft, zu prüfen, was im Hinblick auf das Wohl von uns und anderen richtig und was falsch ist; was vor Gott „rein", das heißt lauter ist und was unlauter, was uns mit ihm – der die Gerechtigkeit und Güte in Person ist – verbindet und was uns von ihm trennt.

Diese Gewissenhaftigkeit, dieses Prüfen und Erwägen – meint Jesus – sollen wir auf richtige Weise einsetzen. Wir sollen nicht um unsere kultische „Reinheit" bekümmert sein, sondern uns um sittliche Lauterkeit bemühen. Wir sollen nicht ängstlich auf dem Buchstaben von Vorschriften beharren, sondern uns um Geist und Inhalt des Liebesgebots sorgen. Die richtige Richtung, in die er diese Kraft lenken will, ist für ihn das „Herz", das heißt unser Fühlen, Denken und Gewissen. Jene Mitte unserer Person, aus der die „bösen Gedanken" kommen, aus der aber auch (wie wir ergänzen sollten) die guten Absichten erwachsen können. Diese Mitte sollen wir im Auge behalten und sozusagen bearbeiten: das Herz, als möglichen Ursprung von „Diebstahl, Mord, Ehebruch, Habgier, Verleumdung/Mobbing usw." – aber auch als mögliche Quelle von den „Früchten des Geistes", nämlich „Freude, Friede, Langmut, Güte, Treue" (Gal 5,22f). Denn nur, wenn wir uns selber ehrlich kennen lernen mit unseren gemeinen und unseren edlen Strebungen, können wir uns steuern, an uns arbeiten und notfalls auch mit uns kämpfen.

Damit hat Jesus eine Gewissenskultur begründet, die zu den höchsten Gütern der Menschheit gehört, weil sie uns, wie sonst nichts, einen eigenen Standpunkt, Charakter und damit Würde ermöglicht. Obwohl auch ungläubige Humanisten u.U. ein hochsensibles Gewissen haben, ist das stärkste Fundament solcher Gewissenskultur der Glaube, das Sich-Prüfen vor Gott und das Sich-bestärken-Lassen von ihm. Diese Gewissenskultur ist heute keineswegs selbstverständlich. In einer Zeit, wo wir immer weniger von allgemein verbindlichen Normen und Traditionen gehalten werden und mehr und mehr selbst bestimmen müssen, was wir für richtig halten, ist sie indes wichtiger denn je. Ob es um Fremdenfeindlichkeit geht oder um Bestechung, um Drogenmissbrauch oder um die ganz gewöhnlichen Versuche, andere zu übervorteilen – der Mangel an Verantwortungsbewusstsein und innerer Freude am Richtigen ist unübersehbar. Die Appelle von Politikern, Prominenten und Lehrern können nur aussprechen, was jeder Einzelne einsehen und tun müsste. Die Kraft dazu muss anderswoher kommen: aus der Familie, dem Bekanntenkreis, dem Glauben.

Jesus will uns die tiefste Kraftquelle erschließen, indem er uns auffordert, auf unsere inneren Regungen zu achten und dem zu folgen, was dem Liebesgebot entspricht und uns mit Gott verbindet. Das kann uns Richtung, inneren Halt und vor allem Freude am Guten geben. So müssen wir nicht wie Korken im Strom der öffentlichen Meinung, der Werbung oder unserer Ichsucht dahintreiben, sondern können unsere Richtung selbst bestimmen und notfalls auch gegen den Strom schwimmen. So frei macht uns Gottes Gebot und Nähe.

23. Sonntag im Jahreskreis
Neue Menschen durch geistig-geistliche Hörfähigkeit

Zu Jes 35,4–7a und Mk 7,31–37

Als der große Komponist Ludwig van Beethoven im Alter sein Gehör verlor und sich nur noch über Schreibhefte mit seinen Mitmenschen verständigen konnte, zog er sich mehr und mehr zurück und wurde zum Sonderling. In einem Brief hat er die Einsamkeit, in die er dadurch geriet, mit folgenden Worten beschrieben: „O ihr Menschen, wenn ihr doch wüsstet, wie gern ich mit euch sprechen würde, und wie gern ich freundlich zu euch wäre – aber ich bin abgeschnitten von euren Gedanken und euren Freuden, und ich leide selbst am meisten darunter, dass ich mürrisch wurde."

Angehörige von Gehörlosen oder Altersschwerhörigen wissen, wie groß die Gefahr ist, in eine solche Isolation zu geraten. Der Mann, von dem das heutige Evangelium berichtet, konnte sich wahrscheinlich nicht durch Schreiben mit seiner Umgebung verständigen, und erst recht standen ihm damals noch keine modernen Hörgeräte zur Verfügung. So hatte er auch längst das verständliche Sprechen verlernt. Und da befreit ihn Jesus aus dieser Vereinsamung durch sein Wort: „Effata, öffne dich!" So sehr Jesus, ähnlich wie die damaligen Heilpraktiker und Wunderheiler, auf den Körper des Gehörlosen einwirkt – er meint mit der Weisung „öffne dich" mehr als nur das Hörorgan des Taubstummen, er meint den ganzen Menschen: Öffne dich; werde empfänglich nicht nur für einzelne Töne und Worte, sondern für all die Gedanken und Gefühle, die Freundlichkeiten und Anregungen, die deine Mitmenschen dir mitteilen wollen. Öffne dich mit Sinnen, Verstand und Herz. Werde ein *neuer Mensch*.

Die Umstehenden sowie der Evangelist staunen und freuen sich. Sie sehen in dieser Heilung geradezu den Anfang einer neuen Schöpfung, wenn sie sagen: „Er (Jesus) hat alles gut gemacht" – so wie es im Schöpfungsbericht heißt: „Gott sah, dass es gut war." Sie rufen auch aus: „Er macht, dass die Tauben hören und die Stummen sprechen." Sie sind also auch überzeugt, dass mit Jesus jene messianische Heilszeit begonnen hat, die der Prophet Jesaja mit den Worten angekündigt hatte (die wir in der Lesung hörten): „Gott selbst wird kommen und euch erretten. Dann werden die Augen der Blinden geöffnet, auch die Ohren der Tauben sind wieder offen. Dann springt der Lahme wie ein Hirsch, die Zunge des Stummen jauchzt auf" (Jes 35,4–6).

„Neue Menschen" – eine Übertreibung?

Vielleicht haben Sie sich auch schon einmal gefragt: Sind diese Hinweise auf den Beginn der messianischen Heilszeit und eine neue Schöpfung nicht ein wenig hochgegriffen und eine echt orientalische Übertreibung? Wir müssen doch nüchtern feststellen: Jesus hat viele Menschen geheilt – aber nicht alle. Und wenn auch immer wieder – in Lourdes und in unbekannten Krankenzimmern – unerklärliche Heilungen geschehen und wenn es sinnvoll ist, um Gesundung zu beten: Wunder im strengen Sinn geschehen selten. In unseren Kliniken leiden Ungläubige und Gläubige. Die Gläubigen können zwar ihre Ängste und Sehnsüchte im Gebet mit Gott besprechen und so ihre Belastungen etwas wirkungsvoller bewältigen als Ungläubige, so dass sie beispielsweise nach schweren Operationen etwas bessere Überlebenschancen haben. Das wird weitgehend auch von Fachleuten anerkannt. Aber in der Regel heilt der Glaube nicht einfach Krankheiten durch Gebete. Er hilft eher, sie mit Vertrauen zu bekämpfen oder sie – wenn sie nicht zu heilen sind – ungebrochen zu ertragen.

Ist der Glaube also wirkungslos und die wiederholte Beteuerung der Evangelien, mit Jesus sei eine Zeit des Heiles angebrochen, eine Übertreibung?

Darauf kann die Antwort nur lauten: Nein. Das Markusevangelium und viele spätere Theologen haben in der Heilung des Gehörlosen nicht nur eine einmalige Heilung einer Gehörschädigung gesehen, sondern auch ein Sinnbild für eine *Heilung, Öffnung und Neuwerdung, die geistig-geistlich ist* und deswegen nicht weniger wichtig als die körperliche Wiederherstellung. Jawohl, nicht weniger wichtig: Denn man kann ein Gehör haben, das organisch hervorragend funktioniert, und trotzdem taub sein für den Ruf unseres Gewissens und darin Gottes – für den Ruf zu Gerechtigkeit, Frieden, Güte und Freundschaft. Die rein körperliche Hör- und Sehfähigkeit garantiert noch keine Sinnerfüllung, kein Heil. Der Taubstumme ist nun für die ersten Christen und ihre Nachfahren immer auch ein Beispiel dafür gewesen, dass uns die lebendige Beziehung zu Jesus die g*eistig-geistliche Hörfähigkeit und Aufgeschlossenheit* schenken kann für die Anregungen, Weckrufe und Weisungen des guten Gottes. Die Erzählung von diesem Taubstummen will uns ermutigen und sagen: Jesus kann uns zu *neuen Menschen machen,* auch wenn wir in vielem unseren eingespielten Gewohnheiten und Schwächen verhaftet bleiben mögen. Beim einen wird dieses Neue, dieses Effata vielleicht ausgelöst durch eine Reise in ein Entwicklungsland, in dem er so viel Elend sieht, dass er seiner bisherigen Oberflächlichkeit und Protzerei überdrüssig wird und sich für Hungernde und Kranke einsetzt. Ein anderer wird vielleicht durch eine Krankheit nachdenklich, und wieder ein anderer lernt durch seinen Ehepartner erstmals, persönlich zu beten und über den Glauben nachzudenken, und findet darin einen neuen Lebensinhalt.

Unsere Beziehung zu Gott bleibt entwicklungsfähig
Skeptiker und Pessimisten meinen zwar, die meisten Menschen seien unfähig, sich zu ändern. Der Dichter Theodor Fontane (1819–1898) schrieb einmal:

> Man wird nicht besser mit den Jahren –
> Wie sollt es auch? man wird bequem
> Und bringt, um sich die Reu zu sparen,
> Die Fehler all in ein System.
>
> Das gibt dann eine glatte Fläche,
> Man gleitet unbehindert fort,
> Und „allgemeine Menschenschwäche"
> Wird unser Trost- und Losungswort.
>
> Die Fragen alle sind erledigt,
> Das eine geht, das andre nicht,
> Nur manchmal eine stumme Predigt
> Hält uns der Kinder Angesicht.

Das Evangelium kennt zwar sehr wohl die Schwächen des Menschen, stimmt aber solcher Skepsis nicht zu. Denn die ersten Christen haben oft das Gegenteil erfahren. Petrus wurde aus einem feigen Anhänger Jesu zum mutigen Blutzeugen; Saulus wandelte sich vom fanatischen Verfolger zum Verkünder und schrieb das Hohelied der Liebe. Diese Christen, die sich in einem großen „Effata" der Botschaft und dem Geist Jesu geöffnet haben, fühlten sich als „neue Schöpfung", wie Paulus bekannte. Und ähnlich haben es viele erlebt, sobald sie über ihr Gewohnheitschristentum hinaus eine tiefere Beziehung zu Gott, zu Jesus aufbauen konnten. So schreibt beispielsweise Teresa von Avila über den Wandel, den sie erfuhr, als sie vom äußeren zum inneren Gebet kam und auch das selbstverliebte Kreisen um ihre Vollkommenheit überwand: „Es ist ein anderes, neues Leben. Das (Leben) bis hierher war meines; das, was ich gelebt habe, seitdem ich diese Gebetserfahrung zu erläutern begann, ist, wie mir scheint, das, was Gott in mir lebte. Der Herr sei gepriesen, dass er mich von mir selbst befreit hat."

Und Ignatius von Loyola, der vom ehrgeizigen Höfling und Offizier zum Meister der Meditation und Gründer des Jesuitenordens wurde, schrieb einmal: „Mir kommt immer mehr zum Bewusstsein, wie wenige Menschen es doch gibt, vielleicht überhaupt keinen, der vollständig ermessen könnte, wie viel er seinerseits verhindert und stört, was Gott in seiner Seele wirken möchte. Ich bin fest überzeugt, je mehr jemand in Liebe und Demut fortschreitet, umso zarter und feinfühliger wird sein Verständnis selbst für die leisesten Regungen, die ihn hindern oder stören, mögen sie auch dem irdischen Auge noch so unbedeutend erscheinen."

Auch wenn wir keine Mystiker sind: Unsere Bemühungen, durch Gebet, Gottesdienst und tätige Nächstenliebe mit Gott in Verbindung zu treten, können uns immer wieder öffnen für sein großes Ja zu uns und den Mitmenschen. Sie können unsere Taubheit gegenüber diesem Ja überwinden und uns neu beleben. Was erwarten wir von unseren Bemühungen um ein Leben im Geiste Jesu? Es müssen ja keine Pfingststürme und Lebensumbrüche über uns kommen, schon gar nicht, wenn wir im Großen und Ganzen auf dem rechten Weg sind. Aber an die Chance, auf diesem Weg voranzukommen und gegebenenfalls ein anderer zu werden, auch wenn wir schon 70 sind – daran sollten wir schon glauben. Wenn die Altersforschung betont, dass der Mensch auch in späten Jahren lern- und entwicklungsfähig bleibt, solange das Gehirn nicht beeinträchtigt ist, sagt uns der biblische Glaube, dass dies auch für unsere Beziehung zu Gott gilt. Hören wir darum nie auf, geistig-geistliche Anregung und Nahrung zu suchen oder Möglichkeiten des Einsatzes für eine gute Sache auszukundschaften. Ob wir jung sind oder alt: Das heutige Evangelium will uns den Optimismus nahe bringen, dass sich dies immer lohnt, ja dass wir stets neue Menschen werden können. Jesus glaubt an unsere Wandlungsfähigkeit und unser Hörvermögen; er ist stets bereit zu seinem Effata.

24. Sonntag im Jahreskreis
Kreuz tragen – weder Leidverherrlichung noch Leidverdrängung
Zu Mk 8,27–35

Wir alle haben sicher schon einmal in einem Bildband oder Museum griechisch-römische Götterstatuen gesehen. Göttinnen wie Venus sind Bilder idealer Frauenschönheit, während Götter wie Apoll männliche Kraft ausstrahlen. Wenn wir damit den sterbenden Jesus am Kreuz vergleichen, könnte der Gegensatz kaum größer sein. Ja, das gehört zur Eigenart des Christentums, und das heutige Evangelium lässt daran keinen Zweifel: *Unser* Heilbringer, unser Messias erlitt Verfolgung und Tod. So ging er in seine Auferstehungsherrlichkeit ein, und wer ihm nachfolgen will, muss ebenfalls „sein Kreuz auf sich nehmen".

Wir kennen dieses Reden vom „*Kreuztragen*". Es erinnert an die Gewohnheit der Römer, die zum Tod Verurteilten den Querbalken ihres Kreuzes selber schleppen zu lassen. Wenn wir nun sagen: „Wir müssen eben unser Kreuz tragen", klingt dies wie eine Aufforderung zur Geduld ohne jeden Gedanken an Kampfgeist, und so hört man u.U. so etwas wie eine *Leidverherrlichung* heraus – als würde Jesus das Leiden für etwas Gutes halten. Doch da würden wir ihn gründlich missverstehen. Jesus hat das Leiden nicht gesucht, sondern auf sich genommen, weil er nur so seiner Sendung treu bleiben konnte. Jesus konnte feiern. Er ließ sich zu Gastmählern einladen, und vielleicht hat er bei einer Hochzeit wie der von Kana auch getanzt. Mehr noch: Jesus hat das Leiden bekämpft – vor allem das Leiden der Kranken und Verachteten. Wenn er uns also dazu aufruft, unser „Kreuz zu tragen", will er das Leid nicht vergolden, sondern unsere natürliche *Leidverdrängung* überwinden. Er will uns die Angst nehmen, Misserfolg, Krankheit oder Behinderung könnten unserem Leben allen Wert und Sinn rauben.

Zur Leidverdrängung neigte nicht nur Petrus – wie es das heutige Evangelium ganz offen schildert. Nein, zur Leidverdrängung neigen wir alle, und unsere Zeit drängt vielleicht noch mehr dazu als frühere. Einerseits berichten die Medien über schockierende Katastrophen in der ganzen Welt, andererseits fällt es uns schwer, das ganz gewöhnliche Elend von Menschen in den Gefängnissen von Diktaturen, in Slums oder in Hungergebieten aufmerksam wahrzunehmen, und die seltenen Medienberichte darüber erzielen nur niedrige Einschaltquoten. Aber auch in unserem alltäglichen Umfeld kostet es uns meistens einige Überwindung, bis wir einen alten Angehörigen in einem Pflegeheim besuchen, und schon das Betreten eines Krankenhauses kann uns eigenartig bedrücken. Die Begegnung mit Altersbeschwerden, Krankheit oder anderem Elend verunsichert eben zu sehr unsere Normalität, das heißt die gewohnte Erwartung, dass es uns immer gut gehen wird.

Der Gedanke an Leid beunruhigt uns
Der medizinische Fortschritt hat den Schmerz so wirksam bekämpft und die Lebenserwartung so gesteigert, dass viele insgeheim sogar hoffen, eines Tages würde ein schmerzfreies und nahezu unbegrenzt langes Leben auf Erden möglich sein. Außerdem verlangt ja unsere Leistungsgesellschaft, dass wir unsere Stärken zeigen und Schwächen verstecken – und seien es nur erste Probleme mit den Zähnen oder Bandscheiben. Jede Schwäche könnte uns doch – wie eine verräterische Redewendung sagt – „alt aussehen lassen". Wir wissen ja, wie manche Kollegen darüber denken und wie Massenblätter jede Woche Prominente in Aufsteiger und Absteiger einteilen, in Gewinner und Verlierer – wie bei Fußballclubs.

Leistung, Vitalität und Genuss gehören sicher zu einem gelingenden Leben, wie wir es anstreben sollen. Sie sind wertvolle Geschenke der Schöpfung. Doch wer Leistung, Vitalität und Genuss zum Maß aller Dinge erhebt und daneben keine anderen Werte kennt, der muss umso ratloser reagieren, wenn er von Krankheit, Behinderung oder Misserfolg hört oder erste Anzeichen davon bei sich bemerkt. Der muss das Leid verdrängen. Der Philosoph Friedrich Nietzsche hat dies einmal mit der ihm eigenen Brutalität ausgesprochen und gemeint: Das christliche Mitleid mit den Schwachen wolle nur erhalten, was für den Untergang reif sei. Mitleid mache uns depressiv und schwäche unsere Lebensenergie. Und wörtlich: „Der Kranke ist ein Parasit (ein Schmarotzer) der Gesellschaft." Innerhalb seiner einseitig diesseitigen Lebensverherrlichung war dies nur folgerichtig. Da ist es auch folgerichtig, wenn es eines der neuen Bundesländer als Erfolg seiner Gesundheitspolitik verkündet, dass dort in den vergangenen zwölf Monaten kein behindertes Kind mehr geboren worden sei – dank gründlicher Untersuchungen während der Schwangerschaft und der dann vorgenommenen Abtreibungen. Von einer solchen Einstellung ist es nur noch ein kleiner Schritt, bis man Behinderte bzw. ihre Eltern mit vorwurfsvoller Miene anschauen wird. In manchen vornehmen Lokalen hat man ja gelegentlich Rollstuhlfahrern bedeutet, ihr Anblick störe und sei unerwünscht.

Das Leid – sei es Behinderung, Krankheit, beruflicher Misserfolg oder der Tod eines lieben Menschen – wird uns immer beunruhigen. Stören und verwirren muss es aber letztlich nur den, der alles am Maßstab diesseitiger Vitalität, materiellen Reichtums und gesellschaftlichen Erfolgs misst und darüber hinaus keine anderen Werte kennt: *Der* wird ein Leben, das durch körperliche oder geistige Behinderung eingeschränkt ist, vorschnell für wertlos halten. *Der* wird die Lage eines Suchtkranken, der seinen Beruf aufgeben und von Sozialhilfe leben muss, obwohl er es mehrmals mit einer Entziehungskur und Therapie versucht hat, für trostlos halten. Und er wird auch eine unheilbare Krankheit zum dumpfen Dahinsiechen degradieren. Ja, wer auf Lust und Leistung fixiert ist, denkt u.U. schon an Selbstmord, wenn er nur seinen Lieblingssport aufgeben oder ein Nachlassen des sexuellen Verlangens feststellen muss.

Glaube und Kampfgeist
Doch gerade Schwerkranke können uns zeigen, dass es noch andere Inhalte gibt, die das Leben lebenswert machen, und dass der Mensch seine Würde und seinen Wert behält, auch wenn Lust und Leistung stark eingeschränkt sind. Auch da gibt es noch eine Lebensqualität und ein „Recht auf Krankheit" (Fulbert Steffensky). Während ihrer Krankheit stufen Schwerkranke beruflichen Erfolg und Einkommen meistens als nicht mehr so wichtig

herab und schätzen dafür die Kontakte mit Angehörigen und Freunden umso höher ein. Deren Besuche und Anteilnahme zeigen ihnen ja, dass sie auch unabhängig von Leistung, Einkommen und glanzvollen Auftritten ihren Wert als Gesprächspartner haben, einfach als Menschen.

Diese Erfahrung gibt ihnen Kraft im Kampf gegen die Versuchung, sich und ihr Leben zu entwerten. Darum sollten wir Kranken und Trauernden das Gefühl vermitteln, dass sie uns weiterhin etwas bedeuten, dass sie nicht verlassen sind. Und manchem hilft es schon, wenn wir ihn nicht so materialistisch-verzweifelt anschauen wie reine Erfolgsmenschen.

In diesem Kampf gegen Selbstaufgabe und Verzweiflung kann nun auch der Kontakt mit dem Gesprächspartner Gott eine wichtige Hilfe sein. Denn ihn können wir ja immer ansprechen, und er erkennt uns unabhängig von unseren menschlichen Karrierestufen einen Wert zu als seine Freunde, einen Selbstwert, den uns keine Krankheit nehmen kann. Eine Frau hat einmal berichtet, wie sie während ihrer Krebserkrankung gedacht und gebetet hat: „,Gott, ich kann dir mein Lachen, meine Freude nicht geben, aber ich kann dir meine Traurigkeit und meine Tränen geben.' So habe ich einen neuen Zugang zu Gott gefunden. Mir geht es zwar schlecht, und ich habe viele Schmerzen, aber ich fühle mich doch getragen, nicht preisgegeben. Da ist doch irgendwo Gott in mir, der mich hält. Ich habe auch die innere Gewissheit: Tod ist ein Übergang, nicht ein Ende. Ein Neubeginn. Das ist ein ganz wesentlicher Trost für mich."

Da wird das Leiden nicht schöngeredet, aber das Leben bleibt trotz Schmerzen und Einschränkung lebenswert und dem des Gesunden und Erfolgreichen ebenbürtig. Denn hier entdeckt der Glaube in der Beziehung zu Gott eine Vitalität und einen Reichtum, der auch bestehen bleibt, wenn die Normalität zerbricht.

Wenn Jesus vom „Kreuztragen" spricht, will er uns zu diesem Kampfgeist ermutigen. Wir sollen in unseren Nöten diese haltgebende Beziehung zum „Vater" entdecken und so gegen die Entwertung unseres Lebens und unserer Person kämpfen. Gewiss, auf die großen Nackenschläge des Lebens kann man sich nicht durch Lernen und Üben vorbereiten wie auf eine Fahrprüfung – aber unser Gebet jetzt und unser Blick auf Jesus kann uns heute schon die Zuversicht mitgeben, dass auch wir – wenn nötig – bei Gott die Kraft finden werden, Leid und Kreuz zu tragen, ohne daran zu zerbrechen.

25. Sonntag im Jahreskreis
Größe durch Dienen statt „Egoismus-Falle"

Zu Jak 3,16 – 4,3 und Mk 9,30–37

„Wer ist der Größte, Intelligenteste, Erfolgreichste oder Mächtigste?" An dieser Frage können Parteien, die einen Vorsitzenden oder Spitzenkandidaten wählen müssen, fast zerbrechen, und die Urkraft, die in diesem Streben nach dem ersten Rang liegt, kann Diktaturen errichten. Sie kann Ehen, Freundschaften und Mitarbeiterteams in Konkurrenzkämpfe verstricken und Pfarrgemeinderäte lähmen. Da überrascht es wenig, wenn dieses „Wer-ist-der-Größte"-Problem, wie die heutige Lesung berichtet, auch schon die ersten Christengemeinden bedroht und selbst bei den Jüngern Jesu für Unruhe gesorgt hat. Die Bibel erzählt uns das, weil sie zu Recht annimmt, dass diese Schwierigkeit jede Generation von Christen beschäftigen wird. Und sie überliefert uns sozusagen als Lösung die Mahnung Jesu: „Wer der Erste sein will, soll der Letzte von allen und der Diener aller sein."

Jesus hat diesen Satz überspitzt formuliert, damit er im Gedächtnis haften bleibt. Deuten wir ihn so, dass er keine Missverständnisse auslöst, sondern zum richtigen Nachdenken herausfordert. „Der Letzte von allen sein" kann nicht bedeuten, dass wir uns unterdrücken lassen sollen. Denn Jesus will ja eine Gemeinschaft von gleichrangigen Schwestern und Brüdern und nicht von Ranghohen und Rangniedrigen, von Herren und Knechten. Dann kann aber auch der Ausdruck „Diener aller sein" nicht heißen, dass wir andere über uns herrschen und uns von ihnen ausnützen lassen. Statt „Diener sein" sollten wir besser sagen: „Für andere da sein, andere unterstützen". Natürlich können und sollen wir nicht alle sechs Milliarden Menschen auf der Welt unterstützen, wohl aber jene, die auf unsere Hilfe angewiesen sind und denen wir wirklich helfen können. Diese Deutung entspricht genau Jesu Hauptgebot der Selbst-, Nächsten- und Gottesliebe. So könnte der Satz lauten: „Wer der Erste sein will, soll alle, die ihn brauchen und denen er Hilfe leisten kann, unterstützen."

So gibt Jesus unserem Bestreben, der Erste zu sein, das heißt, etwas Herausragendes zu leisten, etwas, worauf wir stolz sein können, eine Richtung, ein Ziel; er bekämpft diesen Eifer, oder wenn man so will, diesen Ehrgeiz nicht. Was er ablehnt, was er uns austreiben will mit dem temperamentvollen Ausdruck „der Letzte sein", ist das Sich-Überheben über andere, das eitle Sich-Vergleichen, das Herabschauen auf Schwächere, Niedriggestellte, Ärmere, Einfachere, weniger Angesehene – eben die gemeinschaftszerstörende Frage: „Wer ist der Größte?"

Hilfsbedürftige sind für Jesus wie Prominente

Niedriggestellte – das waren zur Zeit Jesu und später in den ersten Christengemeinden bestimmte Mitglieder aus den unteren Schichten. Das waren aber auch die *Kinder*, besonders die Mädchen. Obwohl auch damals viele Eltern ihre Kinder liebten, galt das Kind in der öffentlichen Meinung als unfertig, nicht ernst zu nehmen – eben kindisch. Jesus stellt nun ein solches Kind in die Mitte des Jüngerkreises, schließt es herzlich in die Arme und erklärt sinngemäß: Wer ein solches Kind oder andere kleine Leute, die in der Gesellschaft nicht viel gelten, aufnimmt und unterstützt, weil ich ihr Freund bin, der nimmt mich auf und mit mir den Vater, für den ich hier spreche.

In den Augen Jesu ist es also eine große *Ehre*, kleine, bedürftige Leute zu unterstützen. Wenn bei uns ein Handwerker, ein Arzt oder eine Verkäuferin an einem Tag einen bekannten Schauspieler, einen Professor und einen Bundestagsabgeordneten als Kunden vor sich haben, fühlen sie sich meistens geehrt und sagen am Abend vielleicht stolz: „Toll, heute hatten wir viel Prominenz." Nun, einen benachteiligten Menschen unterstützen – das ist für Jesus ähnlich, aber noch mehr. Ja, das Ausländerkind, dem ein Schüler bei den Hausaufgaben hilft; der Alkoholkranke oder Depressive, für den wir uns regelmäßig Zeit nehmen, oder die Waisen in einem Dritte-Welt-Land, die wir unterstützen – sie alle sind in der Sicht Jesu bedeutende Prominente, für die wir etwas tun dürfen. Sie bedeuten ihm so viel, dass er sie gleichsam als seine Stellvertreter betrachtet. Und das gilt nicht nur für besonders Benachteiligte, sondern auch für gewöhnliche Familienmitglieder oder Bekannte, die uns brauchen.

Hier, meint Jesus, kann unser natürliches Verlangen nach Anerkennung und Größe seine tiefste Erfüllung finden: in der Unterstützung anderer, nicht im ichbesessenen Kreisen um uns selbst oder in Anmaßung und Rücksichtslosigkeit: „Wer der Erste sein will, soll der Diener aller sein." Für ihn sind Wohlwollen und Hilfsbereitschaft, die wir anderen entgegenbringen, eben nicht nur Pflicht und Gebot, sondern schenken uns höchste Anerkennung, Größe und Erfüllung. Das Evangelium will uns immer wieder darauf aufmerksam machen, weil wir es so leicht übersehen. In den drei letzten Jahrzehnten hat man mit dem Schlagwort „Selbstverwirklichung" sicher zu Recht betont, dass wir unsere Bedürfnisse nicht ständig vernachlässigen dürfen. Man hat aber oft vergessen, dass das Umhegen unserer Person nicht genügt, um uns glücklich zu machen. Nein, wir brauchen auch die Hinwendung zum Mitmenschen – und zwar nicht nur in der Liebe zwischen Mann und Frau, sondern auch in der Hilfsbereitschaft. Egoismus macht nicht glücklich, sondern einsam.

Auch die verbreitete Neigung, sein Ansehen hauptsächlich aus Leistung und Konsum zu beziehen, macht leicht blind für den Wert von Hilfsbereitschaft und dem Einsatz für gerechte Verhältnisse. Wenn man die Deutschen fragt, worin sie vor allem den Sinn ihres Lebens sehen, antworten zwar erfreulich viele: „Dass meine Familie versorgt ist" – aber nur knapp ein Fünftel stimmt auch dem Ziel zu: „Für andere da sein, anderen helfen", während gut die Hälfte es für wichtig hält: „Dass ich von meinen Mitmenschen geachtet werde; Ansehen habe." Ansehen verspricht uns aber die Werbung unserer Wohlstandsgesellschaft durch Prestige-Konsum und Luxuswaren; schon Schüler wollen durch ihre Markenartikel glänzen.

Zweifel am Wert unseres Gutmenschentums

Und trotzdem ist auch Folgendes wahr. Der Einsatz für ein Ziel, das unser eigenes Ich überschreitet und das für unser Gewissen einen hohen Wert hat – etwa für das Wohl unserer Familie, für eine menschliche Gestaltung von Arbeit und Wirtschaft oder für Gerechtigkeit, Entwicklung, Frieden und Bewahrung der Schöpfung –, dies alles bereichert uns selbst, auch wenn es mit Mühen verbunden ist. Was wir über unser eigenes Wohlergehen hinaus auch für das Wohl eines anderen tun, der uns braucht, das lohnt sich, weil der andere es wert ist. Das ist keine vergeudete Zeit, sondern kann uns mit Befriedigung erfüllen; ja es kann uns selbst Wert und Würde schenken. Einer Ordensschwester, die in einem Hospital in Afrika Aussätzige pflegte, soll einmal eine amerikanische Touristin bewundernd gesagt haben: „Was Sie tun, würde ich nicht einmal für eine Million Dollar machen." Worauf sie geantwortet habe: „Dafür (das heißt für Geld) würde ich es auch nicht tun."

Viele Mütter und Väter denken wohl ähnlich: „Für meine Kinder sorgen und Verantwortung tragen – für Geld täte ich das nicht." Nun sind uns die Kinder so nah, dass wir ihren Wert – wenn wir kinderfreundlich sind – unmittelbar erfahren. Doch bei Bedürftigen, die uns zunächst fremd und fern sind, ist das nicht so leicht. Ähnlich bei einem Ehrenamt für ein Hilfswerk, dem die Öffentlichkeit keine Beachtung schenkt. Da kommen uns denn auch bald einmal Zweifel, ob sich das lohnt. Gerade wenn andere wenig Verständnis dafür haben und unser Gutmenschentum vielleicht sogar für eine Genuss hemmende Sentimentalität halten – da verfliegt die erste Begeisterung mitunter rasch und weicht einer resignativen Stimmung, die fragt: „Was bringt's?"

Wie können wir diesen Zweifeln begegnen und vermeiden, dass unsere Einsatzfreude gelähmt wird? Einerseits, indem wir das Gespräch mit Gleichgesinnten suchen, bei denen wir spüren: Denen bedeutet Hilfsbereitschaft ja auch etwas. Andererseits, indem wir vielleicht unser Tun zum Abschluss des Tages kurz meditieren. Wir könnten den Blick eines Kindes, dem wir Mut gemacht haben, noch einmal auf uns wirken lassen; oder die Zufriedenheit eines Erwachsenen, dem wir helfen konnten. Wir könnten überlegen, was wir gewollt und auch bewirkt bzw. empfangen haben. Wir brauchen uns dabei nicht zu Helden hochzujubeln. Aber wir können uns fragen: Was war wertvoll – auch wenn es vielleicht keiner beachtet hat? Keiner? Möglicherweise ist es doch auch in den Augen dessen wertvoll, der maßgeblicher ist als meine Kollegen, meine Vorgesetzten oder die Mediengewaltigen, die bestimmen, was in die Schlagzeilen kommt und was nicht. Vielleicht ist es wertvoll in den Augen dessen, der „ins Verborgene sieht und dir vergilt" – nämlich durch sein Sehen und Anerkennen. Und der meint: „Wer ein Kind oder ähnliche kleine Leute um meinetwillen aufnimmt, der nimmt mich auf, und wer der Erste sein will, soll der Diener aller sein."

26. Sonntag im Jahreskreis
Für eine kraftvolle Toleranz
Zu Num 11,25–29 und Mk 9,38–43.45.47–48

Einführung
In den biblischen Texten, die wir heute hören werden, geht es um Offenheit, Weite und Toleranz in Glaubensfragen. Wie Jesus von einem Mann hört, der in seinem Namen Dämonen austreibt, sagt er: „Lasst ihn – wer nicht gegen uns ist, ist für uns." Die Lesung berichtet eine wenig bekannte Begebenheit aus der Zeit des Mose. Über die Ältesten, die Mose um das Offenbarungszelt aufstellte, kam der Geist, und sie redeten in prophetischer Verzückung. Das taten aber auch zwei Älteste, die im Lager geblieben waren. Josua, der Mitarbeiter des Mose, wollte es ihnen verbieten lassen. Doch Mose erwiderte, am besten wäre es, das ganze Volk würde vom Geist des Herrn erfasst. Öffnen wir uns diesem Geist – er muss uns ja nicht gleich zu prophetischer Verzückung führen.

Wahrscheinlich haben manche von uns schon einmal erlebt, dass Zeugen Jehovas zu ihnen kamen und die Bibel ganz anders auslegten als wir. Vielleicht hat uns auch einmal ein Muslim gesagt, dass Jesus für den Koran nur ein Prophet, nicht aber Gottes Sohn und Wort sei. Oder wir hörten u.U. auch einmal, wie jemand behauptete, Jesus sei ein Sozialrevolutionär gewesen und habe im Sinne des Kommunismus eine klassenlose Gesellschaft ohne Privateigentum gewollt. Oder ein Freund esoterischer Vorstellungen meinte ganz genau zu wissen, dass Jesus ein begabter Schamane gewesen sei, der geistige Kräfte und feinstoffliche Energien in sich sammelte und dadurch Krankheiten heilen konnte. Oder ein Anthroposoph erklärte uns, Jesus habe bei der Taufe durch Johannes von der Sonne her eine Wesenheit empfangen, die ein Teil des Göttlichen sei und dem zügellosen Freiheitsdrang der luziferischen Mächte und dem Materialismus der ahrimanischen Kräfte in der Welt entgegenwirke.

Immer wenn wir solchen andersartigen Glaubensvorstellungen begegnen, erleben wir eine ähnliche Situation, wie sie das heutige Evangelium schildert. Da haben die Jünger beobachtet, dass ein Dämonenaustreiber, der nicht zu ihrem Kreis gehörte und sich wohl auch nicht weiter für die Botschaft Jesu interessierte, den Namen Jesu als magische Kraftquelle auffasste und als Zauberspruch einsetzte. Die Jünger sind empört und wollen ihn daran hindern. Und wie reagiert Jesus? Sehr tolerant, würden wir in heutiger Sprache sagen. Er heißt die magische Umdeutung seines Tuns zwar nicht gut – aber er will auch nicht, dass man den Verfälscher seines Anliegens hindert, denn: *„Wer nicht gegen uns ist, ist für uns."* Diesen Satz muss man nicht pressen; er bedeutet für die junge missionierende Gemeinde wohl dies: Jeder, der uns nicht befeindet, kann einmal ein Sympathisant unserer Bewegung werden – und wenn er einem unserer Glaubensboten auch nur einen Becher Wasser zu trinken gibt, verdient er großen Lohn.

Damit verrät Jesus – unausgesprochen – zwei Überzeugungen, die ohne Zweifel auch für unseren heutigen Umgang mit Andersdenkenden, für unsere Toleranz, wichtig sind: 1. Das *ruhige Selbstvertrauen,* dass die Frohbotschaft viele Menschen anziehen kann, auch wenn sich nicht wenige gleichgültig verhalten oder jetzt noch anderen Ansichten anhängen: Wer nicht gegen uns ist, kann eines Tages für uns sein – und wenn nicht: Für *uns* ist der Glaube ein Halt und ein Schatz. 2. Eine gewisse *Achtung vor dem Andersdenkenden:* Der fremde Dämonenaustreiber – so hat Jesus wohl gedacht – will mit seiner Magie den Menschen etwas Gutes tun. Auch wenn er vielleicht oberflächlich denkt und sich über die Beziehung zu Gott keine oder falsche Gedanken macht – seine Absichten sind gut.

Hurra-Toleranz und Zweifler-Toleranz

In unserem Land schätzt die öffentliche Meinung Toleranz sehr hoch ein. Fragt man Deutsche, welche Werte sie in der Erziehung der Kinder für wichtig halten, so steht Toleranz in der Rangskala meistens weit oben. Hier geht es freilich nicht nur um Duldsamkeit bei Glaubensdingen, sondern vor allem bei politischen Einstellungen, bei Fragen des Lebensstils, der Musik und der Kleidung sowie im Verhältnis zu Ausländern oder Homosexuellen. Wie eine Lichterkette hat sich ein Gefühl dafür verbreitet, dass es zwischen den Generationen, zwischen Einheimischen und Ausländern sowie zwischen Mehrheit und Minderheiten nur Frieden geben kann, wenn man die Andersartigkeit von anderen gelten lässt, das heißt Toleranz übt. Diese Einsicht ist erfreulich.

In diesem Meinungsklima empfindet man *Toleranz gegenüber anderen Religionen* nicht nur als ein Gebot des Grundgesetzes, sondern als absolut selbstverständlich. Als Christ kann ich das nur begrüßen – andererseits kommt mir diese Einstellung manchmal vor wie eine oberflächliche Hurra-Toleranz. Nicht dass ich anderen vorschreiben wollte, wie sie zu denken haben. Aber ich frage mich, ob die Art, wie man heute religiöse Toleranz meistens begründet, einen überzeugten Christen befriedigen kann. Schauen wir uns einmal die beiden Hauptargumente an.

Gefühlsmäßig fordert man Toleranz weitgehend deshalb, weil man eine *Harmonie* um jeden Preis möchte: Nur keine Auseinandersetzungen. Damit betrachtet man aber die verschiedenen Religionen von vornherein als mögliche Störenfriede und Problemgruppen. So bemüht man sich nicht, ihre Anliegen und Eigenarten zu verstehen. Man nimmt sie nicht ernst. Im Gegensatz dazu will der heutige Religionsunterricht ein Wissen um die Eigenheiten der anderen Religionen vermitteln – möglichst auch durch Begegnungen und Gespräche.

Gedanklich begründet man aber Toleranz oft damit, dass sich religiöse Wahrheit nicht finden lasse und dass man feste Überzeugungen am besten durch den *beständigen Zweifel* ersetzt, weil sonst nur Unduldsamkeit und Unfrieden entstünde. Bei Menschen, die fest an etwas glauben, wittert man denn auch rasch fundamentalistischen Starrsinn oder gar Fanatismus – obwohl feststeht, dass sich junge Christen, die ihrer Kirche verbunden sind, häufiger als die Konfessionslosen in Initiativen für Frieden, Menschenrechte und Entwicklungshilfe engagieren.

Gewiss, wenn wir den Zweifel pflegen, hüten wir uns eher, voreilig zu urteilen und unsere Ansichten für die einzig richtigen zu halten. Das ist schon wahr. Aber letztlich bleibt diese Zweifler-Toleranz *kraftlos*. Sie hat kein festes Fundament, sondern baut nur auf die Gleichgültigkeit gegenüber der Wahrheit und endet – etwas derb gesagt – in einer Wurstigkeit, die meint: „Es ist doch gleichgültig, was die Menschen glauben." Doch wenn ich alles immer nur anzweifeln muss, fehlt mir die Gewissheit, dass es sich lohnt, für die Religionsfreiheit und die Rechte Andersdenkender einzutreten. Ein Zweifler würde kaum gegen die Unterdrückung der Bahai-Religion im Iran oder die Bestrafung des Religionswechsels in Saudi-Arabien demonstrieren. Er würde sich auch nicht für einen islamischen Religionsunterricht an deutschen Schulen einsetzen, wie ihn die christlichen Kirchen seit Jahren fordern.

B   26. Sonntag im Jahreskreis

Engagierte Toleranz

Eine kraftvolle, engagierte Toleranz müsste zu *mehr* bereit sein. Und diese Bereitschaft könnte gerade aus den beiden Ansichten erwachsen, die das heutige Evangelium von Jesus berichtet. Das ruhige Selbstvertrauen, dass der Glaube für uns ein Halt und ein Schatz ist, kann uns vor der üblen Neigung bewahren, Andersdenkende für minderwertig, ja für gefährlich zu halten. Wer seines Glaubens gewiss und froh ist, fühlt sich durch Andersgläubige nicht gleich verunsichert und zu Abwehrmaßnahmen herausgefordert, sondern kann ihnen unbefangen und mit freundlichem Interesse begegnen. Er muss sich nicht auf Klischees stützen und keinen Vorurteilen folgen, sondern kann die anderen kennen lernen – und zwar nicht nur durch ein Lächeln beim Straßenfest, sondern u.U. auch durch tiefer gehende Gespräche oder Lektüre. So wird er bei den Andersgläubigen auch – wie Jesus beim fremden Dämonenaustreiber – gute Absichten wahrnehmen: Dass andere Religionen auf ihre Weise mit großem Ernst die Beziehung zum letzten übermenschlichen Ursprung suchen, auch wenn sie ihn unterschiedlich verstehen. Dass sie also für uns Christen auch Bundesgenossen sind in der Auseinandersetzung mit einer rein materialistischen Lebensauffassung, die nur den geldwerten Erfolg und das Vergnügen kennt.

Und wenn das Kennenlernen so weit geht, dass wir bei allem, was wir mit Muslimen, Hindus und Buddhisten gemeinsam haben, auch das unverkennbar Unterscheidende, Fremde sehen, darunter vielleicht auch Auffassungen, die uns stören? Dann können wir dies ertragen, wie wir auch Fremdes und Störendes in der eigenen Familie hinnehmen. Denn wir kennen eben auch das Positive und Gemeinsame, das uns verbindet. Wenn wir auch noch an das Liebesgebot Jesu denken, das sogar das Wohlwollen gegenüber Feinden einschließt – dann haben wir viel Grund, jedem Menschen das gleiche Recht zuzuerkennen, in Eigenverantwortung nach der Wahrheit zu suchen, selbst wenn er unserer Meinung nach in manchem irrt. Die Wahrheit über Gott kann man ja nur in Freiheit erkunden und finden, nicht durch Zwang. Darum hat Jesus keine Kampftruppe ausgebildet, sondern Jünger, die seine Frohbotschaft verkünden. Wer nicht gegen diese Botschaft ist, kann eines Tages für sie sein. Und wer ernsthaft sucht und seinem Gewissen folgt, erfüllt den Willen Gottes, wie immer er sich ihn denkt. Wenn wir uns dies vor Augen halten, ermutigt uns der Glaube zu einer kraftvollen Toleranz, die Andersgläubige nicht nur duldet, sondern achtet und sich für die Religionsfreiheit aller einsetzt.

27. Sonntag im Jahreskreis / Erntedank
Danke – das schwerste Wort?
Thematisch

Die Früchte, die hier am Altar prangen, und das Erntedankfest erinnern uns an die sinnfälligsten Wohltaten und Geschenke, die wir dem Schöpfer verdanken. Auch diejenigen von uns, die weder Gemüse noch Getreide anbauen und ernten, empfangen solche Gaben jedes Mal, wenn sie sie essen.

Wir alle erhalten aber über unsere Nahrungsmittel hinaus unzählige andere Gaben. Schließen wir darum in dieses Dankfest alle Erfahrungen ein, die wir als Wohltaten empfinden – angefangen von den Erfolgserlebnissen im Beruf bis zu den glücklichen Momenten in Ehe und Familie. Für den Schöpfungsglauben ist ja unser ganzes Leben ein Geschenk, und religiös sein heißt wesentlich auch dankbar sein. Stellen wir uns einmal vor, unsere Gottesdienste bestünden nur aus Fürbitten: Das wäre nicht nur langweilig – es wäre auch einseitig, weil Dank und Lobpreis fehlen würden. Zu unserem Gespräch mit Gott gehört neben unseren Sorgen eben auch unser Dank, sei er gesprochen, gesungen oder still gedacht. Weil also Dank eine Grundhaltung des Glaubens ist, könnten wir heute einmal über zwei Missverständnisse nachdenken, die diese Bereitschaft u.U. stören und die wir ausräumen sollten, wenn sie uns bewusst werden – nämlich die Angst, unsere Abhängigkeit von Gott anzuerkennen, und die Meinung, danken könne man nur in Zeiten uneingeschränkten Glücks.

Fragen wir uns zuerst, wie es uns geht, wenn wir *Mitmenschen* danken. Manchen Menschen danken wir sicher problemlos und gern. Bei anderen aber ist es uns unangenehm, dass wir ihnen danken müssen. Nicht umsonst sagte der Dichter Josef Reding einmal: „Das schwerste Wort / heißt nicht / Popocatepetl / wie der Berg in Mexiko / und nicht / Chichicastenango / wie der Ort in Guatemala / und nicht / Ouagadougou / wie die Stadt in Afrika. / Das schwerste Wort / heißt für / viele: / Danke!"[14] Dafür gibt es Gründe.

Unsere Angst, abhängig zu sein
Wenn wir anderen sehr viel zu verdanken haben, ist dies u.U. ein Zeichen dafür, dass wir von ihnen mehr als gewöhnlich abhängig sind und uns zu wenig auf unsere eigenen Mittel und Kräfte stützen können. Wir sind dann auf bestimmte Beziehungen angewiesen, und die Menschen, die uns unter-

---

[14] Josef Reding, Gutentagtexte. Gedichte, Verlag Engelbert, Balve/Sauerland 1974.

stützen, verlangen von uns möglicherweise bestimmte Gegenleistungen oder wenigstens Wohlverhalten. Darum befürchten wir, wir könnten immer abhängiger werden. Unsere Wohltäter könnten uns als ihre Schuldner betrachten und unsere Freiheit einengen. Doch auch wenn es nicht so weit kommt, müssen wir auf den Stolz verzichten, der sich sagt: „Alles verdanke ich allein mir; alles kann ich mir allein erarbeiten."

Wenn wir nun solche Befürchtungen auf Gott übertragen, erinnert uns das Thema Danken in unseren Gottesdiensten und Gebeten nur an unsere Abhängigkeit und weckt in uns die Angst, wir müssten vor Gott sozusagen zeitlebens Schulden abstottern und dürften nie stolz sein auf unsere eigene Leistung.

Doch Gott ist ganz anders. Gewiss, wir hängen als Geschöpfe stärker von ihm ab, als wir je auf einen Menschen angewiesen sein können. Wir sind radikaler auf ihn angewiesen als ein ungeborenes Kind auf seine Mutter. Ohne Gott existierten wir einfach nicht – ohne ihn gäbe es kein Leben, keine Welt. Doch ist diese Abhängigkeit kein Mangel an eigenen Mitteln und Kräften, so wie wenn wir plötzlich pflegebedürftig würden. Nein, Gott ermöglicht, will und schenkt uns gerade unsere Kräfte, unsere Fähigkeiten, unsere Selbständigkeit. Der Schöpfer engt unsere Freiheit nicht ein, sondern verursacht und trägt sie. Den deutlichsten Beweis für diese wahrhaft übermenschliche, göttliche Großzügigkeit erkennen wir in der Tatsache, dass er auch diejenigen im Dasein erhält, die ihm nicht danken oder die gar nicht an ihn glauben – dass er seine Sonne aufgehen lässt über Gute und Böse.

Wir Menschen der Moderne neigen dazu, völlig eigenständig sein und niemandem etwas schulden zu wollen. Doch die Befürchtung, der Glaube an den Schöpfer und die Dankbarkeit ihm gegenüber könnten uns eine einengende Abhängigkeit bewusst machen, ist unbegründet. Denn sie denkt sich Gott zu klein und zu kleinlich. Wir sollten uns den Schöpfer nicht als einen Wohltäter vorstellen, der uns immer wieder fragt: „Wie sagt man?" – nur um von uns zu hören: „Danke." Nein, Gott ist ganz anders: Nicht *er* erinnert uns heute daran, dass es angebracht ist, ihm zu danken, sondern wir sagen uns das selbst.

Der Glaube an den Schöpfer und der Dank ihm gegenüber *bereichert* und erhebt uns Menschen. Denn so wird uns bewusst, dass uns ein Größerer beschenkt und liebt, und dass wir von einem Wohlwollen getragen werden, das beständiger und mächtiger ist, als es uns der zuverlässigste menschliche Freund schenken kann. So kann das An-Gott-Denken und Danken den Menschen erfreuen: Das wird uns unmittelbar deutlich, wenn wir unsere Danklieder singen, die voll Freude sind. Wie freudig klingt beispielsweise auch der Psalm 100, wie ihn Heinrich Schütz in der Luther-Übersetzung vertont hat: „Jauchzet dem Herrn alle Welt! Erkennet, dass der Herr Gott ist! Er hat uns gemacht, und nicht wir selbst, zu seinem Volk und zu Schafen seiner Weide. Danket ihm, lobt seinen Namen." Richtig: Wenn er uns „gemacht" hat und nicht wir uns selbst, dann sind wir eben auch nicht allein, sondern Er, der Größere und Gütigere, ist mit uns. Und dies ist für den Psalmisten und den Komponisten ein Grund zum Jubeln.

Danken – nur in Zeiten der Hochstimmung?

Doch dieser Hinweis auf das Freudige und Jubelnde des Dankens könnte ein zweites Missverständnis fördern, nämlich die Meinung, dem Schöpfer danken könne man nur in Zeiten der Hochstimmung – eben dann, wenn uns zum „Jauchzen" zumute ist, wenn wir einen Überschuss an Kraft und Glück spüren.

Doch Dankbarkeit für die Gaben des Schöpfers und das Geschenk des Lebens können wir auch empfinden, wenn wir an Problemen leiden – etwa an mangelnder Gesundheit oder schwierigen Beziehungen zu den nächsten Angehörigen. Zunächst, wenn uns eine große Sorge oder ein Verlust quält, droht dieser Kummer unser ganzes Fühlen und Denken zu verdüstern. Am Ende sehen wir vielleicht überhaupt nichts Positives mehr in unserem Leben und sind rundum unzufrieden und verbittert. Wenn uns unsere Gottesdienste und Gebete nun auffordern, für das Gute zu danken, kann uns dies aber daran erinnern, dass wir trotz des Leids, das wir erleben, immer auch Positives erfahren dürfen, das uns von anderen Menschen und durch sie von Gott geschenkt wird. Wenn wir lernen, dieses Gute wieder zu sehen und anzuerkennen, hören wir auf, alles schwarz auszumalen und uns in unsere Unzufriedenheit hineinzusteigern. Dann fühlen wir uns nicht mehr um das ganze Leben betrogen, sondern nehmen neben dem Dunkel auch die hellen Stellen in unserem Leben wieder wahr. Was das bedeutet, mag folgender Bericht eines Mannes veranschaulichen.

„Ich war viele Monate krank. Es wollte nicht aufwärts gehen. Obwohl ich eine gute Pflege hatte, war ich sehr missmutig. Ich war verzweifelt und hatte keine Lust mehr am Leben. Da lag ich eines Tages im Bett und dachte nach. Ich sah mich daliegen, sah mein Krankenzimmer und durch die offene Tür meine Frau beim Bügeln. Durch die Fenster kam die Helle des Tages, und draußen im Garten sah ich unseren alten Birnbaum. Ich weiß nicht wie, aber auf einmal musste ich an Gott denken. Es überkam mich der Gedanke, dass es trotz alles Schlimmen und Schweren der Krankheit großartig ist, dass ich atmen und fühlen darf, denken, lieben und handeln kann und dass ich leben darf. Und dass die Dinge sind: das Zimmer, das Glas Wein auf meinem Tisch, der Baum draußen und das Licht. Und die Menschen: meine Frau, die ich liebe und die so für mich sorgt, meine Kinder, meine Freunde. Ich verstand auf einmal ganz tief, dass das alles nicht selbstverständlich ist und begann Gott einfach zu danken. Mein Missmut war verschwunden. Ich konnte ganz anders atmen, ich fühlte mich frei."

So gibt es also auch eine Dankbarkeit trotz Leid und Kummer. Und auch sie macht unseren Blick frei für die übermenschliche Großzügigkeit Gottes.

28. Sonntag im Jahreskreis
Wie finden wir unser Profil als Mensch und Christ?

Zu Mk 10,10.17–27

Der reiche junge Mann, von dem wir soeben gehört haben, muss ein echter Idealist gewesen sein, sozusagen das Gegenteil von einem Gewohnheitschristen. Er wollte seinen Glauben nicht auf eine Art „Dienst nach Vorschrift" beschränken, sondern aus ganzem Herzen praktizieren. Jesus hätte ihn gern in den engeren Kreis derer berufen, die als Wanderprediger seine Frohbotschaft verbreiten sollten. Wahrscheinlich war er überzeugt, dass der junge Mann mit seinem Eifer und seiner Begabung dafür wie geschaffen war. Der aber schlug diese Berufung aus, weil er zu sehr an seinem Reichtum hing. Er wurde deswegen kein schlechter Mensch, machte aus sich aber nicht, was Gott aus ihm hat machen wollen. Er hatte nicht die Großmut eines Franziskus, der die für ihn vorgesehene Unternehmerkarriere ausschlug. Und der Evangelist berichtet wohl deshalb von diesem Vorfall, weil die ersten Christen ähnliche Enttäuschungen mit vielversprechenden Gemeindemitgliedern erlebten.

Woran aber will die Erzählung uns erinnern? Wir können doch sogleich einwenden, dass nicht jeder Christ zu einem totalen, hauptberuflichen Einsatz für die Frohbotschaft berufen ist. Und trotzdem möchte die Erzählung für uns ein „Stachel im Fleisch" (Joachim Gnilka) sein. Denn sie fordert uns auf, über die Berufung nachzudenken, die *wir* haben – irgendwo zwischen dem totalen Einsatz, der vom reichen jungen Mann gefordert war, und einem müden „Dienst nach Vorschrift".

Wie aber erkennen wir unsere persönliche Berufung – ihre richtige Art und das rechte Maß? Vielleicht sollten wir zuerst einmal das Wort „Berufung" durch ein anderes ausdeuten. Denn es ist missverständlich: Jesus sagt uns ja nicht durch einen bestimmten „Ruf" oder Befehl, den wir in einer Vision hören, wozu er uns heute braucht. Nein, darüber müssen wir schon selber nachdenken. Im Licht seines Liebesgebots und im Gespräch mit ihm können wir dann unser eigenes Gepräge und Profil als Mensch und Christ finden. Ja, mit diesem Begriff könnten wir das Wort „Berufung" übersetzen: unser Profil als Mensch und Christ finden und in etwa so werden, wie Gott uns haben will. Wie können wir dieses Profil entwickeln?

Wie sich unser Profil herausbilden kann
Stellen wir uns eine Persönlichkeit vor, die wir wegen ihrer menschlichen und religiösen Lebendigkeit bewundern und die nun im hohen Alter auf ein fruchtbares Wirken in Familie, Beruf, Gesellschaft und Kirche zurückblickt. Wenn wir sie fragten: „Wie kamen Sie dazu, all das zu entfalten?", würde sie wohl antworten: „Das ist allmählich gewachsen."

So ist es: Die Art, wie wir unseren Beruf auffassen und unsere Freizeit gestalten; die Art, wie wir mit dem Ehepartner, mit Kindern, Verwandten oder Nachbarn umgehen; aber auch die Art, wie wir unseren Kontakt mit Gott im Gebet pflegen oder den Gottesdienst mitfeiern und schließlich auch, ob und wie wir ehrenamtliche Aufgaben in Kirche und Gesellschaft übernehmen – all das macht unser Profil als Mensch und Christ aus, und all das muss sich in vielen Schritten herausbilden, so wie eine Statue allmählich Gestalt und Profil annimmt.

Einerseits müssen wir *von uns aus* Ziele, Ideale und Vorsätze entwickeln, die uns deutlich machen, was wir wollen. Ein junger Mensch sagt sich vielleicht: „Ich will Kinder haben und ihnen möglichst viel mitgeben – und natürlich auch in meinem Beruf, den ich liebe, etwas leisten." Ob das möglich ist und wie viele Kinder es sind, das muss er freilich – wenn Gesundheit und Wohnverhältnisse stimmen – flexibel mit seinem Ehepartner aushandeln. Ein anderer nimmt sich vielleicht nach dem Vortrag eines Entwicklungshelfers vor, etwas für Notleidende in der Dritten Welt zu tun. Doch während seiner Ausbildung ist das nicht möglich und danach beanspruchen ihn der Beruf und die Familie ganz – bis er, nachdem die Kinder erwachsen sind, eine Gelegenheit findet, in einem Dritte-Welt-Kreis mitzuarbeiten. Das entspricht dem, was er ursprünglich wollte und wird der entstandenen Lebenssituation gerecht.

Manches an dem Profil, das wir entwickeln, ergibt sich auch *völlig ungeplant*. Etwa aus einer Not heraus – so, wenn jemand ein behindertes Kind oder alte Eltern zu versorgen hat und sich nun mit Kopf und Herz in diese Aufgabe einarbeitet. Das prägt ihn mit der Zeit genauso, wie der Beruf oder die langjährige Tätigkeit als Gemeinderat einen Menschen formen kann. Ebenfalls ungeplant wird mancher zu einem unentbehrlichen Mitarbeiter einer Pfarrei, eines Blindenhilfswerks oder der Sterbebegleitung, einfach, weil man dringend jemand brauchte und ihn ansprach. Da hat er es mal probiert und allmählich sein Helfertalent entdeckt.

Was aber sollen wir über das hinaus, was für alle Menschen und Christen geboten ist, zu unserem Anliegen machen? Welche Frömmigkeitsformen sollen wir pflegen, welche Werke unterstützen? Die Auswahl ist ja groß – vom Rosenkranz bis zu christlichem Yoga, von Organisationen wie Kolping oder der Katholischen Arbeitnehmer-Bewegung (KAB) bis zu charismatischen Gebetsgruppen und anderen spirituellen Bewegungen; von einem Ehrenamt mit regelmäßigen Verpflichtungen bis zur einmaligen jährlichen Caritassammlung. Wie finden wir das, was uns gemäß ist und dem Ruf Christi an uns entsprechen könnte?

Welche Formen des Gebets und des Engagements in Kirche und Gesellschaft?
Welche Gebets- und Frömmigkeitsformen sind für uns richtig und wie viel davon? Entscheidend ist hier, ob uns etwas lebendig genug mit Gott und Jesus verbindet. Darum könnten wir immer wieder überprüfen, ob unser tägliches Gebet und die Art, den Gottesdienst mitzufeiern, vielleicht eine Änderung brauchen, weil sie zu ausgeleiert sind und nicht mehr zu unserem Denken und Fühlen passen. Neue Anregungen könnten wir in Kursen oder in der Lektüre suchen und erproben. Manche Christen, auch Ordensleute, haben beispielsweise erst nach vielen Jahren durch die Meditationsbewegung entdeckt, dass sie den Kontakt mit Gott besser finden, wenn sie lernen, im Gebet weniger zu grübeln und stattdessen mehr auf Ruhe zu achten und einen Gedanken länger auf sich wirken zu lassen.

Welche Formen des Engagements in Kirche und Gesellschaft sind für uns richtig und wie viel davon? Auch bei dieser Frage sollten wir in uns hineinhorchen, allerdings auch auf den Bedarf an Hilfe in unserer Umgebung achten. Die Kirche verlangt ja auch aus gutem Grund, dass sich Menschen, die in einen Orden eintreten, in einem Noviziat gründlich prüfen, ob dies das richtige Engagement für sie ist.

Wenn wir als Helfer angefordert werden, erleben wir meistens einen inneren Kampf zwischen unseren guten Absichten und der Befürchtung, ausgenützt und über die Maßen belastet zu werden. Und gerade wenn wir selbstkritisch und gewissenhaft sind, plagt uns der Zweifel, ob diese Bedenken berechtigt sind oder nur unserer Bequemlichkeit entspringen (sozusagen dem Reichtum, von dem der junge Mann im Evangelium versklavt war). Darüber sollten wir in aller Ruhe und Klarheit nachdenken – im Gespräch mit Sachkundigen, im Gebet und vielleicht auch in Exerzitien im Alltag: Ist die Notlage wirklich gegeben und bin ich zur Hilfe tatsächlich fähig – aufgrund meines Könnens und Wissens und unter Berücksichtigung meiner seelischen Belastbarkeit, meiner Familienverpflichtungen und Einkommenssituation –, so dass ich sie auch leisten sollte? Diese Überlegung klingt zunächst wie Drückebergerei und Ausrede. Aber Hilfsbereitschaft heißt ja nicht, dass man sich selbst so aufopfert, dass man am Ende selber Hilfe braucht. Wir sollen gewiss im Rahmen des uns Möglichen Bedürftige unterstützen – zum Unmöglichen sind wir aber nicht verpflichtet. Diese nüchterne Betrachtung soll unsere Hilfsbereitschaft nicht mindern, sondern vor Überforderung bewahren und damit erhalten.

Mit einer solchen Einstellung können wir unser Profil und unsere Berufung finden und weiterentwickeln. Man könnte diese Haltung in einem Gebet ausdrücken, indem man die Bitte um Großmut, die Ignatius von Loyola zugeschrieben wird, vielleicht so abwandelt: „Ewiges Wort, eingeborener Sohn Gottes! Lehre mich die wahre Großmut. Lehre mich, dir wenigstens ein wenig so zu dienen, wie du es verdienst: Geben, ohne kleinlich zu zählen; kämpfen, ohne mich von Widerständen abschrecken zu lassen; arbeiten, ohne Mühen zu scheuen; mich einsetzen, ohne irdischen Lohn zu erwarten. Mir genüge das frohmachende Wissen, deinen heiligen Willen erfüllt zu haben."

29. Sonntag im Jahreskreis / Kirchweih
Kirchen stimmen uns ein

Thematisch

Heute an Kirchweih gedenken die Pfarrgemeinden unserer Diözese der Weihe ihrer Kirchen. Ein solches Fest ist von ganz anderer Art als unsere anderen Sonn- und Feiertage. Während wir etwa an Weihnachten die Menschwerdung Gottes feiern oder an Ostern die Auferstehung Jesu, gedenken wir an Kirchweih überraschenderweise des Gebäudes, in dem wir die Frohbotschaft hören und die Eucharistie zelebrieren.

Da könnte uns ein kritischer Geist daran erinnern, dass Jesus ein recht kühles Verhältnis zum Tempel in Jerusalem hatte. Hat er nicht der Samariterin erklärt, Gott wolle „im Geist und in der Wahrheit", das heißt mit Herz und Tat verehrt werden, und dazu sei weder das Bergheiligtum in Samaria noch der Tempel in Jerusalem nötig und natürlich auch nicht diese Kirche, in der wir uns befinden (Joh 4,21–24). Jesus hat ja auch versichert, dass er überall da gegenwärtig und wirksam sein will, wo zwei oder drei in seinem Namen, im Vertrauen auf ihn versammelt sind: Das kann in einem Wohnzimmer sein, in dem sich ein Elternkreis zu Gespräch und Gebet trifft, oder im Zeltlager einer Jugendgruppe, in einem lateinamerikanischen Slum oder in einem afrikanischen Flüchtlingslager.

Es ist wahr: Das Wichtigste an einer Kirche, die Begegnung mit Gott, kann man auch ohne Kirchengebäude finden. Schließlich wurde das erste Abendmahl von Jesus in einem Privathaus gefeiert. Die Christen versammelten sich erst ab dem dritten Jahrhundert, als sie zahlreicher und vom Staat anerkannt waren, außerhalb ihrer Privathäuser, eben in Kirchen, zum Gottesdienst.

Wahr ist aber auch, dass ein Kirchenraum unser Auge und unser Erleben stark ansprechen und das Mitfeiern des Gottesdienstes wirksam unterstützen kann. Eine Kirche verkündet uns schon als Bauwerk eine Botschaft, noch bevor jemand in ihr ein Wort sagt. Beispielsweise wirkt ihr Turm innerhalb des Ortsbildes wie ein Signal, das uns auf die höhere Wirklichkeit Gott hinweist. Oder die Kirche bildet zusammen mit einem Pfarrsaal einen sichtbaren und betretbaren Mittelpunkt in einer Wohngegend. Achten wir aber vor allem einmal auf die *Atmosphäre*, die ihr Inneres schafft und in die uns die Kirche hineinnehmen möchte. Wie empfinden wir beispielsweise die Atmosphäre und Stimmung dieser Kirche? Was spricht uns an ihr positiv an – und was befremdet oder missfällt uns vielleicht? Nehmen wir uns doch eine Minute lang die Zeit und die Stille, um darauf zu achten, wie dieser Raum auf uns wirkt ...

Jeder Kirchenraum möchte etwas von Gott andeuten

Ein und derselbe Kirchenraum kann auf den einen kalt, auf einen anderen aber erhebend wirken. Die Gefühle und Gedanken, die er in uns auslöst, sind vielleicht auch je nach unseren Sehgewohnheiten und unserem Alter verschieden. So finden manche Besucher, die fast nur romanische und gotische Kirchen kennen, die berühmte Wieskirche verspielt, während andere in ihr vor Ergriffenheit beinahe weinen.

Jeder Kirchenraum möchte etwas andeuten und versinnbildlichen, was andere Bauten, und seien sie noch so beeindruckend – etwa ein Konzertsaal oder ein Fußballstadion –, nicht ausdrücken können oder wollen: *die Größe, die Weite, das Anbetungswürdige und das Mit-uns-Sein Gottes.* In den Jahren nach 1970 gab es Bestrebungen, eine heilige, sakrale Atmosphäre, wie sie die herkömmlichen Kirchen schufen, zu vermeiden. Man wollte Gottes Gegenwart im Alltag und im sozialen Engagement betonen, und mit der antiautoritären Einstellung jener Jahre wollte man auch das Machtgefälle zwischen Gott und Mensch vergessen lassen. So baute man *Mehrzweck-Kirchen*, die innen fast schmucklos waren und am Werktag als Gemeindesaal und am Wochenende als Gottesdienstraum verwendet werden konnten. Obwohl das finanziell günstig war, ist man wieder davon abgekommen: Die Menschen vermissten an diesen Zweckbauten zu sehr den Hinweis auf das ganz Andere, das Gott eigen ist – das Heilige und Herrliche.

Kirchenräume wollen uns sinnbildlich in die Gegenwart dessen hineinstellen, der größer ist als wir und in dem wir – ähnlich wie in diesem Großraum – „leben, uns bewegen und sind" (Apg 17,28). Können sie das?

Nun, sie versuchen es, ähnlich wie die Kirchenmusik – und zwar mit unterschiedlichen Mitteln und verschiedenen Schwerpunkten. Es ist, als wollten uns die *romanischen* Kirchen (beispielsweise ...) etwas von der strengen *Ordnung* des allmächtigen Gottes und seines Reiches nahe bringen, die alles Chaotische und Gefährliche bannt. Darum stellen sie oft in der Apsis Christus als Weltherrscher und Majestät dar. Ihm huldigen die Engel und Heiligen und laden uns ein, es ihnen gleichzutun.

Gotische Kirchen (wie etwa ...) ziehen mit ihren Säulen und Spitzgewölben unseren Blick nach oben, als möchten sie etwas von dem *Überweltlichen* andeuten, das Gott eigen sein muss und das alles Niedere und Enge überragt. Ernst und vergeistigt erinnern sie an die Wirklichkeit, die alles Sichtbare und Materielle überragt und gleichzeitig trägt.

Ganz anders *Barockkirchen* (wie zum Beispiel ...): Ihre hellen, nicht farbigen Glasfenster lassen das natürliche Licht der Schöpfung in den Kirchenraum hineinströmen. Diesen Raum gestalten sie mit geschwungenen Formen in Altären, Figuren und Stuck sowie mit reichlich Gold und Silber wie einen *Festsaal*. Es ist der Festsaal des dreifaltigen Gottes, den das Deckengemälde oft darstellt. In manchen Barockkirchen meint man, gleich müsse Festmusik von Händel oder Mozart erklingen. Nüchterne Menschen sehen in diesen Kirchen einen bedenklichen Luxus, doch wollten die Künstler damit wohl auch die Hoffnung ausdrücken, dass Gott unser aller Leben einmal in seiner Ewigkeit vollenden will, wo niemand mehr arm sein wird. Sagt uns nicht die Offenbarung des Johannes: „Jesus Christus liebt uns und hat uns zu Königen gemacht" (Offb 1,6)? Darum der barocke Festsaal.

Gott – nicht zu fassen

Neuere Kirchen, die in den letzten 50 Jahren gebaut wurden, haben Liebhaber des Barock gelegentlich spöttisch als „barack" bezeichnet. In ihrer Nüchternheit und Sachlichkeit waren sie ein Abbild unserer von Wissenschaft, Technik und Wirtschaft bestimmten Zeit und wollten bekunden, dass wir als Menschen der Moderne glauben und Gottesdienst feiern. Auch diese Kirchen sprechen oft durch ein Sinnbild: Sie sind etwa gestaltet als *Zelt*, das Gott mit seiner Menschwerdung unter uns aufgeschlagen hat, um unter uns zu wohnen. Oder als *Schiff*, auf dem er uns durch das Meer und die Stürme der Zeit trägt. Oder als *Höhle* (wie die Wallfahrtskirche von Le Corbusier in Ronchamp) – als Höhle, in der Gott uns schützt, aber auch durch kleine Fenster Licht und Hoffnung schenkt. Oder im Fall der Karmelkirche am Rande des Konzentrationslagers Dachau: als *Lagerbaracke*, wie

29. Sonntag im Jahreskreis

die Gefangenen sie bewohnen mussten. Dies soll darauf hinweisen, dass Gott den Verfolgten und Leidenden jetzt schon nahe sein will – nicht erst im barocken Festsaal des künftigen Lebens.

Nie kann die Atmosphäre und Sinnbildlichkeit einer Kunstepoche oder einer einzelnen Kirche alles Wichtige an Gottes Wesen und Gegenwart vor Augen stellen. Dazu ist er, den auch unsere Worte nur andeuten können, zu groß. So wird man zu jedem Kirchenbau wie auch zu jedem Lied und jeder Predigt sagen: „Gott – nicht zu fassen." Aber eine Kirche, die wir öfter besuchen, kann uns sicher auf *einen* Zug dieses Unfassbaren und Unendlichen hinweisen und uns damit gleichsam in seine Gegenwart hineinstellen. Freilich soll die unvermeidliche Einseitigkeit eines Gotteshauses unser An-Gott-Denken *nicht einengen*. Lassen wir uns also durch unsere Kirchen einstimmen, aber gehen wir auch über ihre Hinweise hinaus. Wenn wir die Sprache des Kirchenraumes als Sinnbild nehmen, ohne uns von Gott ein Bild zu machen, erfahren wir eine wirksame Hilfe bei unseren Versuchen, Kontakt aufzunehmen mit dem, der größer ist als jedes Bild, jedes Gewölbe und jeder Begriff.

30. Sonntag im Jahreskreis/Sonntag der Weltkirche
Für eine Globalisierung der Frohbotschaft
Thematisch

Dass wir in wirtschaftlichen Fragen weltweit denken und die zunehmende Globalisierung, die länderübergreifenden Zusammenhänge, berücksichtigen – das wurde in der politischen Diskussion der letzten Jahre immer häufiger gefordert. Dass wir in einem religiösen Sinn weltweit denken und eine sozusagen *frohbotschaftliche Globalisierung* anstreben – das will seit fast 2000 Jahren der so genannte Missionsbefehl am Ende des Matthäus-Evangeliums: „Geht zu allen Völkern und macht alle Menschen zu meinen Jüngern." In dieser Linie möchte uns der heutige Sonntag der Weltkirche (früher: Weltmissionssonntag) daran erinnern, dass wir, bei aller Verwurzelung in unserer Pfarrgemeinde und europäischen Kultur, auch an die Aufgabe denken sollen, die Frohbotschaft Jesu global, weltweit zu verbreiten, und dies nicht nur den Missionsorden überlassen.

Das Missionsverständnis der Kirche hat sich in den vergangenen 40 Jahren stark gewandelt – das Anliegen, allen Menschen die Nähe Gottes zu verkünden, wie sie Jesus offenbart hat, ist jedoch unverändert dasselbe. Über zwei wichtige Veränderungen wollen wir heute nachdenken: über das neue Missionsmotiv und über das gewandelte Verhältnis zu den anderen Religionen.

Ein neues Warum und Wozu der Missionsarbeit

Verändert hat sich zunächst die *theologische Sicht und Begründung* der Missionsarbeit. Die ersten Pioniere neuzeitlicher Mission – etwa Franz Xaver, der im 16. Jahrhundert, als die neuen Erdteile und Schiffsrouten entdeckt wurden, nach Indien fuhr und dort Tausende von Menschen taufte und dann bis nach Nordjapan zog –, diese klassischen Glaubensboten meinten noch, nur wer getauft und Mitglied der Kirche geworden sei, könne die Gemeinschaft mit Gott, das ewige Heil erlangen. Damals vertraten zwar Theologen auch die Lehre von der „Begierdetaufe" in dem weiten Sinn, dass alle Menschen guten Willens, die sozusagen die Taufe und den Christusglauben „begehren", auch das ewige Heil erfahren können. Doch diese Auffassung hat sich nur langsam verbreitet und wurde erst mit dem Zweiten Vatikanischen Konzil, das 1965 abgeschlossen wurde, allgemeine Ansicht der Kirche. Seither betont man umgekehrt, dass Gott allen Menschen seine Freundschaft anbietet, die seinen Willen und seine Nähe suchen – auch wenn sie das Christentum zu wenig kennen und ihr gutes Streben in einem Leben nach den Geboten und Hoffnungen anderer Religionen ausdrücken. Gott will eben – sagt der Erste Timotheusbrief (2,4) –, „dass alle Menschen gerettet werden und zur Erkenntnis der Wahrheit gelangen".

Ist damit die Evangelisierung überflüssig geworden? Das nicht. Aber die Einstellung, aus der heraus man mit Andersgläubigen von der christlichen Frohbotschaft spricht, das *Missionsmotiv*, hat sich geändert: Die heutigen Missionare, die übrigens mehr und mehr Einheimische sind, treibt nicht mehr die Angst, die vielen Nichtchristen könnten verdammt werden; denn diese Angst widerspricht der Vorstellung Jesu von Gott als dem „Vater" aller. Nein, sie beseelt vielmehr der Wunsch, die Andersgläubigen an der *besonderen Freude* des christlichen Glaubens teilhaben zu lassen und die Menschen zu befreien von der Furcht vor Geistern und der Ansicht, das so genannte Karma-Gesetz verlange für jede Schuld einen Ausgleich, eine Sühne in einem weiteren Leben auf Erden. Wer diese besondere Freude und Sinnerfüllung entdeckt hat und bewusst Christ geworden ist, möchte eben auch anderen davon erzählen. Täte er es nicht, wäre er ein Egoist.

Ein anderes Verhältnis zu den nichtchristlichen Religionen

Im Missionsverständnis der letzten Jahrzehnte hat sich noch etwas anderes gewandelt: das Verhältnis zu den nichtchristlichen Religionen und Kulturen. Missionare haben zwar auch früher fremde Kulturen geachtet und beispielsweise mit Respekt von der chinesischen Kunst berichtet oder die Sprache von Afrikanern und Indios gelernt und sie erstmals in Wörterbüchern festgehalten. Aber den Glauben an Geister und fremde Gottheiten haben sie scharf verurteilt und als schädlichen Irrtum bekämpft.

Heute würdigt man auch das *Gemeinsame*, das uns trotz vieler Unterschiede mit anderen Religionen verbindet. Das folgende Beispiel mag auch für andere Länder stehen. Bis vor kurzem meinten die weißen Lateinamerikaner, die Nachfahren der eingewanderten Spanier, die Maya-Religion der sechs Millionen Quiché-Indios in Guatemala bestehe nur aus heidnischer Zauberei. Wenn die Maya-Hebamme bei der Geburtshilfe bestimmte Gebete murmelt und Zeremonien vollzieht; wenn Maya-Priester ihre Kalender befragen, um den zukünftigen Beruf eines Jungen zu bestimmen; wenn sie auf einen Berg steigen, mit Steinen einen Altar errichten und unter Verwendung von viel Weihrauch um Regen und eine gute Ernte bitten, oder wenn eine Maya-Priesterin nach den Takten der Marimba-Musik zu Ehren der Ahnen tanzt – so sieht das für westlich-christliches Empfinden tatsächlich wie blanker Aberglaube, Götzendienst und Hexerei aus.

Gewiss, man sollte solche Bräuche nicht ethno-romantisch verklären: Was die Hebamme tut, muss auch vom heutigen medizinischen Wissen her überprüft werden, damit sie keine Infektionen verursacht, und den Beruf eines Jungen sollten nicht Maya-Priester aus ihrem Kalender bestimmen, sondern der Junge selbst. Aber man anerkennt heute auch die tiefe Frömmigkeit in diesen Überlieferungen. Fachleute erklären auch, dass die Mayas nicht viele Götter, sondern einen einzigen Vater-Mutter-Gott verehren, der alles Leben in seiner Hand hält und in der Luft, im Wasser, in der „Mutter Erde", im Hauptnahrungsmittel Mais und in jedem Gespräch gegenwärtig ist.

Das alles kommt doch dem biblischen Schöpfungsglauben sehr nahe. Darum gehen in Guatemala neuerdings manche katholische Priester zusammen mit den Maya-Priestern auf einen Berg, um gemeinsam um Segen für die Ernte zu bitten. All das werden Missionare heute nicht mehr bekämpfen und verurteilen, sondern als Fundament betrachten, auf dem sie aufbauen können. Darauf aufbauen heißt nicht, dass man eine andere Religion einfach mit dem christlichen Glauben gleichsetzt oder vermengt, sondern es bedeutet:

– Klarstellen, dass Gott als Schöpfer zwar in der Natur wirkt, aber auch über sie erhaben ist. Klarstellen kann auch heißen, dass man zerstörerische Auffassungen zurückweist. So meinen beispielsweise Indios in den Anden Perus, Mutter Erde verlange nach dem Blut von Menschen. Darum liefern sich die Männer – trotz des Verbots der Regierung und ohne miteinander verfeindet zu sein – jedes Jahr an einem bestimmten

Tag mit Steinschleudern einen Kampf, bei dem viele verletzt und manche getötet werden, weil angeblich Blut fließen muss.
- Ergänzen, dass Gott in Jesus Mensch wurde und uns damit eine Zuneigung mitteilt, die größer ist, als Natur und Schöpfung sie offenbaren können.
- Weiterführen – indem man etwa auf die Bedeutung des sozialen Einsatzes für die Armen und Benachteiligten hinweist, den Naturreligionen so nicht kennen. (Weshalb das soziale Engagement vieler christlicher Katecheten und Priester in Lateinamerika auch zahlreiche junge Mayas beeindruckt.)

Klarstellen, ergänzen und weiterführen – das könnten in ähnlicher Weise auch die Aufgaben im Gespräch mit dem Hinduismus, dem Buddhismus und dem Islam sein.

So begreift die heutige Missionsarbeit beides deutlicher: das Gemeinsame, das uns mit anderen Religionen verbindet und in der Ablehnung eines flachen Materialismus eint, aber auch das Unverwechselbare, Eigene des Christentums: *die besondere Freude.* Missionieren heißt darum nicht, anderen etwas aufzudrängen, sondern bestrebt sein, andere an der Kraft und Freude teilhaben zu lassen, die – unserer Ansicht nach – andere Religionen nur teilweise, das Christentum aber in Fülle gewähren.

Diese Sicht macht es auch möglich, dass heutige Mission den christlichen Glauben in verschiedene Kulturen einpflanzt und nicht mehr überall in der Welt die gleichen europäisch aussehenden Kirchen baut. So hat ein katholischer Priester bei den Maya-Indios dem Altar in seiner Kirche eine neue Form gegeben, nämlich die einer Maya-Pyramide, deren Mittelpunkt jedoch der Tabernakel bildet. Seine Katecheten gehen vor der Aussaat in die Häuser der Kleinbauern und segnen nach der Maya-Tradition, aber mit christlichen Gebeten den Mais.

Dies zeigt noch einmal sinnfällig, wofür dieser Sonntag der Weltkirche wirbt: für eine Globalisierung der Frohbotschaft, für eine Einpflanzung des einen Glaubens an den Mensch gewordenen Gott weltweit in den verschiedenen Herzen und Kulturen – in Freundschaft und Respekt gegenüber anderen Religionen.

31. Sonntag im Jahreskreis
Das Hauptgebot der Gottes-, Selbst- und Nächstenliebe
Zu Mk 12,28b–34

Der bekannte Wiener Arzt und Psychiater Viktor Frankl, der oft mit lebensmüden Patienten zu tun hatte, wurde einmal nachts um 3 Uhr von einer Frau angerufen, die ihm mitteilte, sie habe sich soeben entschlossen, aus dem Leben zu scheiden, und wolle wissen, was er dazu meine. Er sprach mit ihr über die Gründe, weshalb sie das tun wolle, und nannte ihr Gegengründe, bis sie ihm versprach, sich vorerst nichts anzutun und um 9 Uhr in seine Sprechstunde zu kommen. Als sie dort erschien, erklärte sie ihm, er solle ja nicht glauben, seine scharfsinnigen Gegengründe hätten sie in der Nacht umgestimmt. Was sie überzeugt habe, sei vielmehr die Erfahrung gewesen, dass da jemand, den sie aus dem Schlaf gerissen habe, eine Stunde lang mit ihr geredet habe, ohne ihr wegen der Störung Vorwürfe zu machen oder die Geduld zu verlieren. „Und da dachte ich mir: Wenn es das gibt, dann steht es vielleicht wirklich dafür, dem Leben, dem Weiterleben noch einmal eine Chance zu geben." Möglicherweise hat diese lebensmüde Frau aufgrund einer gesundheitlichen Störung eine tiefe Depression erlebt. Vielleicht wurde sie auch von anderen Menschen bitter enttäuscht. Auf jeden Fall hatte sie den Eindruck, dass ihr Leben nicht mehr lebenswert war, weil sie keine Liebe mehr in der Welt erlebte – bis sie in dem Gespräch mit dem engagierten Arzt merkte, dass *er* ihr Leben und ihre Person für wertvoll hielt.

So ist es: Um unser Leben bejahen und uns selbst hinreichend lieben zu können, müssen wir auch von Mitmenschen erfahren, dass sie uns für wertvoll halten. Niemand kann dies dadurch erreichen, dass er trotzig auf den Boden stampft und sagt: „Ich brauche niemanden – ich liebe mich selbst." Nein, dazu müssen uns immer auch andere ermutigen und bestärken – so sehr wir gleichzeitig versuchen müssen, uns von ihrem Lob unabhängig zu machen. Was die Zuneigung eines anderen Menschen vermag, hat der Dichter Friedrich Rückert einmal in einem Gedicht ausgesprochen, das er vermutlich im Jahr seiner Verlobung schrieb: „Dass du mich liebst, macht mich mir wert, / Dein Blick hat mich vor mir verklärt, / Du hebst mich liebend über mich, / Mein guter Geist, mein bessres Ich!"

Zusätzlich zu diesem Angenommensein durch Menschen kann sich ein Christ auch von Gott angenommen fühlen und dadurch bestärkt werden in seinen Bemühungen, sich und sein Leben zu bejahen. Genau diese Überzeugung will uns Jesus vermitteln. Um es mit den Worten aus Friedrich Schillers Hymne an die Freude zu sagen: „Brüder – überm Sternenzelt / muss ein lieber Vater wohnen." Dass Gott uns als „Vater" – man könnte ebenso gut sagen: als Mutter – liebt, das hat uns Jesus versichert, und der Erste Johannesbrief fasst diese Botschaft so zusammen: „Wir haben die Liebe, die Gott zu uns hat, erkannt und gläubig angenommen. Gott ist die Liebe" (1 Joh 4,16). Das bedeutet: Es gibt für uns Liebe in der Welt, selbst wenn Menschen es uns schwer machen, dies zu glauben. Über ihre Zuneigung hinaus, wenn wir sie erfahren dürfen, und unabhängig von ihr, wenn sie uns entzogen wird, gibt es die Liebe dessen, der uns am Leben erhält, für uns Mensch geworden und gestorben und uns durch seinen Geist nahe ist. „Gott ist die Liebe" – daraus können und sollen für das Gebot der Liebe, von dem das heutige Evangelium spricht, drei Beziehungen erwachsen: die richtige Gottes-, Selbst- und Nächstenliebe.

Liebe weitergeben – keine Sauerampfer-Moral

Liebe kann man nicht von außen befehlen. Es ist eher so, dass uns Jesus mit seinem Hauptgebot ermutigen und sagen will: Ich akzeptiere dich mit göttlichem Wohlwollen und ewiger Treue – dies kann dir auch die Kraft und den Anstoß geben, dich selbst wertvoll zu finden und liebevoll auf dich aufzupassen. Wenn du einstimmst in meine Liebe zu dir, kannst du dich nicht hassen. Du sollst mit mir lieben – auch dich selbst. Weil ich dich liebe, sollst du freilich auch anderen Menschen mit Wohlwollen begegnen, selbst wenn es dir schwer fällt. Meine Liebe zu dir will dir die Kraft und den Anstoß geben, auch die Mitmenschen, mit denen du zu tun hast oder die dich brauchen, wertvoll zu finden und sie zu behandeln wie Schwestern und Brüder. Ich liebe sie alle – versuche, sie mit mir zu lieben. Gib ihnen etwas von dem Wohlwollen weiter, das ich dir allzeit schenken werde.

So ist das christliche Liebesgebot zu verstehen. Es befiehlt nicht etwas, wozu wir im Innern überhaupt keine Neigung verspüren könnten, sondern will in uns ein Wohlwollen und eine Liebe wecken, die von Gott ausgehen. Wenn wir begriffen haben, dass es dank Menschen, die zu uns halten, sowie dank Gott, mit dem wir noch längere Sorgengespräche führen dürfen als die lebensmüde Frau mit ihrem Arzt, noch Liebe gibt in der Welt, sollen wir fähig werden, auch anderen zu helfen, dies zu erfahren und zu glauben: Es gibt Liebe in der Welt – Gott stiftet uns dazu an. Wenn wir von Gerichtsverhandlungen lesen, in denen grausige Mordtaten untersucht werden, wird meistens beschrieben, wie die Mörder in einer Atmosphäre kalter Lieblosigkeit und Gewalt aufgewachsen sind. Dies rechtfertigt zwar nicht ihr Tun, aber es erklärt, warum sie anderen gegenüber so erbarmungslos und brutal wurden: Sie waren unfähig zu Wohlwollen und Freundschaft.

Sie haben die Lieblosigkeit und Gewalt weitergegeben, die sie mitbekommen hatten. Jesu Botschaft will, dass wir liebesfähig werden und etwas von dem Wohlwollen und der Liebe weitergeben, die wir von Gott und hoffentlich auch von genügend Mitmenschen empfangen. Jesu Liebesgebot ist alles andere als eine Sauerampfer-Moral und ein verkrampftes „Du musst". Es will uns zum Weiterschenken inspirieren. Als Ruth Pfau, die als Ärztin und Ordensfrau in Pakistan ein Netz zur Bekämpfung der Lepra aufbaute, erstmals Leprapatienten begegnete, fiel ihr spontan der Satz Jesu ein: „Gott hat die Welt so sehr geliebt, dass er seinen einzigen Sohn hingab ..." (Joh 3,16). Er liebt mich und alle anderen.

Doch beim Gebot der Nächstenliebe sollten wir nicht nur an besondere Taten und große Vorbilder wie Ruth Pfau, Mutter Teresa oder Vinzenz von Paul denken. Denken wir an uns und unsere Verhältnisse. Und machen wir uns selber Mut und etwas Lust, indem wir vielleicht ganz unten anfangen und uns allmählich steigern: Nächstenliebe wird an manchen Tagen möglicherweise schlicht darin bestehen, dass wir andere unsere Unausgeschlafenheit, unsere Kopfschmerzen und unsere Gereiztheit nicht allzu sehr anmerken lassen, sondern korrekt und höflich bleiben, grüßen, obwohl wir keine Lust dazu haben, und nicht explodieren, obwohl uns jemand nervt. Nächstenliebe kann – auf einer anderen Stufe – auch darin bestehen, dass ich einen Kollegen auf Gegenseitigkeit unterstütze und ihm etwa bei Computersorgen helfe, während er meinen Kindern Nachhilfe bei Fremdsprachen gibt. Sie kann sich auch darin äußern, dass ich regelmäßig die alten Eltern besuche, besonders wenn sie im Pflegeheim leben. Nächstenliebe kann sich weiter steigern, wenn ich – ohne eine andere Gegenleistung als dem Dank – der krank gewordenen Nachbarin die Kinder zum Kindergarten oder zur Schule fahre oder für eine alte Frau einkaufe, die noch kochen, aber nicht mehr gehen kann. Sie kann sich darin äußern, dass ich ein Ehrenamt übernehme, das Aktionen ermöglicht, die Menschen in Pfarrei, Gemeinde oder in armen Ländern zugute kommen. So kann Nächstenliebe viele Gesichter annehmen: Wenn sie aus der Quelle schöpft, die uns Jesu Botschaft zeigt, sollte es immer ein frohes Gesicht sein, mit den Zügen eines Menschen, der selbst beschenkt wurde.

32. Sonntag im Jahreskreis
Sage mir, wen du bewunderst, und ich sage dir, wie du denkst

Zu Mk 12,38–44

Die anerkennenden Worte, mit denen Jesus im heutigen Evangelium die Witwe lobt, wurden vermutlich aus folgender Situation heraus gesprochen: Jesus saß im Tempel dem Opferstock gegenüber, der für freiwillige Spenden bestimmt war und an dem ein Priester stand, dem man sagte, wie viel man spenden wolle. Jesus und die Umstehenden hörten also, wie reiche Gläubige große Summen nannten, sie spendeten und dann mehr oder weniger stolz weiter schritten zum Gebet. Als nun eine arme Witwe kam, die in den damaligen Verhältnissen höchstens ihre Söhne als Altersversorgung hatte, gab sie eine ungewöhnlich kleine Summe an: kaum zwei Cents. Auch das hörten die Menschen in der Nähe, und vielleicht schauten sie der Witwe etwas herablassend nach wie einer Person, die soeben offenbaren musste, dass sie ein armer Schlucker und nach gängiger Meinung also ziemlich unbedeutend ist. Dieser Einstellung widerspricht nun Jesus, indem er den Jüngern erklärt, dass *er* die Spende der Frau bewundernswert findet: „Diese arme Witwe hat mehr in den Opferkasten hineingeworfen als alle anderen. Denn sie alle haben nur etwas von ihrem Überfluss hergegeben." Das verdient gewiss auch Anerkennung, doch ungleich mehr Bewunderung verdient diese Frau, „die kaum das Nötigste zum Leben hat; sie hat alles gegeben, was sie besaß".

Ausgehend von dieser Erzählung könnten wir uns heute einmal fragen: Was findet *Jesus* bewundernswert – und was betrachten *wir* als groß, bedeutend und wertvoll? Oder anders gesagt: Wen feiert Jesus, wenn er auf die engagierte Witwe aufmerksam macht – und wen verehren wir als Star? Denn dies zeigt ja auch, was wir für wichtig halten und was wir u.U. überschätzen: „Sage mir, wen und was du bewunderst, und ich sage dir, wie du denkst."

Wenn Jesus heute auf diese Sache zu sprechen käme, würde er vielleicht bestimmte Schlagzeilen aus unseren Zeitungen und Illustrierten herausschneiden und mit uns diskutieren. Denn unsere Medien, auch die seriösen, leben zu einem beträchtlichen Teil von der Heldenverehrung, die sie betreiben, und den Legenden, die sie aufbauen, um unser Interesse zu erregen. Sie wissen: Der bewundernde Blick des Lesers und Fernsehzuschauers auf Erfolgreiche, Könner, Starke oder Schöne ist allemal beliebter als das Zur-Kenntnis-Nehmen nüchterner Tatsachen. Wir brauchen Heldinnen und

Helden, an denen wir das bestaunen, was wir selber gern hätten: solche Fitness, solche Leistungsfähigkeit, solches Geschick, solchen Erfolg oder solche Anmut.

Medienstars – eine Blickverengung

Das animiert uns; das kommt an. Darum stellen die Medien immer wieder Menschen auf ein Siegerpodest und bieten sie uns zur Bewunderung an. Bestimmte Sängerinnen und Sänger werden in den Rang von Übermenschen erhoben, denen wir anscheinend ständig zu huldigen haben, bis vielleicht ein grässlicher Skandal für Negativschlagzeilen sorgt und der Übermensch umso tiefer fällt, je höher er zuvor erhoben wurde. Über bestimmte Schauspielerinnen und Schauspieler werden die banalsten Dinge berichtet, als ob bei ihnen sogar noch der Wechsel der Frisur oder der Besuch einer Modeboutique von größter Bedeutung wäre und wir sie auf keinen Fall vergessen dürften. Und welches Aufheben machen manche Medien von Sportlern: Etwa vom ersten Menschen, der (1953) den fast 9000 Meter hohen Mount Everest bezwang – eine Leistung, deren 50. Jahrestag groß gefeiert wurde. Oder vom ersten Deutschen, der die anstrengende Tour de France gewann (Jan Ullrich, 1997) und von dem dann wie von einer Wundermaschine berichtet wurde, dass sein Herz um 50 Prozent größer ist als beim Durchschnittsmenschen, dass sein Ruhepuls halb so hoch ist wie bei uns, und dass sein Körper fast dreimal so viel Energie produziert wie unserer. Wir brauchen Helden – und darum baut man sie vor uns auf: die Pop-Ikone, den Filmstar, das Fernseh-Idol und die Bergsteiger-, Radprofi-, Fußballer- oder Boxlegende.

Dies alles ist natürlich und nichts Schlechtes, denn damit rückt man ja auch echte Leistungen ins Blickfeld – Leistungen, die zu schätzen auf jeden Fall besser ist, als wenn man sein Glück im Nichtstun, im Alkohol oder in Drogen suchen würde. Jesus würde diesen Helden- und Starkult wohl nicht in Bausch und Bogen verurteilen. Wohl aber würde er vielleicht fragen, ob unser Blick dadurch nicht auf bestimmte Fähigkeiten *eingeengt* wird. Ob wir es nicht verlernen, jene Leistungen wahrzunehmen, die sich nicht für Schlagzeilen und auch nicht für das Guinness-Buch der Rekorde eignen – Leistungen, die wir mit unserem eigenen Gespür für Werte, unabhängig von den Medien, entdecken und wahrnehmen müssen.

Ein Beispiel für Blickverengung: Lange Zeit hat man in den Schulzeugnissen nur die Schulleistungen und das Betragen benotet; in den 90er Jahren empfanden dies manche Schulbehörden aber als einseitig und versuchten, auch die ehrenamtliche Mitarbeit der Schüler im Zeugnis lobend zu erwähnen. Die gleiche Einseitigkeit zeigt sich bei den Medien und beeinflusst unser Denken, wenn wir einmal vergleichen, wie populär manche

Fußball- oder Gesangsstars und wie wenig bekannt Menschen sind, die für ihren Einsatz für andere den Friedensnobelpreis erhielten. Viele von uns könnten wohl ohne Schwierigkeit ein halbes Dutzend bekannte Sportler, Sänger oder Schauspieler nennen, aber wahrscheinlich nicht ebenso viele Träger des Friedensnobelpreises: Diese werden uns in den Medien eben immer nur kurz vorgestellt.

Was Jesus bewundern würde
Jesus würde wohl versuchen, unseren Blick auf Menschen und Leistungen zu lenken, die unsere Aufmerksamkeit und Bewunderung noch mehr verdienen als die Medienstars: Menschen, die oft in aller Stille wirken, über die wir uns aber zutiefst freuen können, wenn wir bedenken, welche Werte sie verwirklichen. Jesus würde uns auf geistige Verwandte der Witwe im Tempel hinweisen – auf Menschen, die seiner eigenen Zuwendung zu den Mühseligen und Beladenen entsprechen und sein Liebesgebot praktizieren.

Überseht doch bitte nicht – würde er uns vielleicht sagen –, was gewöhnliche Mütter und Väter leisten, wenn sie jahrelang auf die körperlichen und seelischen Bedürfnisse eines Kindes eingehen – vom ersten Besuch beim Kinderarzt bis zum Mitdenken bei der Wahl des Berufs. Erst recht, wenn es allein erziehende Elternteile sind oder wenn beispielsweise darauf zu achten ist, dass ein schwer zuckerkrankes Kind jeden Tag zur rechten Zeit seine Spritze bekommt. Den Mount Everest besteigen oder den Weltrekord im Hundertmeter-Lauf brechen sind sicher schöne Leistungen – aber wenn sie nicht erbracht würden, fehlte uns nur ein spannendes Medienerlebnis; die Leistungen von Eltern hingegen sind lebensnotwendig.

Oder denken Sie an die querschnittgelähmte Frau, die im Rollstuhl für ihre Familie kocht, oder an den Mann, dem man beide Beine abnehmen musste und der nun seine ganze Geschicklichkeit und Geduld darauf verwendet, mit seinem Rollstuhl so zurechtzukommen, dass er seinen Angehörigen möglichst wenig zur Last fällt und selber nicht verbittert. Oder denken Sie an die Menschen, die psychisch kranke Angehörige betreuen. Viele dieser Kranken werden zu Hause gepflegt – zum Nulltarif.

Wenn jemand die Erde im Heißluft-Ballon umkreist, dürft ihr dies, so würde Jesus vielleicht fortfahren, ruhig als Heldentat bestaunen: Aber ist es nicht noch viel bewundernswerter, dass junge Männer und Frauen als Entwicklungshelfer in Länder der Dritten Welt gehen, dass manche Ärzte ihren Urlaub in einem Elendsviertel Asiens oder Südamerikas verbringen, um dort kostenlos arme Kranke zu behandeln? Und was für prächtige Menschen sind jene Afrikaner, die nach den Massakern in Ruanda ein verwaistes Kind bei sich aufgenommen haben, obwohl sie selbst nur das Nötigste zum Leben haben – wie die Witwe im heutigen Evangelium.

Die Reihe solcher Menschen, die in aller Stille Großes leisten, ließe sich fortsetzen. Am besten setzt sie jede und jeder von uns fort – ganz für sich. Denn wir alle kennen solche Menschen. Wir müssen sie nicht beweihräuchern. Aber sie aufmerksam wahrnehmen; an ihnen unser Gespür für die wahren Werte im Sinne Jesu schärfen; uns von ihnen zeigen lassen, worauf es ankommt; uns freuen, dass Menschlichkeit und Christsein möglich ist und das Leben mit Sinn erfüllt: Das kann uns bestärken auf dem Weg Jesu.

33. Sonntag im Jahreskreis
Zugang zu Gott durch das „Opfer" Jesu?
Zu Hebr 10,11–14.18 und Mk 13,24–32

Die Worte Jesu, die wir eben gehört haben, hat der Evangelist Markus für Christen niedergeschrieben, denen eine harte Verfolgung drohte. Wahrscheinlich sehnten sich viele von ihnen danach, dass Christus bald „mit großer Macht und Herrlichkeit" komme, allem Staatsterror ein Ende bereite und sie in sein Reich des Friedens führen möge. Über den genauen „Tag und die Stunde" sollten sie aber nicht spekulieren, sondern auf Jesu Frohbotschaft vertrauen, der ihnen versichert: „Himmel und Erde werden vergehen, aber meine Worte werden nicht vergehen."

Auch der Brief an die Hebräer, dem die Lesung entnommen ist, wendet sich an Christen, die angesichts der bevorstehenden Verfolgung unter Kaiser Domitian versucht sind, vom Glauben abzufallen. In den Sätzen, die wir gehört haben, will der Briefschreiber diesen verunsicherten Christen Mut machen, indem er ihnen, die noch stark von jüdischer Frömmigkeit geprägt sind, darlegt, dass ihnen Jesus durch sein Kreuz und seine Auferstehung einen Zugang zu Gott ermöglicht hat, wie ihn ihr alter jüdischer Glaube nur erhoffen, aber nicht gewährleisten konnte. Dabei vergleicht er Jesu Tod und Erhöhung zur Rechten Gottes mit den Opfern, die jeden Tag, vor allem aber am großen Versöhnungstag dargebracht wurden. Sie sollten das Volk von seinen Sünden befreien, damit es sich im Gottesdienst wieder Gott nähern und sich mit ihm verbunden fühlen konnte. Diese Bemühungen um Entsühnung waren zur Zeit Jesu das wichtigste Anliegen des Tempelgottesdienstes, und auch heute, nachdem dieser Opferkult mit der Zerstörung des Tempels durch die Römer seit langem aufgehört hat, ist für die gläubigen Juden das Versöhnungsfest, der Jom Kippur, der heiligste Tag des Jahres, an dem sie ihre Sünden bekennen und um Entsühnung und neue Heiligung bitten. Der Briefschreiber meint nun, diese Opfer, bei denen das Blut von Stieren und Böcken an die Bundeslade gesprengt wurde und wo man am Versöhnungstag sinnbildlich die Sünden der Israeliten auf einen Bock übertrug, um ihn dann in die Wüste zu jagen, hätten immer und immer wieder dargebracht werden müssen, weil sie keine volle Versöhnung bewirkten, sondern nur Menschenwerk und Zeichen der Hoffnung waren. Indes habe uns Jesus durch sein einmaliges Opfer am Kreuz ein für alle Mal von Sünden gereinigt und uns geheiligt. Darum sei er der wahre Hohepriester und das endgültige Sündopfer, das alle Tempelopfer überflüssig mache. Und während der Hohepriester nur einmal im Jahr ins Allerheiligste eintreten durfte, dürften wir getrost vor Gott hintreten und gewiss sein, dass wir mit ihm eine Gemeinschaft haben, die er nach unserem Tod vollenden werde.

Der Gekreuzigte – ein Menschenopfer?

Dieser Vergleich war für jüdisch erzogene Christen sicher sehr eindrucksvoll; bei uns aber kann er leicht ein Missverständnis verfestigen, das immer noch verbreitet ist: dass nämlich Jesus stellvertretend für uns am Kreuz gestorben sei als *Sühneopfer*, das Gott-Vater gefordert habe. Dementsprechend meinen auch manche, in der Eucharistiefeier werde genau dieses Sühneopfer an Gott erneuert.

Wenn man Jesu Treue zu seiner Sendung bis in den Tod so versteht, spüren wir wahrscheinlich gefühlsmäßig, dass da etwas nicht stimmen kann. Tatsächlich, wenn man diese Vorstellung vom Sühnetod Jesu zu Ende denkt, erscheint Gott wie ein beleidigter Herrscher, der von den Sündern unnachsichtig eine angemessene Genugtuung, sozusagen eine „Ausgleichszahlung" für die Missachtung seines heiligen Willens verlangt. Und eine angemessene Genugtuung kann anscheinend nur der Tod eines Gottmenschen, seines eigenen Sohnes, leisten. So ähnlich hat sich das der mittelalterliche Theologe Anselm von Canterbury gedacht. Doch so fromm dieser Gedankengang aussieht – er kann nicht richtig sein. In dieser Sicht würde Gott ja ein Menschenopfer fordern, auch wenn er es schließlich in seinem Sohn selbst darbringt. Er wäre ähnlich erbarmungslos und blutgierig wie die Götter der Azteken und Maya, denen man Menschen opfern zu müssen meinte. Eine solche Gottesvorstellung widerspräche unserer Gewissenserfahrung. Denn wenn unser Gewissen die Tötung eines Menschen aus Rache, das heißt die Blutrache, verbietet, kann man nicht annehmen, dass Gott für sich so einen Wunsch hegt. Die Vorstellung von einem Gott, der Sühne fordert, wäre schließlich unvereinbar mit der Botschaft Jesu von dem „Vater", der uns vergibt, ohne dass wir Sühne leisten müssen, und der uns dazu aufruft, unseren „Schuldigern" ebenso zu vergeben, wie er uns verzeiht. Nein, so kann der Gott, den Jesus verkündet und der er letztlich als Sohn und Wort selbst ist, nicht sein.

In anderen Religionen und im Judentum zur Zeit Jesu mag die Absicht, Gott durch eine Gabe, ein Opfer, Genugtuung für begangenes Unrecht zu leisten, sehr wichtig sein und einem tiefen Bewusstsein von der eigenen Verantwortung und Schuld entspringen. Die christliche Frohbotschaft aber ruft nicht zu solchen Sühneanstrengungen auf, sondern sagt: Welche Schuld auch Menschen vom heiligen, gerechten Gott trennen mag – Gott verlangt keine Genugtuung, keine Sühne. So hat Jesus Sünden vergeben, ohne je Sühne einzufordern. Nein, nach Jesu Frohbotschaft geht Gott auf uns zu und bietet uns Vergebung und Versöhnung an. Was die Sühneopfer und der große Versöhnungstag wollen – Versöhnung mit Gott –, das ist mit Jesu Verkündigung, Sterben und Erhöhung zum Vater erledigt. Gott kommt es auf etwas anderes an, auf eine andere Art von „Opfer" und Bemühung.

Welche Opfer will Gott?
Schon im Alten Testament ließ er sagen, dass ihm am Opfer von Stieren und Böcken nichts liegt, weil ihm ohnehin die ganze Welt gehört und er nicht wie Menschen essen und trinken muss. Wenn Opfern so viel bedeutet wie etwas geben, etwas schenken, so möchte Gott, dass wir ihm unser dankbares Lob und unser rechtschaffenes Tun schenken, denn das müssen wir freiwillig leisten; dies kann Gott nicht von uns erzwingen: da können wir ihm etwas geben, unsere Anerkennung und unser Mitwirken mit ihm. Dieses geistige, innere Opfer gefällt ihm und verbindet den Menschen mit ihm. Der Psalm 50 lässt darum Gott sagen: „Soll ich denn das Fleisch von Stieren essen und das Blut von Böcken trinken? Bring Gott als Opfer dein Lob, und erfülle dem Höchsten deine Gelübde. Wer Opfer des Lobes bringt, ehrt mich; wer rechtschaffen lebt, dem zeig' ich mein Heil" (Ps 50,13–14.23). Und im gleichen Sinn verkündet Jesus: „Kehrt um, und glaubt an das Evangelium" (Mk 1,15). Ähnlich im Hebräerbrief: „Durch ihn (Christus) also lasst uns Gott allezeit das Opfer des Lobes darbringen ... Vergesst nicht, Gutes zu tun und mit anderen zu teilen; denn an solchen Opfern hat Gott Gefallen" (Hebr 13,15–16). Was Gott sucht, ist, dass wir uns Jesu Opfer der Dankbarkeit und der Lebenshingabe anschließen. Dass wir durch seinen Geist und im Sinne seines Liebesgebots Gott-Vater innerlich näher kommen, bis wir einst ins Allerheiligste seiner Liebe und seiner Herrlichkeit eingehen.

Und was geschieht in der Feier der Eucharistie, die wörtlich „Danksagung" bedeutet und die Paulus auch „Herrenmahl" (1 Kor 11,10) nennt? Ist sie ein „Messopfer" in dem Sinn, dass wir hier Christus in den Gestalten von Brot und Wein immer wieder neu „opfern"? Dies mag so scheinen, wenn die Gemeinde beispielsweise vor dem Gabengebet dem Priester antwortet: „Der Herr nehme das *Opfer* an aus deinen Händen zum Lob und

Ruhme seines Namens, zum Segen für uns und seine ganze heilige Kirche." Doch in Wirklichkeit hat Jesus ein für alle Mal das Opfer des Lobes und des Einsatzes für uns Menschen dargebracht – wir können dieser Lebenshingabe Jesu nur *gedenken* und bitten, dass er uns befähige, uns ihm anzuschließen. Wenn der Priester dreimal die Gaben Brot und Wein emporhebt – bei der Gabenbereitung, den Einsetzungsworten (der so genannten Wandlung) und beim Abschluss des Hochgebets (vor dem Vaterunser) –, deutet er damit kein neues Opfer Jesu an, sondern unsere Hingabe und unser Gedenken: bei der Gabenbereitung die Hingabe unseres Dankes, unserer Freude und unserer Arbeit, die die Gaben Brot und Wein versinnbilden, und danach die Hingabe Jesu, deren wir gedenken und der wir uns anschließen.

Wenn das heutige Evangelium betont, dass wir uns auf Jesu Wort verlassen können, und die Lesung, dass uns Jesus den Zugang zu Gott ermöglicht hat, wollen sie bedrängte Christen aufrichten. Wir werden zum Glück nicht von einer Glaubensverfolgung bedroht. Und trotzdem kann dieser Hinweis auf den Zugang, den wir zu Gott finden können, auch uns Halt geben. Keine und keiner von uns lebt in absoluter Sicherheit. Niemand ist gefeit gegen Krankheit, weder bei sich noch bei nahen Angehörigen; gegen ein Unglück, das ihm oder Menschen, die ihm nahe stehen, zustoßen kann; gegen das Scheitern von Beziehungen oder berufliche Schwierigkeiten. Der Glaube bietet uns zwar kein Allheilmittel gegen solche „Risiken und Nebenwirkungen", aber der Zugang zu Gott, die Nähe zu ihm, die er uns erschließt, kann uns einen Fixpunkt geben. Wenn wir auch nicht wissen, ob wir morgen in unserer Wohnung oder in einem Krankenhaus schlafen werden, ob wir in einem Jahr am selben Arbeitsplatz oder wo ganz anders unser Brot verdienen, ob unsere Freunde zu uns halten oder nicht, und anderes mehr – zwei Trümpfe können wir bei allen Wechselfällen des Lebens mitnehmen: unser Können, soweit es nicht durch Krankheit eingeschränkt wird, und unseren Zugang zu dem, den uns Jesus als „Vater" offenbart hat. In ihrem bekannten Gebet sagt Teresa von Avila von ihm, er allein ändere sich trotz aller Unsicherheit in unserem Leben nicht, sondern stehe treu zu uns. Darum kann sie sich sagen:

> Nichts soll dich ängstigen,
> nichts dich erschrecken.
> Alles vergeht.
> Gott ändert sich nicht.
> Geduld erlangt alles.
> Wer sich an Gott hält, dem fehlt nichts.
> Gott allein genügt.

CHRISTKÖNIGSFEST
Das ohnmächtige Königtum Christi macht uns frei

Thematisch

Als gegen Ende des Zweiten Weltkrieges die gegen Hitler verbündeten Großmächte über die Zukunft Europas berieten, schlug ein Diplomat vor, auch einen Vertreter des Vatikans zur Konferenz einzuladen. Dies lehnte der Sowjet-Diktator Josef Stalin ab mit der einfachen Frage: „Wie viele Divisionen hat der Papst?" Wir denken sicher nicht so primitiv militaristisch wie Stalin; und doch stellen wir, wenn wir heute das Fest von Christus, dem König, feiern, wohl unwillkürlich auch die Machtfrage. Denn spontan möchten wir einen König nur dann ernst nehmen, wenn er über Macht verfügt und nicht ein „König ohne Land" ist. Also fragen wir so oder ähnlich: „Wie viele Divisionen hat Christus, der König?"

Es ist nur zu offensichtlich, dass jeden Tag grauenhafte Dinge geschehen, die dem Grundgesetz des Reiches Christi, dem Gesetz der Liebe, Hohn sprechen. Und auch den König Christus selbst kann man verspotten, wie es beispielsweise einmal eine Karikatur tat, die den Gekreuzigten als „Balkensepp" verhöhnte. Man kann Christus, den König, verhöhnen, ohne dass einen ein strafender Blitz trifft oder der Erdboden verschlingt. Das kann einen gläubigen Christen daran erinnern, dass die religiöse Meinungsfreiheit, die Gott uns Menschen einräumt, wesentlich größer ist als die, die ein moderner Staat seinen Bürgern gewährt.

„Wie viele Divisionen hat Christus, der König?" Es ist menschlich und eine begreifliche Utopie, dass wir uns wünschen, Christus möge mit unbesiegbarer Macht herrschen und so der Gerechtigkeit zum Sieg verhelfen. Wenn wir täglich erfahren, wie in unserem Land Menschen durch betrügerische Firmen und korrupte Angestellte oder Beamte betrogen werden, wie Kinder und Frauen missbraucht und die Bewohner mancher Altenheime menschenunwürdig behandelt werden; wenn wir daran denken, wie in anderen Staaten Verfechter der Demokratie gefoltert, Arbeiter ausgebeutet und ganze Volksstämme durch Krieg und Terror vertrieben werden – da könnte man schon versucht sein, sich das Königtum Christi irdischer und spürbarer zu wünschen. Es müsste den Übeltätern ja nicht gleich mit Divisionen und Massenvernichtungswaffen drohen; aber ein Rechtswesen, eine Polizei und ein Verfassungsschutz, die alles Unrecht verhindern, sozusagen eine *Diktatur des Guten*, wäre das nicht ein verführerischer Gedanke?

Am besten denken wir diese Wunschvorstellung folgerichtig zu Ende. Etwa so: Eine Diktatur des Guten mit Christus als Machthaber – daran wäre höchst beeindruckend und wohltuend, dass es keine Verbrechen, keine Ausbeutung und keinen Betrug mehr gäbe. Denn solches Unrecht wäre entweder von vornherein unmöglich, weil wir irgendwie alle auf Gerechtigkeit und Güte gleichgeschaltet wären, oder solches Unrecht würde so lückenlos aufgedeckt und hart bestraft, dass es auch die schlimmsten Verbrecher abschrecken würde. So weit, so gut. Doch eine solche Diktatur des Guten hätte einen unübersehbaren Nachteil: Wir hätten überhaupt keine Freude am Guten. Denn wir täten es nur aus Zwang – sei es mechanisch wie ein Automat, sei es unter Angst und Strafdruck. Unser Familienleben wäre beispielsweise wie eine Zirkusdressur und unsere Mitarbeit in einem Betrieb wie die Bewegungen von Marionetten oder von Soldaten, die im Gleichschritt marschieren. Nein, ohne die Freiheit wären Gerechtigkeit und Hilfsbereitschaft nichts wahrhaft Gutes und Menschenwürdiges – so unmenschlich der Missbrauch der Freiheit ist.

Garant frei bejahter Gerechtigkeit und Güte
So verstehen wir nun, warum Christus, der König, die Freiheit des Menschen unter allen Umständen respektiert. Warum er sich gegenüber den Mächtigen wie ohnmächtig verhält und im Johannesevangelium erklärt: „Mein Königtum ist nicht von dieser Welt" (Joh 18,36). Er wollte und will uns die Chance der Freiheit zum Guten geben. Dafür, also für uns, hat er Unrecht, das durch die Verkehrung der Freiheit entstehen kann, in Kauf genommen. Darum auch hat er es zugelassen, als es ihn ganz persönlich traf: als er am Kreuz hingerichtet wurde mit der höhnischen Inschrift: „König der Juden". Das ist der Preis, den unsere Freiheit kostet.

Allerdings sollten wir auch die andere Seite sehen: Für alle, die die Freiheit nutzen, um nach Lebenszielen von bleibendem Wert zu suchen, ist Christus der Garant. Der Blick auf ihn, der das Gesetz der Liebe verkörpert hat und der auferstanden ist, zeigt uns: Gerechtigkeit und Mitmenschlichkeit haben jetzt schon einen Sinn und Wert, der in alle Ewigkeit bleiben wird. Christus garantiert uns diesen Wert. So bleibt Unrecht Unrecht, selbst wenn es hier nie aufgedeckt und verfolgt wird. Nicht das Unrecht lohnt sich, sondern letztlich siegt das, was er uns vorgelebt und geboten hat, damit wir es in Freiheit tun: Gerechtigkeit und Güte. Sein Königtum ist nicht von dieser Welt – es gibt uns aber jetzt schon einen Sinn, der diese Welt und Zeit prägt und überdauert. Der Blick auf Christus, den König, kann uns Halt geben, wenn wir uns gegen Unrecht nicht wehren können. Er kann uns bestärken, wenn wir zum Unrechttun verlockt werden und uns fragen: Wer lohnt uns denn unsere Rechtschaffenheit; bei wem bringt sie uns Anerkennung ein? Der Blick auf diesen König gibt uns die Kraft, kritisch zu prüfen, welche Werte der gerade herrschenden öffentlichen Meinung, der Wirtschaftswerbung und des Kulturbetriebs wir anerkennen und welche wir ablehnen wollen. Er zeigt uns, dass sich in Jesu Reich jede Art von Menschlichkeit lohnt, auch wenn sie sich weder in Euro noch in Dollar auszahlt. Das kann uns frei machen von der Diktatur des Haste-was-biste-was-Materialismus. Wer sich vor Christus, dem König, verneigt, wirft sich nicht vor den Idolen des Egoismus und der Macht in den Staub.

Das Königtum Christi und sein Grundgesetz der Liebe wirkt von außen ohnmächtig und will ohne Divisionen und Dividende herrschen; doch gerade dieses Königtum der Herzen und Gewissen kann uns innerlich frei machen von Mächten, Autoritäten und Götzen, die wirklich *nur* von dieser Welt sind und u.U. zu ihrer dunkelsten Seite gehören. Dies mögen zwei Beispiele beleuchten, die zwar aus extremen Lebenslagen stammen, wie wir sie hoffentlich nie erleben müssen, die uns aber auch für viele normale Situationen etwas sagen können. Als die Nationalsozialisten Deutschland beherrschten und alles, auch die Predigten der Geistlichen, kontrollierten, sagte Pfarrer Emil Hurm vom Bistum Limburg seiner Gemeinde in einer Ansprache: „Wenn die Männer, die heute Geschichte machen, schon im Grabe vermodert sind, wird Christus noch immer König sein." Dieser Glaube an das maßgebliche, ewige Königtum Christi hat ihm die Kraft gegeben, den Machthabern zu widerstehen. Er wurde wegen dieses Satzes ins KZ Dachau eingeliefert. Die Karmelitin Edith Stein, die wegen ihrer jüdischen Herkunft bedroht war und im KZ Auschwitz umgebracht wurde, schrieb einmal: „Es ist gut, daran zu denken, dass wir unser Bürgerrecht im Himmel haben und die Heiligen des Himmels zu Mitbürgern und Hausgenossen. Dann trägt man leichter an den Dingen, die auf der Erde sind." Dieses Vertrauen auf das Reich Christi hat sie nicht weltfremd und abgehoben gemacht, sondern befähigt, anderen Verfolgten zu helfen und selbst ruhig zu bleiben. Als die jüdischen Mütter im Sammellager vor Schock in Apathie verfielen, hat sie sich um die Kinder gekümmert.

Dies will uns das Fest von Christus, dem König, in Erinnerung rufen: Entscheidend für den Wert unseres Tuns und unserer Person ist in letzter Instanz allein Gott, ist allein Christus. Er gibt uns Heimatrecht, Würde und Zukunft in seinem Reich, auch wenn wir den Maßstäben der gerade herrschenden Menschenmeinung nicht entsprechen, ja selbst, wenn wir der Feindseligkeit von Mitmenschen ausgesetzt sind. Wenn wir versuchen, seinem Gesetz der Liebe zu folgen, sind wir Bürger seines unzerstörbaren Reiches.

Fastnacht / Fasching / Karneval
„Selig, die über sich selbst lachen können"

Thematisch

Ein kluger Mann sagte einmal: „Selig die Menschen, die über sich selbst lachen können. Sie werden viel zu lachen haben." Ich möchte hier über drei Schwächen nachdenken, die uns veranlassen könnten, über uns selbst zu lachen. Wer andere schwache Seiten hat als die hier erwähnten, mag das Gesagte auf diese übertragen. Angehörige und Freunde helfen uns sicher gern, den einen oder anderen Mangel an uns zu entdecken.

Erstens:
Manch einer klagt: „*Vergesslichkeit*
ist meine Schwäche und mein Leid.
Drei Dinge stets in schneller Hatz
verlassen den Gedächtnisschatz:
Erstens die *Zahlen* weiß ich nie;
zweitens die *Namen* spielen ‚Flieh';
das *Dritte* – mir ist nicht nach Späßen –
hab ich soeben auch vergessen."

Hat so ein Mensch – 's war Arztes Wille –
sich angeschafft 'ne *Lesebrille*,
so übt er mit ihr Woch' für Woch'
das schöne Spiel „Vergiss mich doch".
Mal lässt er sie am Schreibtisch liegen,
mal hat der Nachttisch das Vergnügen,
auch auf dem Stammtisch kann sie bleiben,
sich auf der Kirchenbank rumtreiben.
Wenn dann der Mesner oder Wirt
zurückbringt, was sich hat verirrt,
greift froh er zu, dass er's erhasche
und steckt's in eine Jackentasche.
Dort ruht's, bis kommt, was ihn stets freut:
der jährliche Steuerbescheid.
Ins Kleingedruckte find't er nur
mit Augengläsern eine Spur.
Drum sucht er schnell im Kleiderschrank,
denn ohne Optik ist er blank.

Hat dreimal alles er durchwühlt
und das Gesuchte nicht gefühlt,
schreit er verzweifelt in die Stille:
„Ich brauche meine Lesebrille!"
Da sieht er: Es fehlt ein Jackett.
„Wo ließ ich's hängen? Es ist weg."
Er weiß es nicht, der arme Wicht,
und alles Grübeln hilft ihm nicht.
Weil auch das Schreien nichts genutzt,
geht er zum Optiker, der stutzt;
bekennt ihm: „Ja, Vergesslichkeit
ist meine Schwäche und mein Leid."
Der Brillenmann sieht klar und meint:
„Selig die Menschen, die über sich selbst lachen können.
Sie werden viel zu lachen haben."

Zweitens:
Manch einer klagt: „Die *Technik* bringt
mir oft Verdruss, der mich bezwingt."
Kauft er ein *Handy* – zeitgerecht –,
so kommt er mit ihm nicht zurecht.
Es hilft kein Schütteln und kein Streicheln –
das Ding lässt sich durch nichts erweichen.
Er schenkt es her, will's nicht mehr seh'n
und diesem Fortschritt widersteh'n.
Reaktiviert statt dem Dämon
Opas Wählscheibentelephon.

Versucht er's neu voll Willenskraft
mit technischer Errungenschaft,
und schafft sich flott ein *Auto* an
mit viel modernem Drum und Dran,
wirft alsbald des Objektes Tücke
den tapf'ren Draufgänger zurücke.
Die erste Spritztour wird zur Qual,
weil seine Kenntnis minimal.
An Sprit es ihm sogleich gebricht:
Die Tankklappe öffnet sich nicht.
Soll er den Schraubenzieh'r ansetzen,
dabei jedoch den Lack verletzen?
Soll gute Geister er anrufen,

die Geister, die das Auto schufen?
Da fällt ihm ein: Im Handschuhfach
liegt 'ne Gebrauchsanweisungssach.
Sie sagt: „Zuerst den Finger zücken,
neben dem Sitz aufs Knöpfchen drücken,
dann geht die Klappe auf, ei, ei
und gibt den Griff zum Stutzen frei."

Fidel rauscht er zur Autobahn,
geschwellt die Brust, stolz wie ein Hahn.
Doch plötzlich senkt sich von allein
die linke Scheibe, und gemein
zieht eis'ger Wind ihm um die Ohren;
er fürchtet: „Gleich bin ich verloren.
Wo hab ich denn nur draufgedrückt?
Wie nehm ich den Befehl zurück?"
Er fährt rechts ran, greift aus dem Fach
neu die Gebrauchsanweisungssach.
Da liest er Wörter, tief beklommen:
Techniker-Deutsch – ist wie benommen.
Doch sieht den Knopf er auf den Skizzen,
der hoch lässt seine Scheibe flitzen.
Er startet neu, denkt: „Hab's geschafft!" –
bis es im Hinterreifen pafft.
Nochmals rechts ran, nochmals studieren,
was die Experten da dozieren:

„Wählhebel in Stellung P bringen.
Drahtbügel in einer der Aussparungen der Radvollblende einhängen.
Die Mittenabdeckung abziehen.
Zum Lösen der Anti-Diebstahl-Radschraube beachten Sie bitte die
Hinweise auf Seite 57.
Die Klaue des Wagenhebers muss den senkrechten Steg des
Unterholms umfassen.
Das Anzugsdrehmoment der Radschrauben so schnell wie möglich
mit einem Drehmomentschlüssel prüfen lassen."

O nein, dies Technik-Kauderwelsch
ist unverständlich und verfälscht
jeweils den Sinn, den man drin ahnt.
Drum knallt er's hin und wütend bahnt
zur Notrufsäule er den Weg,

dass vom ADAC herfeg'
ein Fahrzeug mit 'nem Pannenhelfer.
Bald fährt der gelbe Engel her,
sein Anblick ihn beruhigt sehr.
Er beichtet ihm: „Die Technik bringt
mir oft Verdruss, der mich bezwingt."
Der Pannen-Engel tröstet ihn,
weist auf den Werkzeugkasten hin.
Dort prangt als Aufkleber der Spruch:
„Selig die Menschen, die über sich selbst lachen können.
Sie werden viel zu lachen haben."

Drittens:
Manch einer klagt, ob Herr, ob Dame:
„Ich leide an *Gewichtszunahme*."
Die Kleider wollen nicht mehr passen,
die Pfunde wachsen ihm in Massen.
Der Bauch wölbt sich barock – 's ist krass;
er gleicht allmählich einem Fass.
Die Hüften runden sich enorm;
ihn packt vorm Spiegel stets der Zorn.
Sie wollen – scheint es – Fett anreichern,
für künft'ge Hungersnöte speichern.
Drum die Kollegen ihn schon necken:
Mensch, wo du isst, da muss es schmecken.
Kommst du noch in die Haustür rein,
und stürzt dein Bett dir nicht bald ein?
Erschreckt sucht er nun abzuspecken
durch Dauerlauf auf langen Strecken.
Er keucht und keucht, schafft's kaum nach Haus
und schwitzt sich seine Seele aus.
Doch als nach Wochen wiegt er sich,
ist der Gewichtsschwund kümmerlich.

Nun sollen Radikalmaßnahmen
den Weg zum Idealg'wicht bahnen.
Frei nach dem Grundsatz: „Iss dich schlank"
hofft er zu werden leicht und rank.
Was süß ist, wird sofort gestrichen,
beim Brot nicht von der Norm gewichen,
Kartoffeln werden fast tabu;

selbst Chips und Bier lässt er nicht zu.
Alles versucht er:
Kohlsuppendiät, Herbalife, Ananas-Diät, Easy Slim-Kapseln,
Hollywood Star-Diät, Fit for fun, Brigitte-Diät, das Online-
Gewichtskontrollsystem und anderes.

Dies wenigstens ist's Ideal.
Doch wenn man schafft, muss man auch mal
sich etwas Kräftiges zuführen –
Leibspeisen auch's Verlangen schüren.
Sie ahnen schon: Als wog er sich,
war der Gewichtsschwund kümmerlich.

Verzweifelt schleppt das Schwergewicht
zum Psychofachmann sich und spricht:
„Ich werd nicht rank, ich werd nicht schlank,
und dieses Scheitern macht mich krank."
Der Therapeut fragt nach Konflikten,
die ihn im Unbewussten pickten.
Die hindern, dass ein Ich er sei,
das sich entwickelt frank und frei.
Der Dicke schaut ganz tief nach innen,
um klare Einsicht zu gewinnen.
Bekennt dann seinem Seelenarzt:
„Herr Doktor, ich möchte *gern* ich selbst sein –
nur zehn Pfund leichter."
Der Psychomann erhebt die Hände:
„Ich bin mit mei'm Latein am Ende."

„Latein – das können Theologen;
die werden doch dazu erzogen."
So denkt sich unser Patient,
und flugs zum Pfarrer er nun rennt.
„Herr Pfarrer, Kummer ist mein Name;
ich leide an Gewichtszunahme."
Der Gottesmann denkt gründlich nach.
„Gewicht", meint er, „ist keine Schmach.
Im Himmel werden nicht unsere Pfunde,
sondern unsere Taten gewogen. Und außerdem:
Selig die Menschen, die über sich selbst lachen können.
Sie werden viel zu lachen haben."

Fastnacht / Fasching / Karneval

Dies könnt' in unsrer Bibel stehn,
wenn's wörtlich dort auch nicht zu sehn.
Wer Frieden schließt mit seinen Macken,
den wird manch Sorge nicht mehr packen.
Muss nicht sein: Übermensch fanatisch;
nein, Schwächen findet er sympathisch.
Kann alles Gute sehn gelassen
und muss sich selber nicht mehr hassen.
Dankt seinem Schöpfer und lebt froh,
als aller Freund im Menschen-Zoo.

Allerheiligen
Zum Beispiel: Robert Schuman (1886–1963)
Thematisch

Am Fest Allerheiligen gedenken wir nicht nur der heilig gesprochenen Christen, sondern aller, die so sehr mit Gott verbunden lebten, dass wir sie „heilig" nennen können. Dieses Gedenken soll uns bewusst machen, dass die Beziehung zu Gott uns Menschen ganz erfüllen und prägen kann. Dazu möchte ich heute aus vielen Beispielen, die man anführen könnte, eines auswählen und das Leben eines Christen schildern, dessen Handeln auch in unsere Zeit hinein nachwirkt, weil er einer der großen Baumeister Europas war: der französische Außenminister und Ministerpräsident Robert Schuman, der von 1886 bis 1963 lebte. Vielleicht überrascht uns der Gedanke, dass ein Politiker ein heiligmäßiges Leben geführt haben soll – aber Robert Schuman wird wahrscheinlich einmal selig gesprochen. Betrachten wir zuerst sein Wirken und dann die Quelle, aus der er die Kraft dazu schöpfte.[15]

Sein Lebenswerk war die Grundsteinlegung für jenes Europa, das die alte Feindschaft zwischen Deutschland und Frankreich überwand und aus dem die heutige Europäische Union hervorging. Was er tat, erwuchs aus seinem Willen, den Menschen in Nächstenliebe zu dienen – im Kleinen wie im Großen.

---

[15] Quelle: Viktor Conzemius, Robert Schuman und die europäische Einigung, in: Stimmen der Zeit 217 (1999) 459–473.

Zunächst wirkte Schuman im Kleinen als Rechtsanwalt in seiner Heimat Lothringen. Von Lothringen, das nach 1871 nicht mehr französisch sein durfte, sondern Teil des Deutschen Reiches wurde, war sein Vater ins benachbarte Luxemburg gezogen und hatte eine Luxemburgerin geheiratet. Robert Schuman wuchs in Luxemburg auf und sprach perfekt Französisch, Deutsch und die Mundart der Lothringer. Nach dem Studium in Bonn, Berlin, München und Straßburg ließ er sich 1910 als Rechtsanwalt im lothringischen Metz nieder. Dieses Lothringen sowie die Kirche, die ja eine Weltkirche ist, betrachtete er als seine Heimat, und diese bodenständige und gleichzeitig weltweite Verwurzelung bewahrte ihn davor, deutscher oder französischer Nationalist zu werden.

Weil er sehr religiös und der Kirche stark verbunden war, hat er sich auch gefragt, ob er nicht Priester werden solle. Nun gab es damals genug Priester, aber wenig aktive Laien. Schuman war überzeugt, dass er als engagierter Laie mehr Gutes für die Menschen tun konnte denn als Priester, weil er als Theologe nur innerhalb der Kirche hätte Einfluss nehmen können. In Lothringen war er einer der wenigen einheimischen Rechtsanwälte; die anderen waren zumeist aus Deutschland zugezogen. Im Ersten Weltkrieg, der bald ausbrach, war er bestrebt, Menschen zu helfen, die mit der deutschen Verwaltung Ärger hatten. Er setzte sich als Mitglied des „Wohltätigkeitsbüros" und des „Katholischen Volksvereins" für gefährdete Jugendliche und Not leidende Bürger ein. Der Krieg zwischen Deutschen und Franzosen wühlte ihn innerlich auf, obwohl er nicht an die Front musste, da er aus gesundheitlichen Gründen zurückgestellt war.

Als französischer Politiker ...

Als sich die Deutschen 1918 zurückzogen, war Schuman schon so bekannt, dass er in das französische Parlament gewählt wurde – mit 33 Jahren, als Zweiter auf der Liste seiner Partei, vor den anderen Honoratioren Lothringens. Als 1940 Hitlers Truppen in Frankreich einmarschierten, wollte Marschall Pétain Schuman zum Minister ernennen, doch dieser lehnte den Posten ab, weil er lieber mit seinen lothringischen Landsleuten das Los der deutschen Besatzung teilen wollte.

Die Nazis versuchten bald, ihn mit Drohungen und Versprechungen zur Mitarbeit zu verführen. Der Gauleiter ließ ihn verhaften und suchte ihn gefügig zu machen. Vergebens. Schließlich wies er Schuman aus Lothringen aus und steckte ihn in einem Hotel in Neustadt in der Pfalz in Sonderhaft. Im Juli 1942 floh er und ging über die Vogesen nach Frankreich zurück. Da ihn die Polizei suchte, musste er den Aufenthaltsort oft wechseln. Zunächst nahmen ihn die Benediktiner in St. Martin bei Ligugé auf. Den Winter 1942 verbrachte er in einem Trappistenkloster, arbeitete später in La Salette als

Gärtner und fand dann bis zur Befreiung Frankreichs in einem Waisenhaus Unterschlupf.

Im Oktober 1945 wählten ihn seine Lothringer mit großer Mehrheit wieder in die Nationalversammlung. Schon ein Jahr später wurde er französischer Finanzminister, und es gelang ihm, die Entwertung des französischen Franc zu stoppen. 1947, als das Land von Streiks und Unruhen erschüttert wurde, wählte man den bescheidenen Advokaten und Junggesellen aus der Provinz zum Ministerpräsidenten. Er widerstand mutig den überzogenen Forderungen der kommunistischen Gewerkschaften; gestürzt wurde er, weil er in einem Dekret den freien Schulen, in die vor allem katholische Eltern ihre Kinder schickten, mehr Unterstützung gewähren wollte.

Endgültig im Großen wirkte Schuman, als er zwischen 1948 und 1952 als französischer Außenminister zusammen mit Alcide de Gasperi und Konrad Adenauer die Grundlagen für ein neues Europa legte. 1950, nur fünf Jahre nach dem Ende der Naziherrschaft, schlug er im französischen Parlament einen gemeinsamen Markt für die Kohle-, Eisen- und Stahlproduktion vor – den so genannten Schuman-Plan. Diese Idee stammte zwar von dem Wirtschaftsfachmann Jean Monnet. Doch während Ministerpräsident Bidault den Plan in der Schublade verschwinden ließ, setzte ihn Schuman mit aller Kraft durch – gegen die Einwände des Großkapitals, gegen die Schmähungen der Kommunisten und gegen die Bedenken der Nationalisten, die ihm übertriebene Deutschfreundlichkeit vorwarfen.

... und Vorkämpfer Europas

Das Ziel war: Die Wirtschaftsinteressen von Deutschland, Frankreich und Italien sollten sich so eng miteinander verflechten, dass es nie mehr zu einem Rüstungswettlauf in Europa kommen würde. Und aus dem wirtschaftlichen Zusammenschluss sollte später eine politische Gemeinschaft entstehen. Tatsächlich wurde einige Jahre später das Europa-Parlament einberufen, das Schuman einstimmig zum ersten Präsidenten wählte (1958-1960). Gegen allen Nationalegoismus wies er darauf hin, dass die Völker letztlich in einem Boot sitzen: „Für einen denkenden Menschen ist es nicht mehr möglich, sich mit macchiavellistischer Schadenfreude über das Unglück eines Nachbarn zu freuen; mit seinem Nachbarn steht er auf Gedeih und Verderb unter dem gleichen Stern. So sind wir denn heute, nach so vielen Misserfolgen, zurückgeworfen auf das elementare Gesetz einer edlen, schlichten Brüderlichkeit. – Europa muss die Fülle seiner Mittel zusammenlegen, um besser leben zu können." Für dieses Ziel warb er in zahllosen Vorträgen, bis er 1963 starb.

Sein Werk, die Einigung Europas, wurde später zwar behindert, erwies sich aber als unumkehrbar. Man hat sich gefragt, wie Schuman zuwege brachte, was andere nicht schafften. Es gab glänzendere Politiker als diesen etwas vornüber gebeugten, kahlköpfigen Mann, der nie Machtansprüche anmeldete und keine großen Worte machte. Zu seinem Erfolg trugen sicher sein Fleiß, sein stählerner Wille, seine politische Weitsicht und seine sympathisch altmodische Höflichkeit bei.

Eine wesentliche Quelle aber war auch sein *lebendiger Glaube.* Ein protestantischer Sozialist und Minister sagte einmal von ihm: „Was mir zunächst auffiel, war die Ausstrahlung inneren Lebens, die von ihm ausging. Man stand vor einem geweihten Menschen, der seinen Ehrgeiz abgestreift hatte, den totale intellektuelle Ehrlichkeit und Demut beseelten, der nur danach suchte, zu dienen." Schuman meditierte regelmäßig in der Bibel und besuchte nach Möglichkeit täglich die heilige Messe – selbst als Ministerpräsident, der mit Terminen überlastet war. Er folgte fast wie ein Benediktiner dem Kirchenjahr. Gern las er die Schriften der christlichen Denker Thomas von Aquin, Maurice Blondel und Jacques Maritain, aber auch des Mystikers Johannes vom Kreuz. Er suchte auch das Gespräch mit dem katholischen Religionsphilosophen Romano Guardini.

Seine Frömmigkeit war nicht nur nach innen gekehrt, sondern immer auch Anstoß zum Einsatz für die Mitmenschen und schließlich Kraftquelle für seine europäische Versöhnungspolitik. Ein Journalist schrieb einmal etwas spöttisch, Schuman nehme seinen Platz im Parlament ein wie ein Mönch im Chorgestühl. Richtig: Er hat seine politische Arbeit als christlichen Auftrag betrachtet. Er hat seinen Weltdienst, den er als Priester nicht hätte leisten können, als Gottesdienst gesehen.

Wir feiern Allerheiligen. Freuen wir uns, dass es Menschen gibt, in denen der Glaube so reiche Früchte bringen kann.

Bibelstellenregister

Ex 20,1–17 54

Num 11,25–29 183

Ijob 7,1–4.6–7 118

Jes 35,4–7a 173

Mk 1,1–8 15
Mk 1,7–11 42
Mk 1,12–15 47
Mk 1,14–20 112
Mk 1,21–28 115
Mk 1,40–45 122
Mk 2,1–12 126
Mk 2,18–22 129
Mk 4,26–34 132
Mk 4,35–41 136
Mk 6,1–6 143
Mk 6,7–13 146
Mk 7,1–8.14–15.21–23 169
Mk 7,31–37 173
Mk 8,27–35 176
Mk 9,2–10 51
Mk 9,30–37 180
Mk 9,38–43.45.47–48 183
Mk 10,10.17–27 190
Mk 12,28b–34 200
Mk 12,38–44 203
Mk 13,24–32 206
Mk 13,33–37 11
Mk 14,1–15.47 65

Lk 1,26–38 22
Lk 24,35–48 79

Joh 1,6–8.19–28 18
Joh 1,35–42 108
Joh 3,14–21 58
Joh 6,1–15 154
Joh 6,24–35 157
Joh 6,41–51 160
Joh 6,51–58 163
Joh 10,11–18 82
Joh 12,20–33 62
Joh 13,1–15 66
Joh 15,1–8 86
Joh 15,9–17 89
Joh 20,19–31 76

2 Kor 8,7.9.13–15 139

Eph 1,3–6.15–18 36
Eph 2,13–18 150
Eph 5,21–32 166

Hebr 10,11–14.18 206

Jak 3,16–4,3 180

1 Joh 4,11–16 96

Bereits erschienen:

Predigten für das
Lesejahr A

Bernhard Grom
Glaube, der uns leben hilft
Predigten für die Sonn- und Feiertage im Lesejahr A
232 Seiten. Kartoniert
ISBN 3-7867-2529-2

Matthias-Grünewald-Verlag
www.gruenewaldverlag.de